编 委 会

主　任：张源生

副主任：吴镇江

成　员：陈国钦　王　星　陈源春　徐丽玲

　　　　林　屹　李　超　许　宁

踔厉奋发 心向未来

福建省直机关青年理论学习优秀作品精选

中共福建省委省直机关工作委员会 编

海峡出版发行集团 | 海峡文艺出版社

图书在版编目(CIP)数据

踔厉奋发　心向未来:福建省直机关青年理论学习优秀作品精选/中共福建省委省直机关工作委员会编.－福州:海峡文艺出版社,2023.3
ISBN 978-7-5550-2956-4

Ⅰ.①踔…　Ⅱ.①中…　Ⅲ.①社会科学－文集　Ⅳ.①C53

中国版本图书馆 CIP 数据核字(2022)第 069701 号

踔厉奋发　心向未来
—— 福建省直机关青年理论学习优秀作品精选

中共福建省委省直机关工作委员会　编

出 版 人	林　滨
责任编辑	陈　瑾
编辑助理	卢丽平
出版发行	海峡文艺出版社
经　　销	福建新华发行(集团)有限责任公司
社　　址	福州市东水路 76 号 14 层
发 行 部	0591－87536797
印　　刷	福州兴教印刷有限公司
厂　　址	福州市金山浦上工业园 C 区 4 号楼
开　　本	720 毫米×1010 毫米　1/16
字　　数	290 千字
印　　张	19.25
版　　次	2023 年 3 月第 1 版
印　　次	2023 年 3 月第 1 次印刷
书　　号	ISBN 978-7-5550-2956-4
定　　价	58.00 元

如发现印装质量问题,请寄承印厂调换

目　录

学思践悟篇

党史党建篇

追寻足迹篇

同心抗疫篇

经济发展篇

探索推动篇

人民至上篇

青年担当篇

学思践悟篇

去学习 去思考 去实践 去领悟

傅振宇

庚子年春末，我十分有幸由组织选派，到桂参加福建省派驻广西口岸工作组工作，临行前把系列采访实录装进背包，边走边学，边学边思，边思边行，边行边悟，开始了一段特殊的学思践悟之行。

"学"

"一切向前走，都不能忘记走过的路。"学习采访实录就是要学习习近平总书记矢志不渝的初心坚守。在厦门、在宁德、在福州，在改革、开放、发展、党的建设等一系列重大领域，习近平总书记的足迹，走过艰难困苦，走过时代的考验、历史的磨砺，为我们留下一系列极富创造性的战略思想、极富前瞻性的制度理论和极富针对性的实践观点，至今仍不断彰显磅礴力量、结出丰硕成果、绽放真理光芒。

"进万家门，知万家情，解万家忧，办万家事。"学习采访实录就是要学习习近平总书记永不懈怠的使命担当。"九到寿宁三进下党"，下党乡人均年纯收入从 1988 年的 186 元增长至 2020 年的 17289 元，翻了 90 多倍，"下乡的味道"成为寿宁县在外最具影响力"扶贫定制农业第一品牌"。"滴水穿石"，滴下来的是下党人民比蜜还甜的幸福生活，"垒土成台"，垒起来的是闽东乡亲代代相传的奋斗品格。

"让群众满意是我们党做好一切工作的价值取向和根本标准"。学习采访实录就是要学习习近平总书记念兹在兹的为民情怀。采访实录中每一个事例都强烈体现了习近平总书记非凡的人格魅力和始终把人民放在心中最

高位置的博大情怀。深入群众、依靠群众，问政于民、问计于民、问需于民，是被历史证明、被时代检验的科学方法，提醒我们永远保持同人民群众的血肉联系，始终同人民群众想在一起、干在一起、风雨同舟、同甘共苦。

"思"

30 多年前，习近平总书记在福建深入探索实践党的统战工作，亲自指导推动福建统战工作，为我们在新时代做好统战工作留下了宝贵思想财富、精神财富和实践成果。

讲政治是第一位的，更是具体的。统战干部如何做习近平新时代中国特色社会主义思想的坚定信仰者、忠实跟随者、坚决实践者？

是坚定对马克思主义的信仰、对中国特色社会主义的信念，深刻认识"两个确立"的决定性意义，增强"四个意识"、坚定"四个自信"、做到"两个维护"。

是常常自觉对标对表，以习近平总书记为光辉榜样和最高标杆，传承弘扬好习近平总书记留下的创新理念、科学方法和优良作风。

是深入学习贯彻习近平总书记关于加强和改进统一战线工作的重要思想，做到学思用贯通、知信行合一。

是时刻保持坚定的政治信仰、高度的政治觉悟，始终保持清醒的政治头脑和绝对忠诚的政治品格。

是始终坚持人民至上，从人民中汲取奋斗力量，在统战工作中践行人民观点、人民立场、为民情怀。

是努力增强各方面本领，缩小视野、观念、作风、能力与新形势、新任务、新要求的差距，更好地适应新时代统战工作。

是不断加强思想淬炼、政治历练、实践锻炼，充分体现统战干部的责任担当、积极作为，为写好新发展阶段新福建建设"统战新篇"奋力拼搏、贡献绵力。

"践"

传承弘扬习近平总书记在福建工作期间开创的一系列重要理念和重大实践，践行好共产党人的初心使命，让党旗在战"疫"一线高高飘扬！

在这场危机、这次大考中，福建省各级党组织和广大党员，把投身疫情防控第一线作为践行初心使命的试金石和磨刀石。

在福建省驻广西口岸工作组，大部分同志已经连续奋战近80天，他们是父母在家牵挂的孩子，是妻子即将临盆的丈夫，是子女即将中考高考的父母，是即将退休的党员干部。

他们闻令而动、领命入桂，去践行忠诚与担当。

"让家乡人民放心，让大后方放心。"

凭祥、东兴、钦州、北海、百色，1020公里边境线、695公里海岸线，夜以继日，奋战不息，精准防控，一个不漏。

有的队员收到四岁儿子发来的微信："我要换个爸爸。"有的队员推迟了预订的婚期。有的队员被毒虫咬伤，手臂肿了两个星期。许多次，换岗离开的队员流下泪水。

边关、战士，初心、使命。

学习、看齐，聚力、践行。

在这场没有硝烟的战争，榜样的力量引领前行、鼓舞奋进！

"悟"

2020年6月4日，在广西凭祥，大家清点完入境人员，安排好隔离住所，讨论了特殊群体的帮扶方案，时间已过零点，可窗外晚归的人群仍流连街市。

未想在遥远的边城，白天的热烈还在延续，生命的伟力犹未消减。

人声最是悦耳，繁荣殊为难得。

在祖国的南疆边关，深刻且感人的"国泰民安"四个字让人情绪难

平，是核心的高瞻远瞩，是制度的绝对优势，是全民的众志成城，是先锋的不懈努力。

习近平总书记说："青春由磨砺而出彩，人生因奋斗而升华。"

在抗击新冠肺炎疫情这场斗争中，广大党员干部特别是年轻同志受到了深刻的政治教育和政治洗礼。

在特殊的时期，在陌生的他乡，重读《习近平在福建》系列采访实录，内心里为榜样鼓掌，行动上劝自己努力。

不久，我将重回自己的岗位，牢记着习近平总书记"功成不必在我""功成必定有我"的殷切教诲，也将时常想起曾经并肩的战友们"傅统战"的亲切称呼，鼓励我去学习、去发现、去思考、去磨砺、去提升，鼓励我克服不足，锤炼本领，脚踏实地，不断前行。

（作者单位：中共福建省委统战部）

聚焦民生　精准高效　担当作为　务实创新

梁　菲

《习近平在厦门》《习近平在宁德》《习近平在福州》和《习近平在福建》系列采访实录涉及习近平同志在福建厦门、宁德、福州和省政府时的工作经历和成长历程，让我们真切感受到习近平总书记高瞻远瞩的战略眼光、先行先试的改革魄力、敢于担当的务实精神、一心为民的赤子情怀。作为机构编制部门的一员，通过学习，我个人体会其中蕴含了4个方面关于深化事业单位改革、加强事业单位管理的理念、思维和路径、方法。

一、采访实录蕴含的事业编制管理理念

（一）在机构职能上，提出强化公益属性，聚焦民生关切

事业单位是为广大人民群众提供公共服务的重要组织，是各级党政机关有效履职的重要支撑，是党和国家机构职能体系的重要部分。随着经济社会的全面发展，人民群众对教育、医疗等基本公共服务的平衡与充分发展提出了更高要求，这就要求政府必须聚焦民生重点领域和关键环节，加强事业单位公益职能。习近平同志高瞻远瞩、深谋远虑，早在福建工作期间，就主动强化政府公益职能，深刻展现了中国共产党为人民谋幸福的初心使命。一是抓民生改善。以往一到汛期，闽江水就会倒灌进市区，所以老福州有个外号叫"纸糊的福州"。习近平同志经过调查后提出：第一，不能让洪水再漫入市区，153公里从头到尾的钢筋水泥防洪堤，一举解决了千百年来的泛滥问题。第二，要让老百姓住上像样的房子，必须对棚户区分期分批进行改造。二是抓环境保护。福州到处青山绿水，与习近平同

志当年提出要做好生态保护密不可分。例如，习近平同志创造性地提出，把当时洪山乡的土地作价抵押，作为修缮保护西湖的费用；乡里则将公园门票等作为长期收益，既保护了西湖，还为老百姓创收。三是抓文化保护。习近平同志正确处理了经济发展和文物保护的关系，保护下来很多古建筑。如今，以三坊七巷为代表的古建筑已成为承载福州历史的文化名片。

（二）在机构设置上，提出注重精准高效，着力整合优化

中华人民共和国成立后，事业单位在补齐社会事业短板方面发挥了重要作用，但与新时代的发展要求相比，事业单位布局结构不合理、定位不准、职责不清、效率不高等问题仍旧突出。习近平同志早就认识到机构不是越多越好，关键在职能的优化整合上，通过"物理整合"达到"化学反应"。一是整合支前办和双拥办。习近平同志在福州工作时，把为部队服务、职能相近的支前办和双拥办进行了合并。机构整合以后，所有涉军部门形成一个功能健全的机构，就能更加及时了解部队状况，提供精准服务。二是"一栋楼办公"。这充分体现出习近平同志优化协调、高效配置部门职责的前瞻思维。1990年下半年，福州在全国首创"一栋楼办公"，把各个机关单位的服务窗口集中在一栋大楼里，让群众办事少跑腿，大大提高了为群众服务的效率。

（三）在思维方法上，提出坚持问题导向，敢担当善作为

我国事业单位的"总盘子"已经不小，目前主要矛盾是结构性问题。比如一些地方存在"小微单位""空壳单位""僵尸单位"；一些地方"有人没事干""有事没人干"同时并存。深化事业单位改革的目的，是为我们党治国理政更好地提供保障、为公益事业发展更好地配置资源，而不是简单的压机构、减编制。关键是要坚持问题导向，什么问题突出就解决什么问题，哪个环节薄弱就加强哪个环节，一个个地攻坚突破。习近平同志在福建工作期间，敢于直面问题、啃"硬骨头"，为我们全面深入推进事业单位改革指明了前进方向。比如，在宁德古田县调研时，习近平同志提出"群众提出来的问题不要怕，不要回避，一定要深入到基层去发现问题、面对问题、解决问题。你越是害怕困难、回避困难，困难就越多，群众意见就越大"。习近平同志在宁德工作期间，全国正在搞三年治理整顿，一些干部群众有情绪。习近平同志指出，治理整顿的目的不是不要发展，而是实事求是地找出企业效益不好的原因，逐个分析，对症下药。

（四）在工作机制上，提出始终务实创新，形成工作合力

深化事业单位改革涉及面广、政策性强、敏感度高，要以坚定的信心、创新的思路、务实的举措，统筹盘活沉淀闲置的事业编制资源。习近平同志在福建工作期间，始终践行创新意识、务实精神，为做好新时代事业编制工作提供了根本遵循和行动指南。一是注重调研。习近平同志到福州任职不久就提出"四个万家"，即"进万家门，知万家情，解万家忧，办万家事"。同时调研时专门去问题多、困难多的地方，提出"少看花瓶和盆景"，"多看看后院和角落"。二是主动创新。习近平同志刚到宁德工作时，宁德号称"老九"，在省里经济条件是比较差的。他根据当时宁德的实际情况，主动创新，提出扶贫先扶志，既要有"滴水穿石"的精神，把近期和短期的事先抓好；又要有"弱鸟先飞"的意识，谋划好长远发展。三是强化督促落实。执政福州时，习近平同志每年年底都会安排做一本"工作思路"，把市委、市政府及各部门下一年的工作安排写进去。他日常工作中交代的事情，即使是口头交代的，也要求做到"件件有反馈、事事有落实"。

二、弘扬传承习近平同志事业编制管理理念，深入推进事业单位改革

一要坚持以人民为中心，强化事业单位公益属性。深化事业单位改革是开启全面建成社会主义现代化国家，满足人民群众美好生活新期待的必然要求。深化事业单位改革就是要坚持以人民为中心的思想，聚焦民众反应强烈和重点关注的重点领域和关键环节，努力以改革新成效，促进人民群众生活水平不断提升。

二要坚持机构和职能综合设置，优化事业单位布局结构。要坚持瘦身和健身相结合，优化事业单位布局结构。同时，根据全方位推进高质量发展超越，奋力谱写全面建设社会主义现代化国家福建篇章的需要，对事业

单位进行功能再造，对于民生急需、经济发展、应急保障的力量该设的设、该增的增。

三要坚持以问题为导向，推进事业单位重塑再造。深化事业单位改革是本次深化党和国家机构改革的接续，要聚焦共性问题和突出矛盾，加快推进政事分开、事企分开、管办分离，提高治理效能，促进公益事业平衡充分高质量发展。

四要坚持创新引领、统筹合力，确保改革落地见效。深化事业单位改革作为一个系统工程，要以访谈实录中蕴含的事业编制管理理念为指导，抓基础调研、抓工作统筹、抓督促落实，全面高质量深化福建省事业单位改革工作。

（作者单位：中共福建省委机构编制委员会办公室）

牢记使命担当　促进祖国统一

饶晋鹏

《习近平在福建》等采访实录真实还原和再现了习近平总书记在福建工作的点点滴滴，透过一桩桩、一件件事，我更加深切感受到习近平总书记独特的领袖魅力、思想魅力和人格魅力。福建处在两岸融合发展最前沿，作为福建对台系统的青年党员干部，更应该怀着特殊感情、特殊责任，把对习近平总书记的无比爱戴之情，进一步内化于心、外化于行，以实际行动增强"四个意识"、坚定"四个自信"、做到"两个维护"，奋发有为地做好新时代新福建对台工作，为推进新福建建设、促进祖国统一贡献力量。

一、以马上就办、真抓实干的精神练就过硬作风，增强促进祖国统一的紧迫感使命感

"马上就办，真抓实干"，是习近平总书记在福州工作期间大力倡导并践行的工作作风。习近平总书记的工作习惯是送阅件"立送立看立批"，当天事当天毕；针对群众反映需要一本"市民办事指南"的呼声，当即指示福州市委政研室着手编写并在报纸上发布，前后只用了50个小时；在福州创设了全省首个"台商台胞接待日"，凡是能立即解决的马上就办，做到件件抓落实、件件有回音。习近平总书记一以贯之、身体力行的"马真精神"，是广大青年党员干部树立正确政绩观的行动指南。

促进祖国统一，是对台工作者必须心中有数的"国之大者"。我们要只争朝夕、不负韶华，对标对表"对党忠诚、业务专精、纪律严明"的要求，坚持战略思维、辩证思维、创新思维、法治思维、底线思维、历史思

11

维，加强思想淬炼、政治历练、实践锻炼、专业训练，真正做到"五个过硬"。要树牢"身在兵位，胸为帅谋"的意识，自觉把工作放到大局中去思考、去定位，以"等不起"的紧迫感、"慢不得"的危机感、"坐不住"的责任感，撸起袖子加油干，积极探索海峡两岸融合发展新路，努力把福建建成台胞台企登陆的第一家园，为促进祖国统一发挥更大作用。

二、以滴水穿石、久久为功的韧劲扛起使命担当，深化闽台各领域融合

干部就要有担当，有多大担当才能干多大事业，尽多大责任才会有多大的成就。习近平总书记在厦门工作期间，主动请缨分管"三农"工作，主持编制《1985年—2000年厦门经济社会发展战略》。习近平总书记在省委、省政府工作期间，开创性地建立了重大对台事项请示报告等对台工作制度，先后推动了湄洲妈祖巡台、两岸直航试点等一系列具有深刻影响的重大对台工作。习近平总书记深刻指出，作为领导者，既要立足当前，更要着眼长远，甘做铺垫工作，甘抓未成之事。这一谆谆教导，理应成为广大青年党员干部拧紧理想信念"总开关"的根本遵循。

当前，台海形势更加复杂严峻，常态化疫情防控给两岸交流合作带来新挑战，要善于在危机中育新机，于变局中开新局。我们要始终坚定"祖国必须统一，也必然统一"的信念，坚持稳中求进、克难前行，发扬斗争精神、增强斗争本领，千方百计稳定对台交流格局。要按照省委十届十次全会明确的"时间表"和"路线图"，深化省委"三四八"贯彻落实机制，在"实际、实质、实招、实效"上下功夫，以"功成不必在我"的精神境界和"功成必定有我"的责任担当，全方位推动高质量发展超越，深化闽台各领域融合，努力实现"四个更大作为"。

三、以人民至上、不忘初心的情怀淬炼党性灵魂，持之以恒做对台工作

"人民"二字是习近平总书记提起次数最多、频率最密、场合最广的

词。对于人民，习近平总书记总有使不完的劲、诉不尽的情。习近平总书记在厦门工作期间，走遍了厦门的农村、海岛；在宁德工作期间，倡导实施"四下基层"工作制度，"三进"下党，和老百姓一起盘坐用手抓饭吃；在福州工作期间，大力倡导"四个万家"活动，改善"连家船"和"竹架棚"的群众居住条件；在省委、省政府工作期间，带头与台商台胞交朋友，被台商台胞称赞为"贴心人"。一个个生动实践，都彰显了习近平总书记始终把人民放在心中最高位置的坚定初心。

当前，福建省正在深入贯彻落实习近平总书记"以人民为中心"的发展思想，逐步完善惠台利民政策体系框架的"四梁八柱"，"像为大陆百姓服务那样造福台湾同胞"，全力书写"通、惠、情"三篇文章，在闽台胞台企的获得感、幸福感显著增强。我们要"咬定青山不放松"，继续秉持"两岸一家亲"的理念，坚持需求导向和问题导向，把惠台利民政策落深落细落实落到位，持续讲好大陆发展和闽台融合故事，春风化雨、润物无声，不断累积和平统一正能量。

（作者单位：中共福建省委台港澳工作办公室）

真挚为民的朴素情怀

洪迎福

我拿到《习近平的七年知青岁月》一书，爱不释手，一口气读完。全书真实、生动再现了习近平总书记在陕北穷苦山村插队七年的人生经历和心路历程。掩卷沉思，一个很深的感触就是，习近平总书记始终把人民放在心中最高位置，不论是思想深处，还是为人处世，抑或是干事创业，处处流露出真挚为民的朴素情怀。

一是有想干事的初心。青年习近平把梁家河作为探寻人生的第一步。20世纪70年代初，陕北高原的人民生活极为贫困，当地流行着一句话，"陕北很苦，延安更苦，延川极苦，梁家河最苦"。在艰难困苦面前，他没有退缩、逃避，而是坚定"要为人民做实事"的信条，自觉接受艰苦生活的磨炼。当年，为了入团入党，他递交了8份入团申请书、10份入党申请书，在一次次被拒绝的过程中，尽管也有不解、委屈，但他对党的事业的信仰、对组织的忠诚更加坚定执着，也为他日后"我将无我、不负人民"、以身许党许国奠定了基石。在艰辛的知青岁月里，他与乡亲们同吃同住同劳动，和所有知青一起闯"跳蚤关""饮食关""劳动关""思想关"。到梁家河一年左右时间，他就和群众相处得很融洽。习近平自述，"每天晚上，老老少少都络绎不绝地进来。进来后，我就给他们摆书场，讲古今中外。他们愿意听城里人侃大山，讲他们不懂的事，渐渐地就连支部书记有什么事都找我商量"。正是怀着一颗"要为人民做实事"的初心，他很快克服了水土不服的困难，在困境中历练人生、实现精神升华，自己也从当初到黄土地时的迷惘彷徨到离开黄土地时有着坚定的人生目标、充满自信。这段经历也为他日后成长为大国领袖打下了很好的思想根基。

二是有会干事的素质。青年习近平把梁家河作为读懂国情民情的"有字之书"与"无字之书"。一次专访中，习近平谈道，"现在，我经常能做到的是读书，读书已成了我的一种生活方式"。上山下乡时，他随身携带的行李中最多的是书籍；七年知青岁月，他从未放弃读书和思考。他碰到喜欢看的书，就要把书看完；遇到不懂的事情，就要仔细研究透彻。他曾自述，"上山放羊，我揣着书，把羊拴到山坡上，就开始看书。锄地到田头，开始休息一会儿时，我就拿出新华字典记一个字的多种含义，一点一滴积累"。一个十五六岁的小伙子，能静下心来看书、阅读、思考，这需要很强的定力和自律，需要很强的求知欲和上进心。我想，党的十八大以来，习近平总书记提出的一系列治国理政新理念新思想新战略，与他在知青岁月对国情社情民情的深邃思考与深刻洞察密切相关，与他在持之以恒的读书生活中厚实的积淀密切相关。这一切，与新时代治国理政、管党治党的生动实践进一步结合，就转化为改变中国、影响世界、指引未来的无穷力量。

三是有能干事的舞台。青年习近平把梁家河作为一所大学校。他把自己比作黄土地的儿子，在陕北高原同群众一块苦、一块干、一块过，与农民朋友结下了深厚情谊，学到了农民实事求是、吃苦耐劳的精神，为日后的成长进步打下了很好的基础；他把梁家河作为人生的一个启程点，在人生最需要各方面帮助的时候，延安人民接纳了他、养育了他、影响了他，为年少的他培养塑造高尚人格提供了良好土壤；他把在农村基层锻炼视为一笔宝贵财富，从中更加清楚地知道什么是群众、如何尊重群众，知道什么叫实事求是、如何尊重事实；七年多上山下乡的经历，基层情况、群众所思所盼、事业该怎么干在他心中清清楚楚，等等。正如《学习时报》所言："陕北七年的人生苦旅，正是他读懂人生、读懂中国、读懂中国共产党的重要起点，正是他铸就为民初心、立下家国之志的'始源地'，也正是他施展政治才华、展现历史担当的最初'试验田'和'演兵场'。"

四是有干成事的决心。青年习近平把梁家河作为干事创业的第一程。知青和村民们评价他，"近平是靠自己踏踏实实干出来的""他不搞形式主

义，不搞那个年代时兴的学习、运动，而是立志办大事，要给群众做实实在在的事情"，他做事有决心、有毅力，只要认定了的事，就立说立行、坚持到底。比如，关于办沼气的事，1974 年 1 月 18 日《人民日报》介绍了四川推广沼气的报道后，引起青年习近平的关注和兴趣，他产生了到四川学习办沼气、解决当地缺煤缺柴问题的想法。从四川回来后，他们就带领乡亲们开办沼气，取得成效后，在全省推广。另外，当时村里人大多数不识字，他提议办扫盲班，也是说办就办。"近平一般是利用劳动回来吃完晚饭的时间，再就是利用下雨不出工的时间，把大家召集过来开扫盲班，教大家识字。"他用每一滴辛勤的汗水和每一分真诚的付出，干一件成一件，得到乡亲们的信任和拥护。

五是有不出事的自律。青年习近平把梁家河的人生经历作为修身律己的一笔宝贵财富。青年习近平常说："打铁还需自身硬。"他把自觉自律体现在工作、生活的点点滴滴，贯穿一生的执政生涯。有一次，习近平到赵家河聂瑞兰家吃饭，临走时，他从兜里掏出来粮票和钱塞给聂瑞兰，聂瑞兰说什么也不要。等他走了以后，聂瑞兰去收拾桌子、拿起碗后，才发现碗底下压了 1 斤 2 两粮票和 3 角钱。当上党的总书记后，他不论到哪里调研，处处严格执行中央八项规定。如，在兰考调研两天交了 160 元伙食费；他住的房间也未做任何改造和装修，不放鲜花，不摆水果；每餐都是大锅饭菜，没有高档食材，跟老百姓在家吃的没啥两样。习近平总书记身体力行、率先垂范，给党员干部们上了一堂生动的作风课。

六是有好共事的班子。青年习近平把梁家河作为施展才华、步入政界的第一站。乡亲们对他的印象是，有学问、点子多，说话办事很稳妥，考虑问题很周全，办事公道有条理。"火车跑得快，全靠车头带。"当选为村支书后，群众想什么、盼什么、急什么，他就带领群众一起干什么。他妥善处理了救济粮分配不公的问题，带领村民创办铁业社、缝纫社、代销店、磨坊，打深水井，建淤地坝，修建沼气池，村民们得到实实在在的实惠，思想观念也得到了很大解放。梁家河村民张卫庞说："过去，近平当我们村支书，我们有干劲、有奔头；现在，近平当全国人民的主席，当全党的总书记，我们更有拼劲、更敢闯了。"正是有这样一位有好点子、好共事的带头人，乡村贫困落后面貌才得以改变，村民们的生活才得以逐步改善。

（作者单位：中共福建省委省直机关工作委员会）

汲取精神营养　坚守初心砥砺前行

徐　斌

《习近平在福建》等采访实录以讲故事的方式，习近平总书记在福建工作期间的伟大实践娓娓道来，读完让我深切感到，这是一部马克思主义者的成长史，每一篇都是思想的传播、理念的宣讲，每一篇都是心路的坦陈、人格的展现，越学越受教育、越学越受洗礼。

学习习近平总书记一心向党的坚定信念。习近平总书记在福建工作17年半，一心向党的坚定信念始终是他的政治灵魂和精神支柱。他制定厦门特区发展战略，强调搞经济特区，不是搞政治特区，要坚持社会主义的方向；他抓宁夏对口帮扶，强调是贯彻中央"两个大局"的实际行动，要不折不扣地执行和落实；他针对当时流行的"红灯论"，强调违反中央原则的事情坚决不能做。这些都充分反映了习近平总书记对党的无限忠诚，对理想信念的无比坚定。俗话说："天下至德，莫大乎忠。"省直机关首先是政治机关，每一名机关干部首先都是党的干部，忠诚是必须具备的品质，也是最首要的要求。习近平总书记明确提出要做到政治过硬，我认为，政治过硬的核心就是要心中有党、一心向党，自觉做到在党为党、在党言党、在党忧党，不断锤炼坚强党性，带头做到"两个维护"。

学习习近平总书记一腔热忱的为民情怀。人民至上，是习近平总书记深深植根于内心，并贯穿于治国理政全过程的价值追求。在福建工作期间，他"始终怀着为人民干一番事业的理想抱负"，把人民放在心中最高位置，始终如一地为百姓办实事、为人民谋幸福。从翻山越岭"三进下党"，到支持茅草房改造，推动连家船民上岸生活；从治理长汀水土流失，到开展餐桌污染治理，大力建设"食品放心工程"；从建立"四下基层"

制度，到倡导"马上就办"作风，实行"一栋楼办公"，推动"四个万家"活动等等。这些都充分体现了习近平总书记对福建人民的真挚情感和一腔热忱的为民情怀。作为省直机关党员干部，我们长期"居于庙堂之上"，更应当把走好群众路线作为做好工作、践行初心使命的生命线，尽可能多走出机关大院，多走进乡镇街道，主动上门服务，多倾听基层党员干部的想法、意见建议，指导工作时少"空对空"、多"面对面"，部署任务时少拍脑袋、多跑腿。要密切联系群众，积极参加党员干部进社区报到为群众服务活动，多为群众办好事、办实事，切实提高基层群众的幸福感获得感。

学习习近平总书记一往无前的改革魄力。习近平总书记强调，只要是有利于解放和发展社会生产力的，就要在实践中大胆去闯去试。在福建工作期间，他以非凡的勇气和胆略，冲破思想和体制的重重阻力，当第一个"吃螃蟹"的人，进行了一系列极富前瞻性、开创性、战略性的理念创新和改革实践。比如，在全国率先出台税利分流措施，在全国率先推进服务型政府建设，推动林权制度改革、国企改革、粮食流通体制改革、医疗机构改革，提出建设"生态福建""数字福建"等，彰显了习近平总书记超前的战略眼光和创新思维。省直机关是全省改革发展事业的指挥中枢，地位重要而特殊。省直机关党员干部应当不断强化创新服务发展的意识，主动顺应改革、服务改革、保障改革，以改革创新精神创造性地推动各项工作，源源不断地为全方位推动高质量发展超越凝聚力量。

学习习近平总书记一诺千金的责任担当。习近平总书记曾指出，"中国人历来讲求'一诺千金'"。在福建工作期间，他始终秉持"言必信、行必果"的原则，将"为官一任，造福一方"根植于心，担当起时代赋予的责任，为福建改革开放和经济社会发展做出了历史性贡献。从第一次进下党做出"下党不摆脱贫困，我们就愧对乡亲父老"誓言，到始终把扶贫作为投入精力最多的一项工作；从第一次在人大做出"我将牢记政府前面的'人民'二字"的承诺，到"我将无我，不负人民"的坚定决心，这些都生动诠释了习近平总书记一诺千金的责任担当和"言必信、行必果"的品格特质。对于我们党员干部而言，对群众的承诺就意味着责任和行动。

"说了不算，算的不说"实质就是一种不作为、不担当。机关党员干部应当把"一言既出，驷马难追"作为基本素养，把对人民群众"许愿"作为宣言书、责任状，做到"言出必诺，有诺必践"。

学习习近平总书记一心奉公的浩然正气。在宁德任地委书记期间，习近平总书记决定把查处干部违纪违法占地建房确定为惩治腐败工作的突破口，他认为"如果放任这些腐败行为不管不问，我们怎么能够取信 270 万闽东人民？我们党的事业还有什么希望？所以，必须反腐败，讲廉政，除此之外，我们别无选择。那些想通过当共产党的官发财的人，党纪不容，国法不容！如果我们共产党的领导干部不能成为艰苦奋斗、廉洁奉公的榜样，又怎么能够在人民群众中树立起威信呢？"这一提问振聋发聩，折射出习近平总书记惩治腐败的魄力和决心。"苟非吾之所有，虽一毫而莫取。"这是作为党员干部最起码的要求，也是最基本的底线。作为机关干部，我们或多或少都会接触或掌握到一定的公权，但不论权责大小，都应当同习近平总书记一样，始终严于律己，保持一身正气、一生廉洁，多讲奉献、少计得失，不图实惠、不谋私利。

学习习近平总书记一生好学的精神追求。学习是习近平总书记的最大爱好、最大特点，无论去哪里任职，都带着几箱书，正是由于他一以贯之坚持不懈汲取知识，涵养了他深厚的文化素养、通达的治国智慧和博大的人文情怀。在福建工作期间，他不仅身体力行，带头读书学习，主动向老同志请教，下基层向人民群众取经，也在多个场合语重心长地叮嘱领导干部要好学乐学，把学习放在第一位，经常给自己"加油"，不断给自己"充电"。学习是增长本领的重要手段，更是提升担当"底气"的有效途径。面对新时代的新使命、新要求，机关党员干部更要始终保持一种勤奋学习的状态，把学习作为一种信念、一种态度、一种习惯，做到工作学习化、学习工作化，从而实现个人素质提升和工作成效提升"双丰收"，争做新时代的奋斗者。

（作者单位：中共福建省委省直机关工作委员会）

感悟习近平总书记为民情怀
做好宗教"导"的工作

张国柱

　　近期，我结合学习习近平总书记系列重要讲话精神和《习近平谈治国理政》第一、二、三卷，认真研读了《习近平在厦门》《习近平在宁德》《习近平在福州》《习近平在福建》等系列采访实录。深刻感受到习近平总书记始终心怀为民谋福祉的初心，思想和精神上再次受到洗礼，对"人民"二字有了更加深刻的领悟。习近平总书记在闽工作时，无论处在什么岗位、面临何种环境，始终把人民放在心中最高的位置，始终坚持全心全意为人民服务的根本宗旨，以实实在在的工作实践坚守人民立场的思想。为民谋福祉的初心贯穿于习近平新时代中国特色社会主义思想之中，贯穿于以习近平同志为核心的党中央治国理政的全过程各方面，我们要努力学习好、感悟透、领会深、实践之。

　　党的十八大以来，以习近平同志为核心的党中央高度重视宗教工作，提出了一系列新思想新观点新要求，而其中对待宗教必须坚持"导"的态度和宗教工作的本质是群众工作的思想方法为做好新时代宗教工作提出了根本要求，指明了努力方向。习近平总书记强调，做好党的宗教工作，把党的宗教工作基本方针坚持好，关键是要在"导"上想得深、看得透、把得准，做到"导"之有方、"导"之有力、"导"之有效，牢牢掌握宗教工作主动权。这一论述道出了我们对待宗教问题宗教工作的态度，为我们科学看待和正确处理宗教问题提供了一把"金钥匙"。

　　态度决定行动，作为党政宗教工作部门的一名党员干部，我认为，对待宗教工作的态度，也要像习近平总书记那样深怀为民情怀，要掌握

"导"的精髓，要做到"三真"。就是在对待宗教工作、处理宗教问题、接触宗教界人士和做信教群众工作，我们要掏出真心，献出真情，付出真意。具体要做好"宣""引""教""推""帮"的工作。

一是以政治引领为方向做好"宣"的工作。就是要经常深入宗教团体、宗教院校和宗教活动场所，为宗教界人士和信教群众进行习近平新时代中国特色社会主义思想的学习宣传辅导，学习宣讲党的重大会议和习近平总书记重要讲话精神，把宗教界人士和广大信教群众的思想和行动统一到党中央关于宗教工作的重大决策部署上来，引导大家紧密地团结在以习近平同志为核心的党中央周围，增强"四个意识"、坚定"四个自信"、做到"两个维护"，为建设新时代新福建，为实现中华民族伟大复兴的"中国梦"贡献力量。增强宗教界人士和信教群众对伟大祖国、中华民族、中华文化、中国共产党、中国特色社会主义的认同。近年来，我们经常利用天主教、基督教召开季谈会、培训班和各种庆典活动等时机，及时传达学习党的路线方针政策、全国宗教工作会议精神、各级党政领导对宗教工作的指示要求，引导他们及时认清宗教工作面临的形势任务，存在的问题矛盾，帮助他们统一思想，明确方向。

二是以"四进"活动为抓手做好"引"的工作。近年来，福建省民族与宗教事务厅宗教二处党支部利用每个月主题党日活动，紧密结合业务工作实际，深入天主教、基督教团体、院校、场所，积极引领开展"国旗、宪法和法律法规、社会主义核心价值观、中华优秀传统文化"进宗教活动场所"四进"活动，与宗教界人士就如何深化社会主义核心价值观教育实践进行座谈交流，引领和教育宗教界人士和信教群众，坚持宗教中国化方向，倡导用社会主义核心价值观来大力弘扬中华优秀传统文化，更加自觉地走与社会主义社会相适应的道路。举办各类培训班，组织学习《中国共产党统一战线工作条例》《宗教事务条例》《宗教团体管理办法》《宗教教职人员管理办法》等法律规章，推进依法依规管理宗教事务，开展宗教活动。

三是以院校教育和培训为平台做好"教"的工作。近年来，我们在指导省基督教"两会"培养人才，办好宗教院校方面，认真指导福建神学院着眼新形势新要求，牢牢坚持基督教中国化办学方向，积极探索建立"神学教育＋"平台，扎实推动基督教中国化理念深入课堂，做到"四个进课堂"，即政治思想进课堂，政策法规进课堂，传统国学进课堂，公益慈善进课堂。指导开展党史学习教育，邀请专家学者讲授《从党章演变历程透视中共党史百年辉煌》专题课，使广大师生做到知史爱党、知史爱国。2021年11月底，举办了来自全省各地80多位基督教教职骨干参加的"全省基督教界人士'爱党爱国爱社会主义'主题教育学习班"。通过学习培训，增强了福建省基督教界人士学习"新四史"、促进"五个认同"的自觉性。大家纷纷表示，要从学习中汲取力量源泉，深入挖掘宗教教义中有利于社会和谐、时代进步、健康文明的内容，努力推动福建省基督教中国化进程，引导广大信众坚定不移地走与社会主义社会相适应的道路，为奋力谱写社会主义现代化国家福建篇章做出应有贡献。

四是以重大节日开展活动为契机做好"推"的工作。就是引导宗教界加快推进宗教中国化进程。近年来，利用重大节日等重要时机，我们广泛发动宗教界开展各种活动，歌颂党、歌颂祖国、歌颂中国特色社会主义，讴歌新时代、唱响主旋律。指导省基督教两会开展基督教中国化圣乐创作活动，并组织举办一场以"助力新时代，共筑中国梦"为主题的庆祝中华人民共和国成立70周年原创圣乐优秀作品音乐会。指导举办以"讴歌新时代，抒发家国情"为主题的纪念中国基督教"三自"爱国运动70周年宣讲交流会。指导省基督教"两会"举办一场"用基督之爱讲好中国故事"为主题的讲道交流会。建党100周年前夕，福建省民族与宗教事务厅开展了"砥砺初心，爱我中华"——坚持宗教中国化方向系列活动，指导举办了"爱党爱国爱社会主义"为主题的福建省宗教界庆祝建党百年华诞文艺汇演取得圆满成功，宗教界人士和信教群众以自编自导自演的方式，讴歌党的领导、讴歌新时代、讲好中国故事、讲好福建宗教故事，展示了新时代福建宗教界坚持宗教中国化方向的新形象。通过系列活动的开展，把宗教界人士和信教群众的爱国爱教热情推向了高潮，进一步推动宗教界及广大信教群众不断强化对中国特色社会主义的认同感。

五是以壮大爱国力量为重点做好"帮"的工作。就是充分调动宗教团

体和宗教界人士的积极性，支持帮助爱国组织固本强基加强自身建设，不断壮大爱国力量，发挥桥梁纽带作用。指导帮助宗教团体加强班子建设，完善体制机制，健全规章制度，理清各方关系，明确职能定位，加强人才培养。建设政治上可信、作风上民主、工作上高效的高素质领导班子。高标准建设培养一支立志从事宗教事业的"政治上靠得住、宗教上有造诣、品德上能服众、关键时起作用"的教职人员队伍。新冠肺炎疫情防控期间，我们及时向宗教界传达学习习近平总书记关于新冠肺炎疫情防控工作的重要讲话、批示指示精神，传达各级党和政府对他们的关心爱护。省天主教、基督教界坚决贯彻执行疫情防控要求，配合当地政府和有关部门主动做好疫情防控工作，确保了福建省天主教、基督教领域实现"零疫情"的目标。引导宗教团体和宗教活动场所为助力乡村振兴、疫情防控、支持社会事业释放正能量、展现新作为。

（作者单位：福建省民族与宗教事务厅）

读懂《习近平谈治国理政》中的生态"密码"

李荣寿

学习《习近平谈治国理政》系列中关于生态文明建设的重要论述，感悟颇深，越是深入钻研，越能感悟习近平总书记生态文明思想中所蕴含的生态"密码"，越能自觉用之武装思想、指导实践，引导我们在本职岗位上建功立业。

读懂"两山论"背后的"初心密码"

当前，我国社会民生需求新变化，人民群众从过去"盼温饱"到现在"盼环保"、从过去"求生存"到现在"求生态"，期盼享有更加优美的生态环境。习近平总书记"两山论"初心的背后，饱含其爱民之心、惠民之愿、利民之举。一是"两山论"的提出，饱含爱民之心。2005 年前，时任浙江省委书记的习近平到安吉余村调研，在听取当地的发展困惑以及关闭石矿保护生态的做法后，首次提出"绿水青山就是金山银山"的科学论断。"两山论"的提出是实地调研、深入探索的成果，是对"为什么建设生态文明、怎么建设生态文明"的正面回应，更是习近平总书记时刻惦记着人民的充分体现。二是"两山论"的内涵，饱含惠民之愿。良好生态就是民之所愿。"两山论"理念深刻揭示了经济发展和生态保护的关系，如果没有良好的生态环境，经济发展就没有肥沃的土壤，"可持续发展"理念就无法真正生根发芽、茁壮成长。"两山论"为"生态惠民"道路提供了有益指导和根本遵循，即不仅抓好眼前，又要放眼未来。三是"两山论"的践行，饱含利民之举。拉长视野，回望我国生态建设历程，中央环

保督察、美丽乡村建设、生态文明试验区建设，一项项硬核举措都是对"两山"理念的生动践行，一计一策，都饱含着利民之举，让建设美丽中国成为可能。

读懂打赢污染防治攻坚战背后的"必胜密码"

习近平总书记强调，坚决打好污染防治攻坚战，推动我国生态文明建设迈上新台阶。当前生态文明建设处于关键期、攻坚期、窗口期的重要节点，福建省生态环境厅立足生态文明试验区实际，准确领会习近平总书记关于生态环境保护形势的重大战略判断，坚定打好污染防治攻坚战的信心和决心。我们坚决开展蓝天、碧水、净土，海洋保卫战，把满足人民群众对美好生活的向往，作为生态建设的出发点和落脚点，瞄准群众身边的环境问题，开展"长空亮剑""碧海银滩""守护净土"等12项专项行动，打出了一套生态惠民的"组合拳"。我们坚决做好农村人居环境整治，近年来，我们把绿盈乡村建设作为生态省建设的"细胞工程"，全面开展农村环境综合整治，健全生态保护补偿机制，推动老区苏区生态环境治理体系和能力现代化，努力探索一条具有八闽特色的"绿水青山就是金山银山"的转化路径。我们坚决做好中央环保督察，坚持问题导向，加大环保督察交办问题整改落实，加快补齐生态环境短板，不断增强人民群众的生态环境获得感、幸福感和安全感。我们坚决做好疫情防控工作。自从疫情发生以来，我们尽锐出战，死守医疗废物处置这条防线，用"辛苦指数"换来"安全指数"。作为生态环保铁军一员，要聚焦主责主业，在打好打赢污染防治战的各条战线上建功立业，让更多人吃上"生态饭""美丽饭"。

读懂锻造生态环保铁军的"成长密码"

习近平总书记指出，要建设一支生态环境保护铁军，政治强、本领高、作风硬、敢担当，特别能吃苦、特别能战斗、特别能奉献。从《习近平谈治国理政》第一卷到第二卷，"全面从严治党"这条红线一以贯之。

要打造一支想干事、能干事、不出事的生态环保铁军队伍，必须坚持依靠从严治党赋能，助力生态铁军"健康成长"。在这个过程中，我们强化党建引领，打好"四张牌"，为锻造新时代干部队伍铁军"保驾护航"。一是打好政治巡查"先手牌"。我们先后开展专项、联合政治巡察，特别是在全国率先建立与各设区市巡察办协调配合机制，进一步压实从严治党责任链条，助推从严治党走深走实；二是打好作风建设"监督牌"。坚持正风肃纪，扎实开展贯彻落实中央八项规定精神情况专项检查，助推作风建设见实效；三是打好典型案例"教育牌"。抓好典型案例通报运用，充分释放警示威慑效应，引导党员干部以案为鉴，自我政治体检，强化自我净化能力；四是打好廉政风险"防范牌"。我们瞄准风险防控"关键点"，立足职责职权实际，认真梳理权力清单，全面排查存在或潜在的廉政风险点。生态文明建设已进入快车道，作为"环保人"，全面从严治党要从自身做起，不仅要建设好自然界的绿水青山，也要建设好我们内心的"绿水青山"，确保"环保人"内心底色不变色。

在新时代建设美丽中国、美丽福建的新征程上，我们要深学笃用习近平生态文明思想，勇毅前行，为福建生态环境"高颜值"和经济发展"高素质"协同发展做出积极贡献。

（作者单位：福建省生态环境厅）

深入学习贯彻习近平总书记重要讲话精神
做一名新时期城市规划管理者

蔡爱玲

2021年3月，习近平总书记在福建考察时指出，"建设好管理好一座城市，要把菜篮子、人居环境、城市空间等工作放到重要位置切实抓好"。作为一个从事规划、建设工作者，结合个人关于城乡规划工作实践调查研究，谈谈学习体会，为推进新时代新福建跨越式发展添砖加瓦。

第一，落实国家区域战略，深入发展新理念。习近平总书记来福建考察强调要"实现生态保护、绿色发展、民生改善相统一"。规划要深入贯彻生态省战略，系统性保护山形水势，系统性建设城市公园，探索低碳零碳园区、社区，为国家碳达峰和碳中和探索福建方案。首先，要以绿色基础设施为碳汇重点，以场地增加社区绿植覆盖，以河湖岸带、青山绿园、城市道路为载体，建设临水穿城的安全行洪通道、自然生态廊道和文化休闲漫道，构建集碳汇、生态、景观、休憩于一体的复合功能型廊道，学习成都将城市建成一座大公园。其次，要促进用地空间的低碳化布局，城市是碳排放的主要空间，其中交通是重点领域，规划布局要着力减少通勤距离。

第二，创新规划编制方法，科学发展新规划。以往的规划编制工作，都是先总体规划，再专项规划和详细规划。福州新区着力构建"1＋N＋1"的规划体系，即一张国土空间规划蓝图，N个各类专项规划支撑，一个信息化的平台，既维护了规划刚性，也提高了规划的可实施性。习近平总书记强调，"考察一个城市首先看规划，规划科学是最大的效益，规划失误是最大的浪费，规划折腾是最大的忌讳"。要将所学知识转化为能力，通过实践、多学科融合，注重在实践中学真知、悟真谛，加强磨炼、增长本领，促进规划创新，让"城市必须不再像墨迹、油渍那样蔓延，一旦发展，他们要像花儿那样呈星状开放，在金色的光芒间交替着绿叶"。

第三，全面提升服务能力，践行实施新服务。要提升服务水平和服务意识，进一步推动宜居品质提升和人居环境改善。习近平总书记提出"人民城市人民建，人民城市为人民"重要理念，深刻回答了城市建设发展依靠谁、为了谁的根本问题，深刻回答了建设什么样的城市、怎样建设城市的重大命题，为我们深入推进人民城市建设提供了根本遵循。将习近平总书记来闽考察重要讲话精神落实到发展中，为奋力谱写全面建设社会主义现代化国家的福建篇章贡献规划建设管理从业者的一份力量。

第四，建设以人民为中心的城市，推进新福建跨越式发展。进一步提升福建省新时代城市建设品质向低碳、人文、智慧、宜居转型。首先，争创全国低碳示范城市。要促进福建省争创全国低碳、近零碳示范城市，为国家碳达峰和碳中和探索福建方案。其次，建设魅力彰显的人文福城。通过工作实践引导福建省创新妈祖文化、红色文化等八闽文化在城市发展中的"历史记忆"，结合住建系统打造一批"文化＋"传承示范样板，全方位推动城市优秀传统文化进街头、进绿地、进商圈、进市民家门口等，重点推进以"完整社区"为核心的城市更新。参照浙江诗路文化带，推出一批历史文化步道游径，串联老城历史记忆，强化历史空间活化利用。再者，建设运行高效的智慧城市。习近平总书记在 2000 年高瞻远瞩做出了建设"数字福建"的战略决策，开启了福建大规模信息化建设。未来福建省打造"数字应用第一省"，建成数字中国样板区，需要我们孜孜不倦，为之奋斗。在工作实践中，结合岗位分级推进新型基础设施，福厦泉加快形成全省新基建典范，加快建设"城市大脑"，其他设区市和县城推动设区市城区多功能智慧杆覆盖率达 50％以上，丰富智慧城市应用场景。最后，建设舒适便利的宜居城市。在学有所教、劳有所得、病有所医、老有所养、住有所居上持续发力。新时代的城市建设中，推进县城补短板强弱项，优化公共服务配置，加强重大民生设施共建共享，重点解决设施"最后一公里"问题。

在一代又一代青年人的努力下，1921年至2021年我们实现了第一个百年奋斗目标，国家正在意气风发向着全面建成社会主义现代化强国的第二个百年奋斗目标迈进。青年干部作为中坚力量，要为推动福建城乡建设事业高质量发展超越，奋力谱写全面建设社会主义现代化国家福建篇章贡献青春力量，让青春之花绽放在祖国和人民需要的地方。作为新时代的青年人，让我们相约下一个百年。

（作者单位：福建省住房和城乡建设厅）

外交工作要不忘执政为民的情怀

林雨萌

《习近平谈治国理政》第三卷出版发行，这是全党政治生活中的一件大事。在学习这部著作及之前出版的第一卷、第二卷的过程中，我深切体会到"人民至上"这条红线一以贯之，充分彰显了习近平总书记执政为民的博大情怀。2019 年 3 月 22 日，习近平总书记在会见外国友人时说："这么大一个国家，责任非常重、工作非常艰巨。我将无我，不负人民。我愿意做到一个'无我'的状态，为中国的发展奉献自己。"心中装着全体人民却唯独没有自己，这种"无我"状态，彰显了一个大国领袖的责任担当和为民情怀，树立了坚持人民至上的光辉典范。当今世界正经历百年未有之大变局，我国正处于实现中华民族伟大复兴的关键时期，我们党正带领人民进行具有许多新的历史特点的伟大斗争，形势环境变化之快、改革发展稳定任务之重、矛盾风险挑战之多，对我们党治国理政考验之大前所未有，外交人肩上的历史使命之重也是前所未有。在复兴之路的征程中，永远保持对人民的赤子之心，是中国共产党人的政治底色，也是我们党生生不息的力量源泉。

《习近平谈治国理政》第三卷在做好新时代外交工作中提到，坚定理想信念，对党、国家、人民绝对忠诚，是外交人员的根和魂。坚持外交为民，全心全意为人民服务。这一点，两个多月来疫情防控外事组办公室的工作令我深有体会。

我刚刚来到外办工作是 2020 年 5 月份，国内疫情防控取得重要的阶段性胜利，疫情防控进入常态化，但世界各国防控形势严峻，抗疫政策不一。

一方面，我们面临境外疫情输入压力越来越大，要巩固境内疫情防控成果，保证做到"外防输入，内防反弹"。外事组每天值班做好入境接受集中医学观察人员信息核准和推送，为企业提供疫情防控指导，为急需上岸的渔船船员提供人道主义救援，呼吁政策支持。这是外事人坚持底线思维，为人民保平安的体现。

另一方面，福建省走出去的企业员工、留学生、侨民在境外普遍面临越来越高的染疫风险和外部安全风险，企业复工复产困难重重，要"稳住人心，稳在当地"。我们急企业之所急，主动调研汇总境外企业困难和需求，通过推动快捷通道政策落地和申请企业包机的方式解决了部分企业关注的人员通关问题；也协助外交部顺利开展多趟留学生和侨民包机。这是外事人发挥职能优势，为人民谋幸福的体现。

这两项任务涉及部门众多，事无巨细。为了最大程度保障安全，提供便利，我们的领导和同事们频繁召集会议协调工作，积极研究简化快捷通道的申请流程，倒着时差为海外船员联络协调，精心给包机回国的同胞安排干净舒适的隔离环境和暖心的特色小吃……每一个环节都凝结着外事人的责任感和为民情怀。

8月份，我来到了领事处的新岗位。以我半个多月对工作的浅薄理解，领事处虽然面对的是外国使领馆，处理的是外国人在国内的事务，但使领馆管理工作涉及维护政治安全，领事服务工作影响着对外开放环境，无一不与人民的根本利益息息相关。因此，在接下来的工作中，我也会继续坚持外交为民的理念。

一要深入学习贯彻中央和福建省委外事工作会议精神。结合正在开展的"不忘初心、牢记使命"主题教育，在业余时间主动加强理论学习，进一步准确把握习近平外交思想的核心要义，深刻领会习近平总书记关于地方外事工作的系列重要论述，不断提升自己作为外事干部的政治能力和专业水平。

二要扎实做好使领馆管理和领事服务工作。始终把维护涉外安全稳定放在第一位，严肃外事工作纪律，牢固树立"外事无小事"的观念，不断丰富应对涉外案（事）件的手段和措施，争取做到"从维护政治安全的高度做好使领馆服务管理工作，从营造良好对外开放环境角度做好领事服务工作，从服务地方发展角度用好使领馆资源"，为外事工作添砖加瓦，贡献力量。

（作者单位：福建省人民政府外事办公室）

深学细照笃行

许宇深

看完《习近平在厦门》《习近平在宁德》《习近平在福州》这三部采访实录，我觉得习近平总书记身上有许多地方值得我们学习，对助力国企复工复产，推动国企三年改革有着至关重要的作用。

一是做事要求真务实。习近平总书记在厦门、宁德、福州任职过程中，很重要的一件事就是积极开展调研工作。采访组采访曾任厦门市地方志办公室副主任、编审洪卜仁时提到，习近平总书记在 1985 年任厦门市副市长的时候，首先就是想借阅地方史志，了解厦门的地方史和风土人情，并在后续工作期间常常与其谈话了解厦门故事。习近平总书记在 1988 年调任宁德地委书记时，一个多月时间就把宁德下辖 9 个县市全部跑遍了。到了每个县里，他喜欢看县志，听汇报提倡不念稿。9 个县跑下来，他做了一次全面总结。在会上提出要有"滴水穿石"的精神，还要树立"弱鸟先飞"的意识。通过讲话，调动了地市各级干部的情绪和积极性，时至今日对宁德的发展起着至关重要的作用。

国有企业做事，最重要的就是求真务实。只有抱着求真务实的心态，不存私心，不为个人牟利，有着"弱鸟先飞、滴水穿石"的精神，稳步踏实做好各项任务工作，国有企业才能健康发展，才能抵住国内外不稳定的经济环境压力，成为国家经济发展的中流砥柱。

二是计划要高瞻远瞩。习近平总书记在三地任职期间，根据各地实际情况提出了许多适合各地的规划，比如"弱鸟先飞、滴水穿石""四下基层""四进万家""海上福州""提升本岛、跨岛发展"以及"3820"工程、古厝保护等理念，无一不是高瞻远瞩的真知灼见，是建立在充分调研的基础上，立足当下的长远规划。10多年过去了，回头看这些理念，依旧在福建发展中起到至关重要的作用，在今后很长一段时间中仍继续承担福建发展的重要理论支柱。

2020年6月30日，中央全面深化改革委员会第十四次会议召开，审议并通过了《国企改革三年行动方案（2020—2022年）》，由国务院国资委牵头，10月底前出台相关政策。这便是国资系统提出的最适合自身发展的规划，三年时间不长，但也不短，在如此复杂的国际经济环境中，又同时承受着疫情的影响，三年的计划已然是高瞻远瞩，一系列更有针对性、更具操作性、更加精准化的改革举措将实施，国企改革三年行动的冲锋号已经吹响，今后三年是国企改革的关键阶段。

三是待人要平易近人。在采访实录中，几乎所有受访的人，不论是共事的班子成员还是下属，都会提到习近平总书记平易近人。我印象很深的是原厦门市计委科长、常务副主任吕拱南的采访实录中提到，习近平总书记任副市长时审批兴建的原厦门市计委经委宿舍建成后，亲自到他家里探望，并在即将离开福建前往浙江工作时，还亲自写信给吕主任，他当时已经转任至厦门市台办工作。习近平总书记在信中勉励他在对台工作上继续做好工作。习近平总书记对接触的每位普通同志都做到了关心和爱护，影响了很多人日后的为人处世、工作态度、工作追求。

在抗疫过程中，国资系统党员干部时刻不忘人民，展现了为人民服务的精神。春节是疫情传播初期也是抗疫形势最严峻的时候，委机关第一时间复工，开始了忙碌的工作，防疫小组工作量特别大，要每天不断了解和更新企业复工复产情况，他们加班加点踏踏实实做好本职工作。各所出资企业、机关各处室干部都下沉一线，到街道社区值班站岗，任劳任怨，为所联系的街道社区打赢疫情攻坚战打下了扎实基础。

这三部采访实录所记载的不仅仅是习近平总书记在福建工作时的事件和大家对他的印象，其实背后更多的是习近平新时代中国特色社会主义思想的表现。我们不仅要看到习近平总书记个人的求真务实、高瞻远瞩、平

易近人，更要领会其中的精髓。采访实录只是让我们更加通俗易懂地学习到这些精神，我们要在今后的工作中把学习到的理论知识运用起来才是关键。

（作者单位：福建省人民政府国有资产监督管理委员会）

学习贯彻新思想　开拓统计新境界

薛慧贞

"共产党的基本功就是联系群众"，这是习近平总书记在福州时常说的一句话。他能够以各种方式方法联系群众、关心群众、帮助群众排忧解难，让群众得到实实在在的好处。密切联系群众，全心全意为人民服务，这是我们每位共产党员所应该铭记的。通过学习《习近平在厦门》《习近平在宁德》《习近平在福州》等系列采访实录，我越发感受到习近平总书记一以贯之地践行理想信念和初心使命，为我们树立光辉典范。这是我们党员干部深入理解习近平新时代中国特色社会主义思想的理论和实践的源泉，对于我们更好地领会和践行党的初心使命具有积极的促进作用，对我们日常的统计工作具有深刻的指导意义。

在社会经济发展信息化的大背景下，党和政府、社会各界对统计信息给予了前所未有的关注，统计工作迎来了良好的发展机遇，同时也面临着更严峻的挑战。党的十八大以来，以习近平同志为核心的党中央高度重视统计工作，习近平总书记多次发表重要讲话、做出重要指示批示。依法统计、科学统计、如实统计才能全方位、多角度、客观、真实地反映社会经济发展变化。"真实可信"——简简单单的四个字，是我们一直恪守的初心。

统计要有态度。

"社会主义是干出来的，新时代也是干出来的"，习近平总书记多次强调真正把功夫下到察实情、出实招、办实事、求实效上。《习近平在厦门》一书中受访者王太兴说道："近平同志做事有个很突出的特点，就是极为认真，从不敷衍塞责、马虎怠慢，更不空喊口号、说说而已。"统计工作

更是要秉持严谨、求真、务实的工作作风。我们坚持贯彻习近平总书记对福建工作和关于统计工作的重要讲话重要指示批示精神，建章立制，规范工作要求。加强基层基础工作规范化建设，强化统计调查单位基层基础工作，规范统计数据填报依据，提高数据填报的规范性、科学性和可操作性。严格把控"入口质量"管理，加强数据审核，坚持数据即报即审即验，严格核实项目相关凭证。每一次操作，都践行着统计对数字认真负责的初心。

统计也要有深度。

习近平总书记一到宁德就下基层调研，一去就是一个多月，把宁德下辖9个县市全部跑遍了。调离宁德前与陈增光交接在基层，亲力亲为，践行"四下基层"的理念，同时也是给我们作风建设永远在路上的政治嘱托。优秀的统计分析报告更是离不开扎实的现场调研。在缜密翔实的统计分析报告中把脉经济运行情况，统计人用专业的方式实现着统计工作的职能和价值。通过走基层，加强入库项目实地调研，摸清企业生产经营真实情况，了解项目进展情况，一竿子插到底；通过走基层，了解企业项目数据填报情况，明晰投资统计调查制度在基层、企业的贯彻落实情况，详细指标解释，现场服务指导，规范数据填报，提高投资统计指导的针对性和有效性；通过走基层，掌握一手资料，提炼苗头性、趋势性投资项目现场情况，提升投资统计分析的针对性和实效性。多学习，勤思考，高标准，严要求，提升投资统计业务水平。夯实数据质量，提升分析水平，切实服务基层，是统计初心使命最好的践行。

统计更要有温度。

为贯彻落实习近平总书记关于新冠肺炎疫情防控的重要讲话精神，全省各级各部门在做好疫情防控工作的同时，围绕做好"六稳"，积极推动各类企业复工复产，确保经济社会持续健康发展。为切实做好疫情防控工作，保障投资统计数据不断、各项业务工作不乱，疫情期间福建省落实落深简化投资项目入库工作，对于一些因疫情不能及时提供现场材料的新增投资项目，先行入库后续再补报相关材料。与此同时，延后入库材料上报时间，为各地入库申报提供便捷。为实时反映疫情期间房地产和建筑业企业生产经营情况，我们配合做好六次调查问卷，第一时间汇总相关数据，针对性提出对策建议，助力企业渡过难关，顺利复工复产。疫情期间，统计人以数为专，让防疫更精准，在海量数据中通过大数据筛查手段，精准提供摸排对象，并对摸排结果进行不同维度的分析统计，为数字化防控贡献力量。统计人一改平日里埋头报表的姿态，化身战士，敢于担当作为，增援基层战"疫"一线。投资处张凯同志积极响应号召，主动请缨，驻长乐恒申合纤公司支援，深入企业隔离宿舍楼、食堂、车间指导疫情防控和安全生产工作，协调解决企业生产经营中遇到的困难和问题，推进有关优惠政策落实，支援助力企业复工复产，无惧无畏逆行"疫"线，荣获省直机关"最美奋斗者"荣誉称号。

一簇簇数字见证着中华民族走向富强的步伐，一个个统计青春诠释着"功成不必在我"的担当。统计专业工作让我成长的不仅有专业统计制度相关知识，更多的是我们统计干部的默默奉献。我们将更加深入学习习近平总书记一以贯之的人民情怀、胸怀大局、战略定力和使命担当，发扬"滴水穿石"的精神，拿出锲而不舍的干劲，切实把增强"四个意识"、坚定"四个自信"、做到"两个维护"贯穿到日常统计工作中，为全方位推动高质量发展超越添油助力。

（作者单位：福建省统计局）

勇探"深水区" 答好"医改"题

张萍萍

.

2021 年 3 月，习近平总书记来闽考察重要讲话指出，健康是幸福生活最重要的指标，健康是 1，其他是后面的 0，没有 1，再多的 0 也没有意义。当前我国医改已经进入了"攻坚期"和"深水区"，而改革的路径犹如逆水行舟，不进则退，能否在医疗改革事业上有所作为，只有持之以恒在推进分级诊疗使实劲，在严控医药费用上使长劲，在打击欺诈骗保上使狠劲，才能踔疾步稳，开启医保体系现代化新征程。

全面推行"马上就办"的工作模式，破解"看病难"

习近平总书记指出，"看大病在本省解决，一般的病在市县解决，日常的头疼脑热在乡村解决"，说明了优化医疗资源配置的工作势在必行。要着力解决医疗资源发展不平衡、不充分的主要问题，就必须要牢牢抓住"分级诊疗"这个"牛鼻子"，促进优质医疗资源下沉、重心下移。一是要积极推动医疗卫生资源下沉。制定政策鼓励医疗卫生人员到基层工作，加大力度推进"家庭医生"服务团队建设，同时加强基层医疗机构建设。二是要积极深化"三医联动"改革。以多种形式的医联体、医共体为重要抓手，健全完善分级诊疗、综合监管等制度，促进医疗服务体系高质量发展，推动以治病为中心向以人民健康为中心转变。三要创新医疗服务模式。大力弘扬"敢为人先、爱拼会赢"的福建精神，探索"互联网＋健康"体系，加快推进互联网诊疗、远程会诊等医疗服务项目，不断提高服务效率，降低服务成本。多措并举，多管齐下把医疗服务格局纵横上下联通起来，放大优势医疗资源效应，让信息"多跑路"、群众"少跑腿"，努力解决群众看病就医困难的问题。

大力弘扬"滴水穿石"的福建精神，破解"看病贵"

如何破解老百姓看病贵的问题，就是要以药品购销流通环节中推行"零差率""两票制"为抓手，规范药品流通秩序，压缩中间环节，降低虚高价格，以不可动摇的"泰山意志"来规范市场、强化监管、分级推进、保障供应，严控医药费用的不合理增长。以药品作为深化医改探索试点的"先头兵"，继药品"零差率"后，"两票制"作为"组合拳"接踵而至。在"两票制"升级扩面的同时，启动医用耗材"零差率"销售，"腾笼换鸟"，理顺医疗服务价格体系，确保医保基金可承受、医疗机构平稳良性运行、群众总体负担不增加。以服务"福建篇章"为主线，改革执行路线图一环扣一环，一步接一步，充分挖掘三明"三医联动"等改革经验，探索医改新路径，推动医改走深走实、扩大成效，不断提升医改工作给百姓带来的获得感和幸福感。

积极形成"人民至上"的强大合力，守好"救命钱"

近年来，各地欺诈骗保案时有发生，破坏了医保管理秩序，侵害了医保基金安全，严重影响了社会风气，危害了人民群众的切身利益。在有关部门的监管下，虽然欺诈骗保高发、频发的态势有所遏制，但是仍然有个人或机构在高压态势下顶风作案，基金监管仍然任重道远，基金监管永远在路上。一要发挥预防宣传和警示教育的战斗堡垒作用。以"滴水穿石"的精神，进一步加大对欺诈骗保行为的宣传力度，积极探索分层分类警示教育，以典型案例为抓手，提高教育针对性，勿使医保基金成为新的"唐僧肉"。二是创新监管手段。积极利用智能监控、大数据分析等科技手段，采用日常监管和专项监管相结合、现场监管和非现场监管相结合等方式，部门联动加大监管力度，重拳打击欺诈骗保行为，守住老百姓"救命钱"。

三是以实践促进业务再学习。以查促学，有针对性地把工作成效转化为提升服务群众能力的内生动力，正所谓"举一纲而万目张"，尽管整治工作千头万绪，但紧盯关键环节、把握重点区域，深挖彻查欺诈骗保行为，就一定可以保障医保制度可持续发展，守好医保基金"治病钱"与"救命钱"！

（作者单位：福建省医疗保障局）

一书一卷一世界

陈　洵

1969 年 1 月，一个年仅 15 岁的大男孩来到陕西省延川县梁家河大队插队落户，与当地百姓"一块吃、一块住、一块干、一块苦"，开启了一段整整 7 年的梁家河知青岁月。

拿到《习近平的七年知青岁月》这本书，映入眼帘的是一位帅气的小伙，他背着小挎包，阳光的脸庞上写满着坚毅，他就是年轻时的习近平总书记。全书共分为"知青说""村民说""各界说"三个部分，编录了 19 篇关于"他人眼中的总书记"式的访谈稿，再现了习近平总书记 7 年"上山下乡"时期的艰苦生活。

字里行间，给我触动最深的是习近平总书记无论身处多么艰难困苦的环境，他对知识的渴望，对书籍的欲望，是那么的坚持，那么的强烈。在回忆当年知青岁月中的读书生活时，习近平总书记说："一物不知，深以为耻，便求知若渴。上山放羊，我揣着书，把羊拴到山坡上，就开始看书。锄地到田头，开始休息一会儿时，我就拿出新华字典记一个字的多种含义，一点一滴积累。我并不觉得农村 7 年时光被荒废了，很多知识的基础是那时候打下来的。"

焚膏油以继晷，恒兀兀以穷年

在梁家河的 7 年时间里，习近平总书记时时刻刻都书不离手，白天出工干活但凡有了一丝空闲，就痴迷地端起书来看，夜晚降临，他总是点起煤油灯挑灯夜读，手边的书读完了，他就走十几里的山路去借书读，习近

平总书记凭着惊人的毅力，在这样艰苦的环境中坚持学习，读完了当时所能借到的所有书籍。在 2019 年，我很有幸跟随福建省税务局党务干部学习班踏上了梁家河这块习近平总书记深爱的土地上，小小的窑洞，昏暗的房间，就是在这样艰苦的环境中习近平总书记度过了 7 年。思绪回到 2020 年，新冠肺炎疫情发生的这些岁月，知识的重要性再一次与生命挂钩在一起。钟南山院士的挺身而出，就像给我们吃了一颗"定心丸"，他用知识重新点燃了生活的希望，他用知识救济人于苦难之中。看看我们现在的读书条件，公益图书馆的书架上各类书籍琳琅满目。打开手机，各种好书映入眼帘，但是一提读书，许多人却说我没有时间，那么时间去哪儿了？我想，新时代青年不能让时间到了游戏里，不能让时间到了闲聊里，更不能让时间到了微信抖音里，而应该静下心来，让时间停留在一书一卷里。

便使书种多，会有岁稔时

习近平总书记读书涉猎广泛，他既读中国古代文学，又读世界名著；既读马克思主义哲学，又读工科技术书籍；既读军事理论著作，又读国际政治走向。广泛的阅读带来的是更远的眼界，带来的是更好的大局观，带来的是贯通古今中外的惊人学识。习近平总书记一边加快自己与村民的融入，一边更加努力地通过知识寻求发展的突破口，他到四川学习如何办沼气、学习如何打灌溉井、学习如何改善产业社团，把先进的思想、先进的技术带到了这个贫困落后的小山村。在他的带领下，村里呈现出了未曾有过的盎然生机。回望现在许多年轻人，总觉得自己的平台小，没有自己所学知识施展的空间，这种认识是不对的。在此次抗击新冠肺炎疫情中，也许你只是一个小护士，也许你只是一个快递员，但是只要肯思考，只要肯努力，只要肯奋斗，都能够在自己的岗位上散发出不一样的光彩。新时代的新青年，必须要做到工作脚踏实地，通过不断丰富自己的知识，让自己手头的工作做得更加出色，更加有创意，更加适合时代的发展，为社会的进步增添青春的色彩。

问渠那得清如许，为有源头活水来

"15 岁来到黄土地时，我迷惘、彷徨；22 岁离开黄土地时，我已经有着坚定的人生目标，充满自信。"习近平总书记曾经回忆说。年轻的习近平总书记初到梁家河时，遇到很多的不解和疑惑，甚至目睹了身边的知青或当兵、或招工、或推荐上大学，一个个相继离开梁家河，只剩下他一个人的场景。但是，无论眼前有多难，习近平总书记从未气馁、放弃。渴求知识，崇学尚读，习近平总书记用别人晚上休息的时间去充电，与书一起迎着困难接受挑战，一步一步迈过了跳蚤关、饮食关、劳动关、思想关，他先后 8 次写入团申请书，先后 10 次写入党申请书，用不屈不挠的意志，饱经周折方入团入党。面对突如其来的新冠肺炎疫情，习近平总书记指出，确保打赢疫情防控的人民战争、总体战、阻击战。这场战争，除了先进的硬件"武器"装备外，更为重要的是"思想"和"精神"组成的软件"武器"。我想，正是在艰难岁月里的学习、思考、实践、创新，才使得习近平总书记能够带领中华儿女向着正确的航向前进，打赢这场令世界刮目相看的战争！

读完《习近平的七年知青岁月》，我感到这是一次跨时空与年轻时习近平总书记对话的奇妙旅程。我想，经过新冠肺炎疫情的洗礼，作为一名新时代的税务青年，我们必须让自己时刻保持对知识的渴求，脱离浮躁，静心沉浸在"一书一卷一世界"里，汲取营养，厚实根基，接续"五四"的光荣与梦想，将激昂的青春梦紧紧融入实现"中国梦"的伟大实践，勇做走在时代前列的奋进者、开拓者、奉献者。

（作者单位：国家税务总局福建省税务局）

不忘初心 勇担时代使命

陈 功

　　福建是习近平总书记工作生活 17 年半的地方。《习近平在厦门》《习近平在宁德》《习近平在福州》《习近平在福建》系列采访实录客观再现了习近平总书记在福建工作期间进行的一系列开创性探索实践、提出的一系列前瞻性创新理念。作为在闽央企，我们要传承好、贯彻好、落实好习近平总书记在福建工作时的优良作风，不忘初心，勇担使命，扎实推进全球能源基础设施项目建设，以更加昂扬的斗志、更加务实的作风，全方位推动企业高质量可持续发展，为建设"一强三优"（盈利能力强、资产优良、业绩优质、队伍优秀）的国际化工程公司而努力奋斗。

　　树立长远眼光，强化战略思维。不论在厦门、宁德、福州，还是在福建省委、省政府工作期间，习近平总书记始终站在战略高度，运用战略眼光来规划全局。在厦门，他领导制定了《1985 年—2000 年厦门经济社会发展战略》，为建设经济特区找准方向。在宁德，他提出既要有"滴水穿石"的精神，谋长远的发展，又要有"弱鸟先飞"的意识，发挥自身优势，着力跨越发展。在福州，他反复强调"功成不必在我"，提出了"3820"工程，考虑了福州 20 年的发展。到省里工作后，他又提出"山海协作、联动发展"规划，作为省长还主持制定了福建新世纪发展战略，做出建设"数字福建"的重要决策，提出建设生态省的理念……就像采访实录中说的那样，习近平总书记领导方法最突出的一点，就是视野开阔，思路超前，具备深厚的理论积累和实践积累。这使得他既能高屋建瓴，具有前瞻性，又能脚踏实地，注重实效性。我们深入学习系列采访实录，就是要学习领会习近平总书记立足长远、放眼全局的战略思维和"功成不必在我"的境界胸怀。

当前，公司制定了"十四五"规划，用高质量规划引领企业这五年的发展。但发展本身就是挑战不可能、挑战未知的过程，所以我们要保持坐标清醒、地位清醒，对企业发展的基本面有正确的分析和认识，坚定发展信心，力争掌握主动权。我们要提升战略思维能力，以历史的眼光和未来的眼光科学谋划，不断夯实企业发展根基，培育核心竞争能力，全方位提升发展质量，在保持传统优势的基础上，不断提升创新能力，加强信息化建设，提升管理、履约和风险防控能力，走内涵式发展道路，为把福建电建打造成为基业长青的"百年老店"做出贡献。

主动担当作为，破解发展瓶颈。在福建，习近平总书记就用实际行动展现出共产党人的责任担当和果敢智慧。他任宁德地委书记时，宁德"老、少、边、岛、穷"，是有名的"闽东老九"。为了改善宁德基础设施和人民生活水平，带领闽东百姓摆脱贫困，两年的时间里，他跑了100多个乡镇访贫问苦，关心少数民族群众，并根据闽东独特的地理条件，提出要念好"山海经"。习近平总书记刚到福州时，福州的基础条件比较差，虽然是省会，但很多地方的面貌跟县城甚至农村差不多，他坚持"请进来、走出去"，狠抓招商引资，狠抓基础设施建设，推动福州实现跨越式发展。他还保护城市文脉，推动旧城改造，支持平潭发展，他在福州的6年是福州综合实力增长最快、城乡面貌变化最大、发展成果积累最多、人民得到实惠最丰厚的时期之一。我们深入学习系列采访实录，就是要学习领会习近平总书记强烈的政治担当和敢啃"硬骨头"的奋斗姿态。

新冠肺炎疫情对我国经济社会发展造成较大冲击，境外疫情加速扩散蔓延更是对全球经济产生持续影响，内外部环境可谓异常严峻。企业也处在爬坡过坎、滚石上山、不进则退的关键时期。越是形势复杂，越要发挥领导干部率先垂范、勇于担当的精神。我们要继续把控"稳中求进"的总基调，持续围绕"成为输变电工程建设领军企业和福建省建筑业龙头企业"的战略目标，抢抓市场机遇，破解发展瓶颈，加快新旧动能转换，培植新的经济增长点，培育品牌文化，全力推动企业发展再上新台阶。

坚持真抓实干，锤炼优良作风。在采访中，不止一位受访者谈到习近

平总书记接地气，他每新到一处任职，最先做的都是下基层调研；他到老百姓家里，最关心的都是他们的生活；他主抓的、重点解决的一定都是民心工程。从"四下基层"到"马上就办"，流露出的是习近平总书记平实务实的工作作风和人民至上的理念。他反复教育党员干部要牢记政府前面的"人民"二字，人民利益高于天、重于山，群众的事再小也是大事，为人民群众的利益，我们可以牺牲自己的一切，在所不惜。我们深入学习系列采访实录，就是要学习领会习近平总书记真挚的为民情怀和真抓实干的工作作风。

近几年，面对国家实施能源结构优化和去产能方针，公司"马上就办、真抓实干"，认真研判国内外形势，制订契合企业的发展规划，有效实现从施工型向施工管理型转变、从以国内业务为主向国际业务为主转变，并在市场开发、经营管理、人才队伍建设等方面取得较大突破。同时还坚持企业改革发展成果与职工共享，改善办公环境、解决停车难、单身职工住房问题等，让全体职工有更多的"幸福感""获得感"。回首过去，我们上下一心、脚踏实地，实现了一次完美的蜕变，为后续发展积累了宝贵经验。放眼未来，我们将继续大力弘扬"马上就办、真抓实干"的工作作风，只争朝夕、一往无前，奋力开创公司发展新局面，不断满足干部职工对美好生活的新追求。

（作者单位：中国电建集团福建工程有限公司）

初心之源　务实之路　滴水之毅

刘　玲

2016 年 7 月 1 日习近平总书记在纪念中国共产党成立 95 周年大会上向全党郑重发出"不忘初心、继续前进"的伟大号召。习近平总书记不仅这样说，也这样践行。他在宁德任地委书记的工作历程就是他践行初心的一段见证。品读《习近平在宁德》，我读出了他的"山海情怀、赤子之心"，领略了他务实的谋略眼光和久久为功的毅力。1988 年，他刚到宁德，保持着对人民的赤子之心，在务实的基础上把眼光放远，先"四下基层"调研情况，结合实际提出"弱鸟先飞""滴水穿石"等务实理念，不仅给宁德带来了巨大的变化，也给奋斗在宁德的我们留下了宝贵的精神财富。

初 心 之 源

"问渠那得清如许，为有源头活水来。"习近平总书记指出，只有不忘初心、牢记使命、永远奋斗，才能让中国共产党永远年轻。中国共产党的初心来自近代中国的现实境遇。近代由于西方列强的入侵和封建统治的腐败，中国逐渐成为半殖民地半封建社会，山河破碎，生灵涂炭。为了实现民族独立、人民解放，中国共产党应运而生，带领人民推翻三座大山、建立新中国。党的十八大以来，习近平总书记反复重申"不忘初心、牢记使命"的意蕴，并赋予其新时代的新意、深意和远意，比如：永远保持对人民的赤子之心；人民对美好生活的向往，就是我们的奋斗目标等。

华能霞浦核电公司成立于 2015 年 7 月，旨在建设运营霞浦核电厂址的 4 台百万千万压水堆机组和 1 台 60 万高温气冷堆核电机组。我们霞核人从

五湖四海齐聚霞浦，我们的初心就是建设霞浦核电项目、将个人发展融入企业发展中。

万事开头难，核电厂的前期工作更是难上难。一间宿舍，既是办公场，又是睡觉地，这就是公司刚开始的条件。一座孤岛，既不通路，更别说水电，这就是厂址最初的概貌。创业初期，人少、事多。既要跑政府，拿批文；也要搞技术，做论证，有太多的难题要攻克。让我印象深刻的是老董（霞浦公司计划发展部董玉国）扭伤腰却坚持组织会议的事情。3 天、12 家单位、2 家设计院的协调、2 场 50 多人的专家会议，每天休息不到 4 个小时，老董忙碌在会议准备、组织、协调等工作中，实在太累了，一不小心扭到了腰，当时他已感觉腰部十分疼痛，但他忍着疼痛 20 多个小时把会议组织完，会后到医院检查才知道关节错位了。这次会议的成功举办，决定了华能取得了综合通道建设的权利，守护了厂址的开发权。当我问老董是什么让他坚持这么久，他只是笑着说了句"会议重要啊，我们的目标呀"。朴实无华的一句话，却道出了他的初心和坚守。老董只是前期工作中的一个缩影，像他这样奋斗在工作一线的人员还有很多，比如离家 2000 公里顾不上高考女儿的老燕、年度加班 300 小时的丹哥。我想，初心是我们每个霞核人的动力之源，是我们的奋斗之源。

务 实 之 路

习近平总书记有过很多关于务实作风的生动论述，比如"发扬钉钉子精神""踏石留印、抓铁有痕"等。习近平总书记刚到宁德，面对"老、少、边、岛、穷"的现状，他一头扎进了调研的行程中，把宁德下辖的 9 个县市都跑遍了，在摸清了家底后，他推行"四下基层"，强调"弱鸟先飞"，以高效务实的工作作风推动宁德在摆脱贫困的征程中迈出了坚实的步伐。

务实是霞核人践行初心、走向成功的必备品质。务实对于霞核人来说，就是转变思想、不惧困难，科学严谨，推动项目发展。

霞浦核电厂址规划建设 7 台核电机组，东侧由中核集团建设 2 台 60 万千瓦核电机组，西侧由华能集团建设。中核项目超常规推进，已于2017年年底开工建设。霞浦公司牵头负责基地总体规划、总平面规划和资源保护工作，一方面要积极推动霞浦核电项目的开发，尽快取得华能集团自主建设压水堆项目的重大突破，做好厂址规划和厂址保护；另一方面也要积极推进厂外三通工程建设，满足中核项目发展。如何在与中核进度不匹配的情况下，做好厂址整体规划和厂址保护，是霞浦公司规划发展的难关。面对难关，霞核人没有沿着老路走，也没有气馁现状，而是在务实的基础上聚力攻坚，取得突破。2019年年初公司研判形势，提出了从CAP1000转华龙一号技术路线的战略路线。霞核人在2个月内组织5家设计院、十几家专题单位、二十几场会议，从环境、政策、技术、经济、工期、优势等方面分析了可行性，完成报告并上报，最终取得了集团的批复，并通过协调福建省发改委等相关部门，取得支持意见，被列入了最新的国家核电中长期规划（征求意见稿）。通过大家的努力，国家能源局于2022年1月召开了前期工作座谈会，明确了4台压水堆技术路线，标志着霞浦核电项目的发展进入了新的阶段。霞浦核电项目的发展需要务实的精神，我们要走出一条务实的道路。

滴 水 之 毅

"滴水穿石的自然景观，我是在插队落户时便耳闻目睹，叹为观止的。直至现在，其锲而不舍的情景仍每每浮现在眼前，我从中领略了不少生命和运动的哲理。"这是习近平总书记在《滴水穿石的启示》中的教诲。一滴滴水对准一块石头，矢志不移，日复一日，年复一年，这才造就出滴水穿石的神奇。成功从来就不是一蹴而就的，积尺寸之功，方能成千秋之利。

在推动项目发展的道路上，面对困难，霞核人是很有毅力的，越是艰险越向前。为促进华能集团建设"一体化大型清洁能源基地"战略的落地，霞核人开始了综合能源规划工作。刚开始合作的设计院的规划布局非常小，仅仅包括A区的海上风电、泵站的屋顶光伏，后来由于价格问题，

我们都没收到规划初稿。只要认准方向，霞核人字典里没有"不"字，通过各种办法找来了其他设计院，对周边各种能源进行摸排，每一个思想闪光点、每个想法，霞核人都组织设计院进行研究论证，不轻易放弃。为了取得政府及相关单位的支持，霞核人一一拜访了省、市、县各级相关政府和相关部门，并与外部多家单位开展了几十次的交流。正是霞核人这股毅力，规划论证研究报告得到了国家发改委能源研究所等机构的高度认可，霞浦核电基地综合能源开发利用被列入了能源局编制的能源技术创新"十四五"规划核电专题研究报告（征求意见稿）。霞核人始终将滴水的韧劲带入工作中，比如电力系统规划 30 个轮次的论证、总平面规划的 10 大要素论证、FCD 前的四大计划编排等等。滴水穿石，咬定目标不放松，霞核人以前是这样做的，以后也必然这样践行。

结　束　语

美好生活不是喊出来的，是实实在在干出来的。霞浦核电的明天不是空想出来的，是奋斗出来的。我们霞核人一定会秉持初心，以务实的作风、滴水的毅力继续奋斗，我相信霞浦核电的土地上一定会结出胜利的果实，我更相信，那天就在眼前。

（作者单位：华能霞浦核电有限公司）

党史党建篇

准确把握"推进新时代党的建设的迫切需要"内涵

蔡晓山

习近平总书记在"不忘初心、牢记使命"主题教育工作会议上,深刻阐述了开展主题教育的重大意义,强调指出"是推进新时代党的建设的迫切需要"。准确理解和把握这一"迫切需要"的深刻内涵,用辩证思维探究其内在逻辑,对于推进主题教育深入开展取得实效,具有重要的现实意义。

从历史和现实维度深刻理解

自 1840 年鸦片战争以来,国家内忧外患,社会千疮百孔,民不聊生。北洋政府 15 年里,中国建立起大大小小 300 多个政党政团,其中不乏一些政党政团为救国救民努力奋斗过,但都失败了,究其原因是他们没能真正坚持人民根基性和主体性、始终同人民群众站在一起。

"十月革命"一声炮响为中国送来了马克思主义,在对待"人民"问题上,不仅符合当时的国情及革命实际,而且与中国传统文化相契合。建党伊始,中国共产党人就把马克思主义确立为自己的政治信仰,秉持"全心全意为人民谋幸福"的初心,担当"全心全意为中华民族谋复兴"的使命,把马克思主义基本原理同中国具体实际相结合、同中华优秀传统文化相结合,团结带领中国人民浴血奋战 28 年,励精图治 70 年,成功应对一系列重大风险挑战,在曲折中奋勇前行,实现了从站起来、富起来到强起来的伟大飞跃。

福建是著名革命老区、原中央苏区，老区人民为革命胜利和中华人民共和国成立付出了巨大牺牲、做出了重大贡献。2019 年 3 月，习近平总书记参加十三届全国人大二次会议福建代表团审议时就指出："要饮水思源，决不能忘了老区苏区人民。"老百姓之所以觉悟这么高，也践行"革命理想高于天"的信念，是因为他们心里明白——跟着共产党干才有出路！"水能载舟，亦能覆舟"，正是共产党人一心为民，廉洁奉公，深得民心，才终得"天下"。

如今，中国特色社会主义进入新时代，习近平总书记用"四大考验""四种危险"，对党面临的执政风险进行深刻阐述，号召全党践行新时代好干部标准，并高屋建瓴指出："干部要把人民放在心中最高位置。同人民风雨同舟、血脉相通、生死与共，是我们党战胜一切困难和风险的根本保证。离开了人民，我们就会一事无成。"习近平总书记在闽工作 17 年半，"人民"二字是他提起次数最多、频率最高、场合最多的词。中国共产党把人民立场作为根本政治立场，无论环境、形势、条件如何变化，人民始终是我们党执政的最强根基。

我们要通过主题教育，始终保持建党之初那份纯粹的"初心和使命"，牢记党的性质和宗旨，用一场坚决、彻底的自我革命，把党建设成永远不脱离人民、永远与人民血肉相连的"百年"政党，为实现"两个一百年"奋斗目标，实现中华民族伟大复兴的中国梦奠定坚实基础。

从全局和个体方位准确把握

从全局看，党的十八大以来，以习近平同志为核心的党中央围绕"初心和使命"主线，在领导党建工作具体实践中，阐明了党要管党、全面从严治党的现实紧迫性，把"全面从严治党"纳入"四个全面"战略布局，坚持问题导向，抓住"关键少数"，严厉整治"四风"，出台和完善一系列党纪法规，以雷霆之势反腐，化解了党面临的重大政治风险，确保全党沿着正确航向前进。党的十九大修改党章，提出新时代党的建设总要求，以党的政治建设为统领，坚持和加强党的全面领导，形成"五加二"党建新格局。党的十九届四中全会提出，坚持和完善党的领导制度体系，提高党科学执政、民主执政、依法执政水平。这些重大部署进一步加强和完善了党的建设顶层设计，使得中央到地方直至基层党组织的工作有了根本遵循，有力保证全党意志统一、步调统一、行动统一。

从个体看，把我们党建设成极具纯洁性、先进性的执政党，必须落到每一位党员身上。只有每一位党员做好自己，才能汇聚成强大合力，使得"初心和使命"这一共产党人基因赓续传承。截至 2018 年底，中国共产党党员总数已从一大时 50 多名，发展到 9059.4 万名，其中 80 后、90 后党员超过总数的 1/3。年轻一代是新鲜血液，活力十足，但阅历有限，特别是 90 后成长在新媒体环境下，思想活跃、个性、开放，也容易受外界影响，对"初心和使命"的认识和把握还需进一步深化。党员群体中，身处领导岗位不在少数，职务越高、风险越大，是被"围猎"的重点对象；还有一部分属于所谓"天花板"干部，稍不留意，一颗"红心"极易在"温水煮青蛙"中褪色。对此，习近平总书记深刻指出："干部的党性修养、思想觉悟、道德水平不会随着党龄的积累而自然提高，也不会随着职务的升迁自然而然提高，而需要终生努力。"身边一些反面典型案例也为我们敲响警钟，必须始终保持斗争精神，提高斗争本领，不断增强"四个意识"、坚定"四个自信"、做到"两个维护"。

我们要通过主题教育，不断汲取"初心和使命"的力量，切实落实好"守初心、担使命，找差距、抓落实"总要求，彻底打通已经保持近百年党的"初心和使命"的"最后一公里"，使这支约占全国总人口 6.5％的党员队伍，能够在以习近平同志为核心的党中央坚强领导下，团结带领全国各族人民走好新时代"长征路"，以"永远在路上"的坚定和执着，跳出"历史周期律"，确保党和国家长治久安。

从理论和实践结合全面领会

时代是思想之母，实践是理论之源。习近平新时代中国特色社会主义思想是马克思主义中国化的最新成果，既毫不动摇地坚持马克思主义基本

原理，又与新时代实践紧密结合，具有鲜明的与时俱进理论品格。一段时间以来，习近平总书记在各个场合发表的重要讲话、刊发的重要文章，都是对新思想的充实、完善和发展。我们在跟进学习过程中，身处伟大新时代，沐浴着党和国家以及福建高质量发展的阳光雨露，受益于无处不在的巨大发展变化，特别能深切领悟到这一新思想强大的真理性，极具震撼力和穿透力，让我们对未来更有信心、内心充满力量。

理论创新每前进一步，理论武装就要跟进一步。党的十八大以来，全党先后组织开展党的群众路线教育实践活动、"三严三实"专题教育、"两学一做"学习教育等集中教育活动，及时运用党的最新理论成果武装全党，解决党内突出问题，加强和改进党的建设，为党员干部指明行动方向，有力推动各项工作部署落地落实，不断开创党的建设新的伟大工程新局面。正所谓"思想是行动的先导"。一个个行动养成一个人的习惯，而习惯反过来也会塑造人的思想、强化行动。开展好主题教育，要避免"会上感动、现场激动、会后不动"，必须努力践行习近平总书记"不忘初心、牢记使命，必须作为加强党的建设的永恒课题和全体党员、干部的终身课题常抓不懈"的要求，把"初心"通过习惯，化为"恒心"，把"使命"通过习惯，练就"担当"，切实做到"内化于心，外化于行"。

我们要通过主题教育，用习近平新时代中国特色社会主义思想武装头脑，做一名坚定的共产主义信仰者，学思用贯通、知信行合一，在习惯养成过程中，不断强化共产主义者身份，日积月累，循序渐进，最终把信仰真正融入自己血液里，进而铸就一支忠诚干净担当的高素质专业化干部队伍，切实担负起历史和人民赋予的责任和使命。

（作者单位：福建省人民代表大会常务委员会办公厅）

守初心担使命　强党建促发展

苏道辉

突如其来的新冠肺炎疫情，给经济社会发展带来前所未有的冲击，民营企业特别是中小企业生产经营遭遇巨大挑战。灾难面前，全省民营企业以党旗所指为行动所向，积极融入抗疫大局，践行初心使命，书写奉献担当。作为从事非公企业党建工作的干部，我深刻感到，越是在关键时刻，越要引导广大民营企业旗帜鲜明坚持党的领导，充分发挥党组织和党员作用，助力企业渡过难关，实现高质量发展。

以科学理论铸魂，坚定发展信心决心

习近平总书记指出，政治上的坚定、党性上的坚定都离不开理论上的坚定。民营企业要克服疫情冲击，化危为机、逆势而上、加快发展，离不开强大的科学理论支撑，这就需要我们努力引导民营企业党组织和党员不断加强思想理论武装，以习近平新时代中国特色社会主义思想为指导，推动企业保持"乱云飞渡仍从容"的定力、坚定"越是艰险越向前"的信心。用科学理论铸魂，要突出学习重点，引导企业党员原原本本学、逐字逐句学，重点研读"推动经济高质量发展"等篇章，并将其与习近平总书记关于支持民营企业和民营经济发展的重要论述，以及关于非公企业党建工作的重要指示精神一体学习、一体领会、一体贯彻。要突出关键对象，以进一步兴起习近平新时代中国特色社会主义思想大学习热潮为契机，采取省市重点示范培训、县级普遍培训、基层党委兜底培训的方式，抓好企业党组织书记、出资人等关键群体培训和普通党员轮训，推动习近平新时

代中国特色社会主义思想在非公企业走深走实。要突出学习实效，以疫情防控常态化为大背景，积极引导企业党组织和党员，围绕国内大循环为主体、国内国际双循环相互促进的新发展格局和企业实际，认真分析研究、学以致用，不断增强全局思维、战略思维、底线思维、辩证思维，推动企业坚守初心、保持定力，集中精力办好自己的事情。

以党的建设领航，确保正确发展方向

习近平总书记强调，党政军民学，东西南北中，党是领导一切的。这场战"疫"，全省广大民营企业党组织坚持党的领导，有效引导企业服务抗疫大局、复工复产。厦门长庚医院 30 多名党员主动请缨支援湖北一线抗疫；宁德新能源科技公司党委一名党员保安在疫情期间客运停运情况下，步行十几公里返岗；柒牌公司扩能扩产、保质保量完成国家调拨的国标医用防护服 4 万件任务，国务院应对疫情医疗物资保障组发来感谢信；圣农集团党委组织 500 多名党员坚守一线助力武汉抗疫，党委获评全国抗击疫情先进集体；许许多多企业在生产经营被摁下"暂停键"后，仍然千方百计、倾尽全力助力全局抗疫。实践证明，在党的坚强领导下，民营企业既能在风平浪静的日子里，承担推动经济社会发展的重任，也能在大灾大难的特殊时期，挺身而出，履行社会责任，展现担当作为。实践证明，非常时期以非常之举应对非常之事，是民营企业听党话、跟党走的行动表达，是党的领导在民营企业发挥作用的生动诠释。实践还证明，加强党的领导，民营企业无论何时都不能缺席。要重点抓好企业党的组织和党的工作覆盖，针对已建立党组织的，结合开展党支部"达标创星"活动，抓好规范化建设，实现党组织从有形覆盖到有效覆盖；对未组建党组织的企业，要做好党的工作覆盖并为组建党组织创造条件，让党旗在民营企业高高飘扬。

以作用发挥为要，赋能添力担当作为

习近平总书记强调，我们要不断为民营经济营造更好发展环境，帮助民营经济解决发展中的困难，支持民营企业改革发展，变压力为动力，让民营经济创新源泉充分涌流，让民营经济创造活力充分迸发。在疫情时期，如何从危机中育新机、于变局中开新局，是民营企业在常态化疫情防控形势下面临的新挑战。要有效激发企业党组织和党员内生动力，守初心担使命，为企业纾难解困、贡献力量。增强党组织服务企业功能。拓展服务企业发展的平台载体，推动各级深化强党建促发展"联合行动"，推动企业党组织与涉企部门一道，认真研究解决企业生产经营发展过程中遇到的困难，发挥中小企业服务中心作用，为中小企业在用工、订单等信息资源和惠企政策落实方面提供具体帮助，用能感知、有温度、见效果的举措，帮助企业减轻压力，重新释放发展潜能。发挥党建工作指导员作用。通过市县乡联动、专兼职结合、老中青互补、党建和业务部门结合的方式，从机关、企事业单位选派和社会上选聘专兼职党建工作指导员，派驻企业，明确职责要求，鼓励其发挥自身、派驻单位和所挂钩企业党组织作用，推动解决所挂钩企业及其党建工作存在的困难问题。引导党员比作为促发展。深化党员"亮身份、亮承诺、比作为"活动，组织引导广大民营企业党员通过佩戴党徽、设置党员先锋岗、建立党员责任区等形式亮出身份，在经营管理、技术攻关、安全生产、文化建设等方面做出承诺，带头履行岗位职责，讲奉献比作为，用心用情服务企业发展。

（作者单位：中共福建省委组织部）

回首百年亦是少年归来

陈开煊

一百年前，一艘红船从嘉兴南湖上慢慢驶出，承载着中国人民的重托和中华民族的夙愿，一个民族书写救亡图存的壮丽史诗至此起步；一百年后，红船驶过的地方，日月更替，换了人间，2021 年百年党庆上习近平总书记代表党和人民向世界的肃穆宣告，充分展现了一个百年大党的成就与力量。回首百年之路，当今的中国正呈现着一片欣欣向荣，万物繁盛的青年之姿，新时代是奋斗者的时代，百年大党带领下的 14 亿中国人的奋斗力量势必誊写更加壮丽的篇章。

回首百年，以史为鉴，初心使命需牢记心间。为中国人民谋幸福、为中华民族谋复兴是中国共产党从诞生之初就确立为自身的初心使命。得初心易，守初心难，一百年的风雨兼程，如果没有前赴后继的共产党人用心滋养这份初心，初心也会蒙尘褪色。就业是民生之本和社会稳定根基，2020 年新冠肺炎疫情突然袭来，为了稳住全省就业局势，人社领域的共产党员们始终保持着为人民服务的初心，挺身而出，深入贯彻落实习近平总书记重要讲话重要指示批示精神，高密度出台"六稳"24 条、复工稳岗 12 条、脱贫攻坚 19 条等一系列促进疫情防控和稳就业文件，有效应对疫情冲击，坚定实施稳岗扩岗专项支持行动，打好政策组合拳，全力确保福建省就业形势总体稳定。保持初心的关键就是要时刻谨记共产党员身份，向先辈先烈、先进典型学习，做到思想上的同步，行动上的传承，才能不断摒除杂质，做到不忘初心，牢记使命。

回首百年，以史为鉴，理想信念需坚定践行。共产党人的政治灵魂是对马克思主义的信仰，是对社会主义和共产主义的信念，这份理想信念是我们党的精神支撑，更是撑持共产党员面对困难仍旧奋斗毕生的精神力量，精神上的"钙"。受疫情影响，特别是国外疫情暴发蔓延和经济贸易形势变化，福建省经济领域压力倍增，企业稳岗压力凸显，城镇新增就业增长乏力，促进重点群体就业压力增大。人社领域的共产党员们保持着坚定的理想信念领头作战，迎难而上，根据省委、省政府要求，坚持把稳就业摆在更加突出位置，聚焦高校毕业生、农民工、退役军人、困难人员等重点群体，实施"421"举措，确保了福建省人力资源市场供求持续保持稳定。每名共产党员都应保持学习的昂扬势头，让理想信念始终像精神灯塔一样，指引我们不停前行，穿破黑暗阻挡，虔诚而执着、至信而深厚。

回首百年，以史为鉴，人民立场需时刻坚守。江山就是人民，人民就是江山，我们党的根基、血脉、力量都在人民。新的长征路上，全心全意为人民服务的根本宗旨每一名共产党员必须坚挺高举，一切为了人民、一切依靠人民，与人民休戚与共、生死共存。据守人民立场就是要求共产党员自发行动拜人民为师，全面掌握群众所思所想所盼，凝聚民心民智民力。为了充分兜底就业困难群体就业，守住人民立场，人社领域的共产党员们，群策群力，积极实施民生兜底专项行动，每年开发一批消杀防疫、保洁环卫等临时性公益岗位，帮扶贫困劳动力就近就地就业，新增上千个乡村扶贫公益性岗位，兜底保障基本生活。美好生活都是奋斗出来的，奋斗本身就是一种幸福，同人民想在一起、干在一起，才能和人民群众一道创造更美好的生活。

归来少年，希望寄予青年，勇于担当需有所作为。中华民族伟大复兴的千秋伟业，一定不是纸上谈兵、闭门造车就能轻易实现的，压在近代中国的"三座大山"及西方列强的不断欺横，让这个满经创伤的中华民族伟大复兴之路荆棘满地，越是抵近民族复兴的目标实现，这条复兴道路就越是充斥荆棘风险乃至骇浪滔天。疫情暴发初期，防疫物品生产企业严重缺工及返乡农民工未能及时返岗复工矛盾尽显，人社领域年轻的共产党员们始终奔赴一线，充分发挥人力资源机构市场优势，牵头制订实施农民工返岗复工"点对点"服务保障方案，按照"三确认""七对接"工作法，开展"点对点"包机、包列、包车专门运输服务，有效解决农民工出门"最

先一公里"和到岗"最后一公里"问题，为全面复工复产奠定坚实基础。新时代同样要求我们要锤炼铸就担当，拥有在狂风中增能力、在暴雨中壮筋骨的本领，时刻展现出年轻共产党员应该有的样子。

归来少年，未来属于青年，勇于奋斗需提高本领。当今世界正处于百年未有之大变局，历史交汇点上迎来新的出发，奋斗将是时代永恒的主旋律。我们党领导的伟大斗争、伟大工程、伟大事业、伟大梦想正在如火如荼进行，改革发展虽持续稳定，但任务考验也是艰巨繁重，我们一方面手握难得的历史时机，一方面面临着多重风险考验。新的长征路上，勇于奋斗、善于奋斗是每一名共产党人必须拥有的坚定品格，共产党人的奋斗要有方向、有原则、有目标，可以经受思想淬炼、政治历练、实践锻炼，这样才能提升本领，为实现"两个一百年"奋斗目标、实现中华民族伟大复兴的中国梦而顽强奋斗。

奋斗于中华民族千秋伟业的中国共产党，百年恰是风华正茂！回首百年历史，瞻望生机未来，有了中国共产党的坚强领导，在全国各族人民紧密团结的力量之下，全面建成社会主义现代化强国的目标一定能够实现，中华民族伟大复兴的"中国梦"一定能够实现！

（作者单位：福建省人力资源和社会保障厅）

把我们知道的"优秀"告诉身边的人

吴雁林

前不久，正在上幼儿园的儿子，放学回家看到我胸前别着一枚党员徽章，问我："妈妈，你衣服上的这个是什么呀？"我告诉他，它叫党员徽章，这表明我是中国共产党党员，就像你在幼儿园画的五星红旗一样，代表着我们中国。他好奇地问，什么是中国共产党？

于是，我带着他去感受、去观察，用生活中的点滴告诉他，什么是中国共产党，什么样的人是共产党员。你看，在地铁站里，穿着红马甲帮助解答乘客疑问的志愿者，是中国共产党党员；你看，站在小区门口，风里雨里帮忙量体温、查看健康码的志愿者，是中国共产党党员；你看，电视里穿着防护服的医生护士们正在治疗新冠肺炎患者，最早进入隔离病房里帮助新冠肺炎患者打败病毒，最勇敢的，也是中国共产党党员……你看，党员徽章上印着"为人民服务"。

他问，为什么共产党员那么勇敢？我告诉他，这是党员的责任。等你明年上小学，会和隔壁的默默姐姐一样加入少先队，戴上红领巾，成为一名少先队员。到那时，你也就有了少先队员的责任，要热爱祖国、热爱人民、好好学习，好好锻炼……如果做不到，你就不是一个合格的少先队员，就不能佩戴红领巾了。

等他逐渐长大，我还有许多关于中国共产党的事要告诉他：

我要告诉他，我们的党，是一个重视学习、善于学习、永葆生机与活力的党。正如习近平总书记强调的："好学才能上进。中国共产党人依靠学习走到今天，也必然要依靠学习走向未来。"学习是我们克服困难、战胜挑战，不断从胜利走向胜利的重要力量，我们的党在学习中诞生、在学

习中进步、在学习中发展壮大。我们伟大的老一辈革命家毛泽东、周恩来、朱德、邓小平等，都是热爱学习的，读书学习伴随他们一生。"制出将来之少年中国者，则中国少年之责任也。"唯有重视学习、勤于学习、善于学习，才能不负青春、不负韶华，方能担起新时代赋予青年的责任使命。"沉舟侧畔千帆过，病树前头万木春"，我们要谨遵习近平总书记教诲，"把学习作为一种追求、一种爱好、一种健康的生活方式"，乐学、好学、勤学，从马克思主义真理中汲取力量，从中华民族优秀传统文化中寻找精髓，从中国特色社会主义实践经验中借鉴精神，在学习中品味"真理的味道"为何如此甘甜，体味"青春的荣光"为何如此耀眼，感受"信仰的力量"为何如此强大，坚定理想信念、提升道德修养、增强本领能力，把青春梦想、青春智慧、青春力量毫无保留地投入到伟大"中国梦"中去，用奋斗谱写青春华章。

我要告诉他，我们的党，是一个勇于自我革命、经得起风浪考验、永远朝气蓬勃的党。勇于自我革命，是我们党最鲜明的品格，也是我们党最大的优势。习近平总书记指出："我们党的伟大不在于不犯错误，而在于从不讳疾忌医，敢于直面问题，勇于自我革命。"疾风知劲草，烈火炼真金。我们党在动荡的历史长河中跌跌撞撞地走过了一百年，之所以能够在逆境中绝处逢生，在危机中拨乱反正，在风浪中经受考验，从积贫积弱一步步走到富裕强大，就在于敢于正视自身存在的问题，勇于主动修正错误。站在浩瀚的历史长河中，我辈早已躬身入局。新征程未来无限灿烂，百尺竿头更待进一步，无论是一名共产党员，还是一名共青团员、少先队员，都要保持自我革命的勇气，永远自我净化、自我革新、自我提高。"人在事上练，刀在石上磨"，我们要强化"打铁必须自身硬"的思想自觉，学习斗争精神，增强斗争本领，在学习、工作、生活中主动实践锻炼，积累见识、经验和方法，时刻保持"敌军围困万千重，我自岿然不动"的从容，时刻做好"早已深严壁垒"的准备，敢于举旗亮剑大是大非，敢于迎难而上克服困难，敢于坚决抵制歪风邪气，永远做党和人民的忠诚卫士。

我要告诉他，我们的党，是来自人民、根植人民、全心全意为人民服务的党。为人民服务，为人民利益奋斗，这是共产党人最为鲜明的政治本色。习近平总书记指出：江山就是人民，人民就是江山，打江山、守江山，守的是人民的心。从建党伊始，我们党就坚持"以人民为中心"，与人民有盐同咸、无盐同淡。百年波澜征程，百年风雨涤荡，历久弥新的是"一切为了人民"的初心。在抗击新冠肺炎疫情中，我们党和国家始终坚持生命至上，在没有硝烟的战场上，争分夺秒、片刻不停，打赢了一场场保护人民生命安全和身体健康的"守卫战"。焦裕禄、孔繁森、谷文昌、廖俊波、黄文秀、孙丽美……一百年来，一代又一代共产党员不懈奋斗、矢志不渝，将青春和生命献给了人民，以鲜血和汗水谱写了一曲曲一生热爱人民、一切献给人民的信仰之歌。薪火相传，血脉永续。我们要接过历史的接力棒，铭记革命先辈之志，常念革命先辈之思，传承革命先辈之行，融信仰于血液，永葆忠诚本色，永葆赤诚之心，让共产党员"为人民服务"这一抹最鲜红的底色永不褪色、永不淡化！

（作者单位：福建省煤田地质局）

用心学党史　真心办实事

徐　玮

　　2021年是"十四五"开启新征程的第一年，是党史学习教育轰轰烈烈开展的一年，也是庆祝中国共产党百年华诞的重大时刻，意义非凡。同样，2021年对我来说也是特别有意义的一年。由于组织的信任和工作的需要，2021年4月19日，我很荣幸地作为2021年福建省农业援疆专业技术人才的一员，从东南沿海来到西北边陲——新疆昌吉，服务于昌吉国家农业科技园区农业科技创新局，开启为期6个月的农业智力援疆工作。

　　来到新疆以前，我只大概知道新疆地域辽阔，有天山、戈壁、沙漠、草原等；依稀记得"大漠孤烟直，长河落日圆"，其他就不是很了解了。到了新疆以后，通过《简明新疆地方史》才知道新疆的历史是那么源远流长，新疆的资源是那么的丰富宝贵。新疆自始至终都是祖国的一部分，这里有善良淳朴的人民，有勤劳勇敢的干部。在这里，我感受到了用心学党史的氛围，感受到了真心为群众办实事的真情。

　　回顾党的历史，是一部艰难困苦的奋斗史，是一部不断战胜困难、创造奇迹的历史。"欲知大道，必先为史"，历史可以说是最好的教科书。我们学党史，就是要系统地学、认真地学、持之以恒地学，通过历史资料、读本文章、展馆展览等等来感悟初心使命。在昌吉国家农业科技园区农业科技创新局党支部，不管是党员还是普通干部，每周星期一准时参加党史学习例会，人手一本笔记本，学读本材料，做读书笔记，认真消化吸收精神食粮。"学习强国"平台内容丰富、覆盖面广，大到国家政策，小到百姓生活，干部们坚持每天学习，一起交流学习心得，探讨学习经验，寻找既能学习知识又能获得积分的方法。在新疆八一钢铁厂，同志们走进八钢厂史馆详细了解八钢的建厂历史和发展历程，走进生产车间了解钢铁的流程生产线，体会革命前辈建厂和工人工作的艰辛与不易。在昌吉州博物馆，党员同志们在讲解员的带领下仔细参观《红船启航　逐梦前行——中国共产党党史展》主题展览，重温入党誓词，学习革命前辈的崇高精神，在红色文化中汲取前行力量。新疆干部们用心学党史的氛围感染了我，我也安下心来学习，静下心来思考，并积极地参与到党支部组织的为党献礼节目《我家在中国》的集体合唱，深情表达对中国共产党的拥护和永远感党恩、听党话、跟党走的坚定信念。

学习党的历史，重在学习、贵在力行。自党史学习教育开展以来，昌吉国家农业科技园区农业科技创新局党员干部们激发为民办实事的工作热情，将党史学习体会与推动工作结合起来，真心实践好"我为群众办实事"活动，切实将学习成果转化为人民群众看得见的"获得感"和"幸福感"。为确保园区疫情防控安全，在疫苗接种和核酸检测期间，无论白天还是黑夜，无论狂风还是酷暑，他们夜以继日，不辞辛劳，始终与医护人员、志愿者等奋战在一起，布置场地、维持现场秩序、测量体温、录入信息、耐心解答群众疑问、为手机使用不便的老年人注册健康码等；在日常防控工作中，他们带上党员徽章，走进基层一线，通过入户宣传、发放防疫知识宣传单、悬挂宣传条幅等多种形式进行宣传，引导辖区群众树立良好心态，不松懈、不信谣，做好个人防护，让防疫成为一种习惯，打造一个健康、安全的生活环境。为确保园区农民生活、生产用水，农作物健康生长，他们及早部署，制定了园区企业和农场地下水配水方案，实行灌溉总量控制和定额管理制度；在农业用水进入高峰期后，适时开展灌区干渠安全检查，保障引水安全，并深入田间地头，俯身倾听群众意见，现场办公协调农场之间用水关系，解决农民在水资源利用过程中的难题，指导农村用水技术上的创新，引导农民节水优先；进入7月高温天气后，及时了解分析水情，积极协调相关单位，科学调配用水量，为农民夺取夏粮丰收提供保障。为加快推进耕地力补贴、农机购置补贴等惠民补贴工作进度，他们深入田园农场，现场解答群众疑问，并对新购买的农机具、作物进行核验，从而使广大补贴对象更加了解惠农补贴政策及补贴流程。为帮助农

民提高作物产量，他们经常深入田地里面，现场指导培训施肥、防虫、浇水等田间管理方法，服务于基层一线的农业生产。这一桩桩、一件件都是解民忧暖民心的好事实事，我为自己身为其中的一员而感到高兴自豪。

一朝援疆行，一生援疆情。能在党的百年华诞之际，来到新疆感受基层干部干事创业的热情干劲，学习地下水管理工作经验，是我最大的收获，也是人生中不可多得的宝贵财富。我将以此为契机，用心学好党史，以革命精神鞭策自己，不断加强自身专业知识的学习，做好技术援疆工作，为自己的援疆之旅画上圆满的句号。

（作者单位：福建省水利厅）

感悟百年历程　凝聚奋进力量

江晓敏

　　一百年到底有多久？对于人类而言，百岁老人总是令人惊叹，似乎已是生命长度的极限。对于世界而言，一百年似乎只是时光轮回的一个瞬息，在浩渺的宇宙中更是微乎其微。而对于一个政党来说，一百年是一个世纪的奋斗历程，如同一个饱经风霜的老人，背负着百年的沧桑和历史的厚重；同时也是下一个世纪的崭新起点，如同一个朝气蓬勃的青年，眼中饱含着对未来的憧憬和如火的热情。

　　何其有幸，我们见证了这个政党一个世纪的辉煌。中国共产党就像一位伟大的画家，以岁月为墨，以赤诚为彩，以人民之手，在中国的大地上描绘出一幅波澜壮阔的水墨丹青。

　　铮铮铁骨自成丹青风骨。回望百年历程，中国共产党的起笔不由带着几分苦涩。那是鸦片战争之后内忧外患的黑暗境地。面对战乱频发的时局，身处山河破碎的苦难，满眼民不聊生的悲痛，中国的出路在哪里？人民的出路在哪里？一批敢为天下先的仁人志士将火热的双手握在一起，在嘉兴南湖的红船上郑重地画下了救国救民、惊天动地的第一笔。随后的画笔一路蜿蜒而上，经历北伐战争、土地革命战争、抗日战争和解放战争。中国共产党就这样以不屈不挠的斗争精神，团结带领中国人民浴血奋战、前赴后继，以血肉之躯筑起祖国的万里长城，在历史的画卷中力透纸背地写下"中国"！虽然从历史的尘埃中走来，也许疲累，却满是傲骨，因为他们知道，在自己的身后有着亿万万的精神支柱，这些精神支柱有个共同的名字——人民！

　　精神信念铸就丹青神韵。在中国共产党饱经磨难却生生不息的历程

中，党的理想信念带领全国人民在奋斗的道路上不断前行。在点燃中国革命星星之火的井冈山，共产党人用坚定信念、艰苦奋斗的井冈山精神生动诠释了"中国的红色政权为什么能够存在"，带领中国人民敢闯敢试，开启了中国革命的光辉征程。在堪称革命壮举的长征途中，中国共产党人排除万难，走向胜利，用不惧艰险、不怕牺牲、严守纪律、紧密团结的长征精神，彰显了中国共产党大无畏的英雄气概。在党的发展历程生死攸关的转折点，遵义会议用"坚持真理、修正错误"的精神在最危急的关头引导中国共产党及时校正方向，重新走回正确的发展道路。在革命地延安，中国共产党人在及其艰苦的环境中，充分发挥"自力更生、艰苦奋斗"的延安精神培育了一代又一代的优秀共产党人……这些宝贵的精神财富共同铸就了独属于共产党人的神韵，这些神韵有个共同的名字——初心！

解放思想装点丹青色彩。一百年来，我党始终把为人民谋幸福、为中华民族谋复兴作为共产党人的初心和使命。不管是中华人民共和国成立初期齐心协力、热气腾腾的社会主义建设，还是改革开放初期解放思想、锐意进取的浪潮，不管是当下这个蓬勃发展的新时代，兼蓄包容的大国风范，还是翻天覆地的中国奇迹，中国共产党始终团结带领人民解放思想、锐意进取，在发展的道路上阔步前行。这其中有着社会主义建设时期万里山河一片红的热烈，有改革开放春潮涌动、生机勃勃的无边春色，更有党的十八大以来硕果累累、收获满满的灿烂金色。不管在何时何地，中国共产党人都在祖国的热土上谱写了感天动地的英雄壮歌。共产党人勇于攻坚克难，增强斗争本领，不断打开事业新局面，正因为我们都有一个共同的责任——使命！

立足当下延续丹青画卷。使命在肩，永不止步。福建是习近平生态文明思想的重要孕育地、林业改革的重要策源地。人民对美好生活的向往就是我们的奋斗目标。从提出"森林是水库、钱库、粮库"到"青山绿水是无价之宝"，从长汀水土流失治理到生态省建设，习近平同志对林业生态建设与改革发展始终倾注心血，一直寄予厚望。"十四五"开局之年，习近平总书记首次离京考察来到了福建，并强调"绿色是福建一张亮丽名片""要接续努力，让绿水青山永远成为福建的骄傲"，提出了坚定不移推动高质量发展，着力提高人民生活品质，加快推进乡村振兴，在党史学习教育中做到学史明理等要求。这些重点任务落实到林业工作中，就是要坚持"绿水青山就是金山银山"，全方位推进林业高质量发展，统筹协调生态保护和发展的关系，切实做到经济、社会和生态效益同步提升。赓续红色血脉，弘扬伟大精神，用心用力用情建设福建绿水青山，因为我们有个共同的身份——共产党人！

百年历史，常读常新。重温百年历程是为了启迪当下，继而开创未来。在波澜壮阔的新时代里，我们应当保有那份敢为人先的首创精神，心怀"国之大者"的大无畏精神，始终坚持和加强中国共产党的领导，以青春之我、奋斗之我，投身于福建绿水青山事业，努力建设林业生态高颜值、林业产业高素质、林区群众高收入的国家生态文明试验区。用我们的双手在这幅伟大的丹青画卷中增添独有的色彩，致力于为全社会提供优美的生态环境和优质的生态产品，满足人民美好生活的需要。

（作者单位：福建省林业局）

在党史中感受责任担当

黄博文

在中国共产党成立 100 周年之际，作为一名党员、一名青年人、一名党校人，按照习近平总书记的要求深入开展党史学习教育，通过百年辉煌历史感受党的初心使命，通过与党史人物的心灵交流感受党员的信念坚定，通过与福建实际、工作情况的对照感受肩上的责任沉重。

在党史中感受党员的责任担当

"拥护党的纲领，遵守党的章程，履行党员义务，执行党的决定，严守党的纪律，保守党的秘密，对党忠诚，积极工作，为共产主义奋斗终身，随时准备为党和人民牺牲一切，永不叛党"，这是每一名党员在入党一刻立下的铮铮誓言，是对人民的庄严承诺。纵观党史，就是由一个个践行承诺的瞬间组成，由一个个坚守誓言的党员写就的。其中，我们听到了，有南昌起义失败后朱德元帅面对着只剩 800 多人的残部发出的"同志们，要革命的跟我走"的大声疾呼；看到了，湘江之役陈树湘带领部队完成掩护红军主力和中共中央、中央军委机关抢渡湘江的艰巨任务后，负伤被俘之后的断肠明志；感受到了，陈毅元帅在梅岭被国民党部队围困时吟出"此去黄泉招旧部，旌旗十万斩阎罗"的乐观豁达；了解到了，隐蔽战线同志们的在没有硝烟的战场上默默奉献，佩服陈赓的机智、李克农的沉稳、钱壮飞的果断……在解放战争、抗日战争、社会主义建设、改革开放等不同时期，都涌现出了一批批的优秀党员，为了党和人民的抛头颅洒热血，为共产主义事业奋斗终身、至死不渝。不同的时代有不同的任务，有不同的考验，但不变的是一代代共产党员对誓言的坚守与执着。进入新时代，我们作为党员，要以党史中的一位位先烈为榜样，以一代代先进典型为榜样，牢记党员的初心使命，这样 9000 多万党员就可以汇聚强大的合力，真正在建设社会主义现代化强国的征程中起到先锋引领的作用。

在党史中感受青年人的责任担当

"少年强则国强，少年独立则国独立"，梁启超的《少年中国说》道出了青年人的责任担当。在党的发展历程上，同样如此，青年人是党创建和发展的重要参与者和推动者。1921 年，党的一大在上海、嘉兴举行，13 位代表的平均年龄为 28 岁，大多数为青年，可以说党的成立是肇始于青年。在党史的重要时刻、党的危难时刻，每每有青年挺身而出，国共第一次合作破裂，面对蒋介石反革命集团的嚣张气焰，毛泽东、周恩来等一批青年人坚持武装斗争，巩固了革命成果；中央苏区逐渐发展壮大，王尔琢、黄公略、伍中豪等一批青年将领已经独当一面，在反"围剿"战争中战功卓著；长征途中面临着腊子口、大渡河、泸定桥等一个个险关，涌现出了云贵川、二十二勇士等一批青年战士，敢于迎难而上挑战极限；抗美援朝战争中的黄继光、邱少云、上甘岭战士们……正是有着一代代青年人的用心参与，中国共产党从一个襁褓中的婴儿，成长为今日的风华正茂。我们青年人作为朝气蓬勃的太阳、社会主义建设的接班人，应表现出青年人的责任担当、激情活力、开拓创新，为党和国家事业奉献青春智慧，为党史书写新的光辉篇章。

在党史中感受党校人的责任担当

习近平总书记强调：中国共产党人依靠学习走到今天，也必然要依靠学习走向未来。善于学习可以说是我们党的"秘密武器"。回顾百年党史，党校作为承担干部教育培训的政治学校，同党的发展是密不可分的。在 1924 年 12 月，最早的地方党校——安源党校就成立了。在抗日战争时期

那样艰苦的条件下，1935年至1948年的13年时间里，我们党仍然创办了抗日军政大学、陕北公学等30多所干部学校，大规模地开展干部教育培训。之后的解放战争、社会主义建设、改革开放时期，党校都为培养党员领导干部、推动党的事业的发展起到了重要的作用。尤其是进入新时代，党中央更加重视干部教育培训，注重发挥党校的作用。2019年春季学期以来，习近平总书记坚持每个学期出席中央党校（国家行政学院）中青年干部培训班开班式并做动员讲话，在2021年春季学期勉励中青年干部加强党史学习教育，立志做党光荣传统和优良作风的忠实传人。

中国共产党率领中国人民向着第二个百年目标奋进，作为一名党校人，身上多了一份责任，也多了一份光荣。我们要以毛泽东、李维汉、董必武等党校老校长为榜样，向艾思奇、杨向奎等党校名师看齐，坚持学深一层、学前一步，通过党史学习提高理论素养、党性修养，做到"打铁必须自身硬"。作为一名教务人，要当好"布道者""熔炉工"，在完善教学内容上下功夫，把党史课作为基本课、必修课，结合福建丰富的红色资源，组织开发党史课程，帮助党员领导干部系统学习党史；在丰富教学方式上下功夫，采用现场教学、访谈式教学、情景模拟式教学等多种教学方式，结合网络资源应用开展线上学习，扩大教学覆盖面；在提升教学成效上下功夫，组织学员开展研讨交流、党史知识竞赛、撰写党史学习笔记，通过听、说、读、写的立体化教学提升培训成效，帮助党员干部树立正确党史观，做到学史明理、学史增信、学史崇德、学史力行。

百年恰是风华正茂，青春正当奋进前行。回顾百年历史，我们有苦难、有辉煌；展望未来，我们有目标、有方向。作为青年人、党校人，正要勇挑重担、起而行之，为建设社会主义现代化强国不懈奋斗。

（作者单位：中共福建省委党校福建行政学院）

走得再远都不能忘记来时的路

陈　琼

历史昭示未来，沧桑成就正道。习近平总书记在建党 100 周年庆祝大会上的讲话为全党和全国各族人民上了一堂激励血性、震撼心灵、鼓舞人心的党课。我全程聆听，感悟颇多。

回顾百年党史，那些视死如归的革命英雄、大公无私的先进典范，都是民族精神、时代精神的忠诚践行者。刘愿庵烈士作为丈夫，即使怀着别离爱人、无法守望白头的深情，愧疚地写下"我最后一刹那的呼吸，是念着你的名字"，却勉慰妻子"把全部爱我的精神，灌注在我们的事业上"，这是作为革命同志内心最深层的浪漫；陈觉烈士作为子女，即使忍受"我真的是不忠不孝、忘恩负义吗""勿怪儿之不肖"这般无法尽孝侍奉父母的悲痛，却认为"谁无父母，谁无儿女，谁无情人，我们正是为了救助全中国人民的父母和妻儿，所以牺牲了自己的一切"，这是中国共产党人无疆的大爱；赵一曼烈士作为母亲，即使饱含"对于你没有能尽到教育的责任，实在是遗憾的事情"这般无法养育子女成人的遗憾，却坚信"社会之新光在照耀着你"，这是留给后代最宝贵的财富。

英雄虽逝，浩气长存。今天我们看到的辉煌，是这些革命英烈呕心沥血、前赴后继换来的，他们抛头颅洒热血播下新世界的种子，把收获的丰收无私地交予后代世人享用。他们泯躯济国的使命与为人民服务的初心，为后来者留下永恒之壮美。这才是真正的民族脊梁，真正的共产党员精神。而在动荡不定的当今世界中摘得桃李享受宁静的我辈，是否有足够坚实的脊梁来传承红色之魂？

抚躬自问，作为新时代共产党员，在这处于百年未有之大变局的世界

中，我是否积累有足够的理论和实践来应对国内外复杂多变的形势，是否富有勇气和自信走好当代人的长征路？未来的我能否如同赵云霄烈士一般骄傲地对孩子说"你的父母是共产党员"？我已经多久忘记问问自己"我是谁、为了谁、依靠谁"，我是不是在紧密围绕党和国家的事业发展而工作？

直面自我，匮乏的认知把我自身局限在狭隘的牢笼，纠结于个人琐碎繁杂的问题，烦扰于表象而忽视内在矛盾，在工作上没有在组织为我们搭建的宽广平台上做出应有的贡献。回想起那年面向党旗的入党宣誓，初心不变，信念坚定，但距离组织满意和人民认可的党员干部要求无疑有很大距离。

然"实迷途其未远，觉今是而昨非"。强化党史学习，改造主观世界于我已势在必行，我当以自我反省、自我批评、自我净化达到端正学习态度、校正政治角度、站对人民立场、提升思想境界。作为一名航海保障基层工作者，肩负保障水上交通安全的神圣职责，我更应当不忘初心，铭记历史，切实把思想和行动统一到习近平新时代中国特色社会主义思想上来，把行动统一到实现一流航海保障工作目标上来。而我该如何用实际行动去践行对标党提出的交通强国要求，在推进航海保障事业高质量发展中有所作为？立足本职岗位上，我能做些什么？

当以百年党史作为最好的"强心剂"，坚定"直挂云帆济沧海"的理想信念。建党至今，人民生活发生了翻天覆地的变化。中国取得全方位的成就，这是党以生生不息的力量、以刀刃向内的勇气，不断自我革新、自我净化、自我完善的硕果。饱受磨难依然自强不息，历尽曲折始终不改初心，历史证明了中国共产党的伟大，证明了党的领导是历史的选择、时代的选择、人民的选择。我们每一个中国人都应该珍惜现在的生活，更应该坚定理想信念，贯彻落实党中央各项决策部署，立足自身岗位，忠诚履职、服务发展。

当以百年党史作为最好的"清醒剂"，永葆"只留清气满乾坤"的清廉本色。政治纪律是我们无论在哪个岗位上有所作为的基础。作为党员干部，我们要牢记党的根本宗旨，恪守廉洁从政的底线，以优秀共产党员为标杆，严格要求自己，积极践行"忠诚、干净、担当"的要求，时刻做到自重、自省、自警、自励，始终保持共产党人的政治本色，发扬共产党人的蓬勃朝气、昂扬锐气和浩然正气，以自身的模范行动践行初心使命。

当以百年党史作为最好的"营养剂"，凝聚"不须扬鞭自奋蹄"的拼搏之力。业务能力是做好岗位工作的直接手段，也是联系群众办实事，服务人民的落脚点。成就事业不是一帆风顺的，是充满荆棘的，唯有勇于担当、敢作敢为、迎难而上，方能有所作为。我们要坚持静下心、坐下来、深下去，不断提高学习的思想自觉、政治自觉和行动自觉，学以致用、知行合一，把学习成效转化为立足岗位、真抓实干的工作实践，围绕航保发展目标和工作要求，自觉将个人融入航保现代化建设之中。

新时代的集结号已经吹响，作为航保人的我将继续不忘"保障水上交通安全"的初心使命，更加紧密地团结在以习近平同志为核心的党中央周围，以干在实处、走在前列、勇立潮头的使命担当，为建设交通强国贡献自己的智慧和力量，为实现中华民族伟大复兴的"中国梦"砥砺前行。

（作者单位：中华人民共和国福建海事局）

感悟思想伟力　积蓄基层发展动力

林　雅

《习近平在宁德》《习近平在厦门》《习近平在福州》《习近平在福建》等系列采访实录以口述记录的形式，生动还原了习近平总书记在闽工作期间的探索实践和创新理念，是广大党员干部学习习近平新时代中国特色社会主义思想的鲜活教材。

通过深入系统学习，领略了习近平总书记的雄韬伟略和领导风范。他在福建工作期间，始终立足国际国内两个大局，结合当前未来两个维度，去思考问题、谋划发展，主持制定厦门经济社会发展战略、闽东摆脱贫困长远规划、福州"3820"工程；提出"生态福建"和"数字福建"建设，打造福建生态环境"高颜值"和数字发展"高素质"协同共进的良好局面。习近平总书记高瞻远瞩的战略思维，是每个党员学习的宝贵财富。

当前，新冠肺炎疫情的影响已然渗透到社会生活的方方面面，不仅影响着人们的思维观念和行为习惯，同时也在改变全球的政治经济格局。对基层党建工作而言，同样也面临疫情所带来的新境遇和新挑战。越是在这个关键时刻，越需要每个党务干部深入学习领会习近平总书记的战略思维，始终保持对大局大势的清醒认识，始终做到对发展规律的科学把握，用深谋远虑做"灯塔"，指引基层党建工作积蓄磅礴的发展力量。

要在意识形态上想得更远一些。新冠肺炎疫情见证了话语权的重要性。一方面是世界卫生组织和绝大多数国家对"中国答卷"的大加赞赏，另一方面是以美国为首的西方政客极力"甩锅"的大肆污蔑。这种鲜明的对比，就是在警示我们，大国博弈，意识形态较量从不缺席。各种国际舆论斗争十分激烈，社会思潮引导的任务十分繁重。要打好意识形态主动战，下好意识形态先手棋，必须向习近平总书记学习，要时刻把握国内国际两个大局，既考虑国际影响，又兼顾国内感受；要全面掌握国外舆论传播规律，既要深入研究西方社会对我们存在的"错误认知"，抓住关键、循循善诱、逐个击破，又要准确分析国内外听众的习惯和特点，采用融通中外的对话方式，讲好中国故事，传播中国声音。当前时期，疫情防控的中国故事是国内外听众最关切的话题之一。我们要广泛深入挖掘疫情防控中涌现的先进事迹，提炼其背后的时代内涵和精神价值，使之成为传播中国文化、传递中国态度的鲜活案例，把传统媒体与微信、抖音、快手等新型流量媒体结合起来，在疫情防控的舆论场上，把意识形态的领导权、管理权和话语权牢牢掌握在自己手中。

要在教育培训上想得更远一些。重大疫情防控是对国家治理体系和治理能力的一次大考。虽然经过新冠肺炎疫情的洗礼，国家治理体系得以逐步完善，但是在疫情防控过程中仍然存在一些问题。前路漫漫，疫情时期充斥着比以往任何时候都更加复杂多变的情况和更加难以预测的问题。国家兴盛、以人为本，在党员教育培训方面必须要有前瞻性，务必考虑形势发展需要，把国家治理体系和治理能力现代化作为学习的重点，增加公共安全、应急管理、基层治理、舆情应对等方面的课程，强化党员治理能力的养成，推动党员在经济发展主战场、基层治理第一线、应急处变最前沿，经常磨砺摔打，逐步锻炼成长，提高驾驭复杂局面、处理复杂问题的本领，真正做到平常时候看得出来、关键时刻站得出来、危急关头豁得出来。

要在发展党员上想得更远一些。在疫情防控阻击战中，我们看到以习近平同志为核心的党中央总揽全局、协调各方，向中国人民交出满意答卷的同时，也圈粉了无数人民群众，越来越多的有志之士申请加入中国共产党。我们也看到许许多多的 80 后、90 后，他们勇挑重担，不辞辛劳，坚守在抗疫一线的艰苦岗位上，他们在这场战"疫"实践中收获了成长，而我们党也收获了新时代的一群"新生力量"。我们党将长期处于发展壮大期，基层党组织要始终站在"为党的事业选好接班人"的战略高度，抓好培养和发展党员这一打基础利长远的大事。必须坚决贯彻落实新时代党的

组织路线，发挥好自身的战斗堡垒作用，加强对发展对象的审核把关和教育培养，把在疫情中成长起来的新生力量培养成社会主义事业合格接班人。

要在智慧党建上想得更远一些。疫情期间，上至党中央下至地方政府均采用云端视频，进行防控部署；老百姓隔离在家线上点餐、APP买菜，得以解决生活后顾之忧；出门办事提前网络预约、扫健康码减少了出行烦恼；学校纷纷采用"空中课堂"，做到停课不停学。这一波波信息化操作，给打赢疫情防控阻击战提供坚实的技术支撑和重要的安全保障。放眼未来，信息化无疑是社会发展的大趋势大潮流。基层党建工作中，较多的工作还处于传统模式、线下操作的阶段，要加快探索信息化条件下开展基层党建工作的新载体，加强党建基础数据的分析掌握，打造"云端上""指尖上"的智慧党建工作新模式。

（作者单位：福建省烟草专卖局）

学习百年党史 走好新的"赶考路"

陈晓艳

"欲知大道，必先为史。"翻开厚重的《中国共产党简史》，在学习中汲取干事创业的营养液和清醒剂，做到守初心、定信心、炼匠心，不忘"来时路"，眺望"未来路"，走好"脚下路"。

读懂《中国共产党简史》，守住初心，不忘"来时路"

"为中国人民谋幸福，为中华民族谋复兴。"初心如磐，使命在肩。共产党人走过了千山万水，跨越了远征之难；穿过了枪林弹雨，扛起了光荣使命；经历了暴风骤雨，迎来了春色盎然。回望长征路，两万五千里漫漫路途，没有水光潋滟、山色空蒙的旖旎风光，也没有疏影横斜、暗香浮动的温婉画卷，寒风凛冽的夹金山，翻腾嘶吼的金沙江，冷光泛寒的泸定桥，湿冷危险的若尔盖草地，时时刻刻考验着他们的意志力。从"绿原无垠漫风烟，蓬高没膝步泥潭"，到"红军不怕远征难，万水千山只等闲"，从"长征万里路遥遥，风萧萧，雨飘飘"，到"雄关漫道真如铁，而今迈步从头越"，无不诠释革命先辈们心怀初心、心中无畏、砥砺前行。

品读《中国共产党简史》，常忆"来时路"。曾听前辈们忆起早期统计调查工作的岁月，他们说："以前到村里下乡访户，因为地点偏僻，交通不便，常常需要在村里过夜，村里住宿条件不好，连门锁都是坏的，有的女同事因为害怕，晚上睡觉都不敢关灯。""以前不像现在计算机、PAD、无人机普及，都是用算盘嘀嘀嗒嗒做报表，顶着寒风冒着酷暑，翻山越岭走村入户，看账本搞测产……"即使有许多的不便与艰辛，但调查队干部

不喊苦、不喊累，兢兢业业做好每一份报表、完成每一次调研，坚守为国统计、为民调查的根本职责，践行初心、担当使命，为实现中华民族伟大复兴的中国梦贡献统计智慧和力量。

读透《中国共产党简史》，坚定信心，眺望"未来路"

我们党的百年历史，是筚路蓝缕奠基立业的历史，是创造辉煌开辟未来的历史。从嘉兴南湖驶出一叶承载人民希望的红船，到井冈山"星星之火，可以燎原"；从抗日战争期间面临日本逐步将主要兵力用于打击八路军和新四军，国民党掀起三次反共高潮，斗争形势日益严峻，到中华人民共和国成立初期，国内满目疮痍、百废待兴，国外经济封锁和外交孤立。为什么共产党员，能不畏艰难、燃烧自己，"敢教日月换新天"？那是他们对于理想社会的不懈追寻，是人民对未来美好生活的期待和向往，是一个民族循梦而前的坚定信心。

今天的中国，已经成为一个独立、民主、自由的大国。2020 年中国GDP 破 100 万亿元大关，连续多年对全球经济增长贡献率保持在 30％以上，革命先烈们的夙愿已实现。"心中有信仰，脚下有力量"，这个信仰和信心来源于共产党的坚强领导与祖国的繁荣富强。作为一名新时代的青年党员干部，有强大的祖国做后盾，要心怀梦想、坚定信心、不负年华。2021 年 7 月 1 日，习近平总书记在建党百年庆祝大会上明确指出，"未来属于青年，希望寄予青年""新时代的中国青年要以实现中华民族伟大复兴为己任，增强做中国人的志气、骨气、底气，不负时代，不负韶华，不负党和人民的殷切期望"。一百年前，一群新青年将生命融入滚滚的革命洪流，为中华民族的前途命运上下求索。一百年后的今天，听了习近平总书记的讲话，我备受鼓舞，更加坚定了前进的方向！作为年轻统计人，要传承红色基因，赓续红色血脉，充分发挥党员先锋模范作用，立足岗位，履职尽责，与统计调查事业同呼吸、共荣辱，为实现中国梦增添自己的青春能量。

读好《中国共产党简史》，淬炼匠心，走好"脚下路"

以匠心致初心，以初心致未来。毛泽东曾高度称赞过一位工匠典范——白求恩。1939 年 11 月，国际友人白求恩因救治八路军伤员时不幸感染病毒逝世，毛泽东在《纪念白求恩》中写道："白求恩同志是个医生，他以医疗为职业，对技术精益求精；在整个八路军医务系统中，他的医术是很高明的。"工匠精神的本质就是爱岗敬业、精益求精。从毛泽东三下才溪乡，收集大量的调研材料，最终撰写出高质量巨作《才溪乡调查》，到习近平总书记在福建宁德任地委书记，攻坚克难，三进下党乡，协调解决贫困乡建设发展难题，习近平忆起下党乡之行，"异常艰苦、异常难忘"……种种事迹无不诠释着爱岗敬业、精益求精的工作作风。

入职调查队以来，我看到了身边可爱的同事们，为了做好工作，攻坚克难、一丝不苟、精益求精。有的人不厌其烦，一遍又一遍耐心指导调查企业精准填报生产价格调查报表；有的人为准确掌握房地产市场变动情况，多次深入企业和中介，撰写调研报告，为领导决策提供优质的统计服务；有的人面对调查户冷眼不配合的态度，力所能及地帮助他们解决生活难题，用真心感化他们，赢得他们的信任和配合……作为一名年轻的党员干部，要传承工匠精神，让统计数据精准反映经济变动情况，让调研报告真实反映领导关注、百姓关心的热点难点问题，在日常工作中，做到"文经我手无差错，事交我办请放心"。

百年征程波澜壮阔，百年初心历久弥坚。品读党史，凝聚党史的智慧和力量，让奋进的脚步永不停歇，让奋发的精神永不懈怠。百年盛世，所幸有你，所幸有我，所幸有我们，让我们踏上新征程，走稳脚下的每一步路，用今日之热血浇筑明日之华章。

（作者单位：国家统计局福建调查总队）

追寻足迹篇

倚楼听风雨　百年正风华

黄伟超

怀着敬仰之情，登临潮江楼。驻足远眺，只见江深水阔，历史迂回的澎湃似乎就在江岸边翻涌。今天岸上的我，伫立在这幢始建于清末、有着近百年历史的小楼，且听那江面拂来的风，诉说着那段激情悲壮的岁月……

这座潮江楼，是中央监察委员会首任主席、福州籍烈士王荷波投身革命事业的故地。值此建党百年之际，因参加党史学习教育来到潮江楼，翻阅起党史中的片段，找寻着革命先烈的足迹和共产党人的初心。走入楼内，映入眼帘的是"潮涌马江""工运领袖""纪检先驱""碧血丹心""红色家风"等几段事迹，它们展现了王荷波波澜壮阔的一生，也将我带入过往沧桑的风云激荡中……这一刻，倚靠潮江楼，追思王荷波，回望百年党史的风雨征程，心有所思，亦有所悟，眼前江阔天高，心境豁然开朗。

知行合一学党史，赓续忠诚基因

一部峥嵘党史，厚重而深沉。对党忠诚，是百年党史扉页上历久弥新的永恒主题，也是共产党人与生俱来的第一品格，更是纪检监察人血脉中的传承、骨子里的坚守和一以贯之的政治传统。在硝烟战火的革命时期，首届中央监察委员会应运而生，选举产生了包括王荷波在内的 10 名委员、候补委员。当时风雨如晦的极端环境里，杀戮与恐怖如影随形，时刻面临着抗争的较量和生死的考验。在血与火的严酷斗争中，这 10 名同志，先后有 8 人为党的事业献身，没有一人变节叛变，也没有一人泄露组织秘密。

这些铮铮铁骨用热血浇铸信仰，用生命捍卫理想，深刻展示了纪检监察先辈们对党的赤胆忠诚。作为中央监察委员会首任主席，王荷波被捕后在牢狱中受尽酷刑与折磨，始终面不改色，大义凛然，坚贞不屈。他把对党忠诚融入血脉中，镌刻进骨子里，面对钢枪与屠刀，宁愿英勇就义、牺牲自己，也要严守秘密、保全组织。纪检监察机构因党而生、为党而战，纪检监察干部是党的忠诚卫士。作为新时代的纪检监察人，我们在百年之际学党史，更应当学思践悟、知行合一，在深学细悟笃行中知史爱党，初心如磐，秉承王荷波热血忠诚的革命精神，胸怀"两个大局"，心怀"国之大者"，自觉担负起"两个维护"的特殊历史使命和重大政治责任，着力提升政治站位，强化政治监督，以正风肃纪反腐的高压态势诠释对党的绝对忠诚。

修身律己强信念，保持干净本色

人生如屋，信念如柱。党的纪检监察史就是一部激浊扬清、淬炼信念的革命史，展现了百年来我们党自我革命、自我净化的坚强意志。潮江楼里，王荷波雕像左边镌刻着"品重柱石"四个大字。字如其人，熠熠生辉。这是他不惑之年的生日时，工友们送给他的大红绸上所题的字。虽然寥寥数笔，却字字千金，饱含着工友们对他的尊崇和敬爱。在担任浦口铁路工会主要领导期间，王荷波处事公正，公而忘私，从不乱花大伙的一文钱，公生明，廉生威，深得工人群众的拥护。在王荷波雕像右边，则镌刻着这么一句话："贪生怕死别当共产党，贪图享受也别当共产党。"作为工人运动领袖，这是他在婉拒工人的赠予、坚辞商人的豪宅时，对身边人员的谆谆教诲。在严酷的革命斗争中，他时常嘱咐同志们要时刻牢记为了什么入党。理想信念高于天，他相信："我们的祖国也会如同苏联一般，不久之后让穷苦人家过上好生活。"即使身居囚牢，他仍昂扬革命乐观主义精神，高唱凯歌，坚信共产主义必胜的信念。打铁必须自身硬，正人必先正己，律人必先律己。这一刻，站在潮江楼前，对着浩瀚辽阔的江面，我想我们缅怀王荷波，不是为了忘却的纪念，而是要牢记他品重柱石的历史嘱托，在各种风浪的考验中，理想如初，信念依旧，挺直监督执纪的腰杆，守住干净干事的底线，真切回应人民群众对清风正气、朗朗乾坤的期待。

矢志不渝跟党走，展现担当作为

红旗所指，一往无前。邓小平同志以"跟着走"三个字，回答了如何跨越长征路上的种种艰难险阻。跟着走，就是跟着党走，做革命的人，走革命的路。大革命失败后，面对冰霜雪雨，面对血腥的残害和杀戮，面对悲观者的一蹶不振，王荷波义不容辞，主动请缨，担当起组织革命工作的重任。他慷慨就义前只留下一个嘱托：恳请组织加强对子女的革命教育，千万别走和他相反的道路。正是在这种家风家训家教的熏陶下，王荷波的长子继承父志，在党的领导下从事抗战活动，不幸被日寇残忍杀害，年仅19岁。百年历史，追随着王荷波等先辈的步履，一代又一代的纪检监察干部赓续红色基因，传承革命信仰，以初心擦亮忠诚的本色，用使命捍卫纪律的尊严。即便从历史的足迹中走出来，在今天没有硝烟的战场上，我们依然能看到新时代的纪检监察人，用担当书写着大气的人生，他们中有奋战一线20余年、罹患绝症仍战斗不息的王瑛，有将青春定格在抗台抢险途中的"时代楷模"李夏……作为青年纪检监察干部，我们走在新的长征路上，更应当自觉肩负起"跟着走"的责任担当，挺身而出，知重负重，更加坚定地维护核心、看齐追随，不断增强斗争意识、提升斗争本领，以工匠精神做深做细监督执纪问责工作，持续"打虎""拍蝇""猎狐"，不断跨越新的"娄山关""腊子口"，推动全面从严治党向纵深发展。

（作者单位：中共福建省纪律检查委员会　福建省监察委员会）

传 承

程 歆

父亲是个有着近 50 年党龄的老党员。在我心里，他是一个真正意义上的党员，是一个真正有信仰的党员。

由于家庭出身的缘故，父亲入党一波三折。他常说，他入党是靠没日没夜苦干硬干出来的。爷爷奶奶都是高级知识分子，爷爷 1957 年被错划为右派，"文革"中弓着腰，戴着高帽，被他的学生推着游街。无休止的批斗，爷爷患上严重的心脏病，奶奶的腰大半辈子都直不起来。父亲读书时总考第一，却只能读到初一，很早离开家，成了一名轧钢工人。这一干，就是一辈子。

奶奶无数次摸着父亲粗糙的手流下眼泪，"这本该是拿笔写字的手啊，却要拿钢钳、挨火烤"。父亲说："都一样，是为国家做贡献。"这话现如今可能很多人听来觉得矫情可笑，但却是父亲一生的信仰。父亲说："从组织上批准他加入中国共产党的那一天起，从他在党旗下庄严宣誓的那一刻起，就做好了为共产主义事业奋斗终身的准备。"我有时会笑他，你准备如何奋斗终身呢？这时父亲总板起脸教育我：奋斗终身的意义不在于流血牺牲舍弃生命，共产党员的信仰是忠诚，是奉献，是不向命运低头的倔强。

父亲是这样说，也是这样做。他曾是三明钢铁厂生产一线的轧钢工人，每天听着轧钢机的轰鸣声，手持几十斤的钢钳，和 1000 多度高温的钢锭打交道。在一次技术革新中，父亲顶着轧钢机刺耳的噪音，坚守岗位，反复调试，最终落下了左耳听力的终身残疾，但他从不后悔。

后来，父亲成了车间的领导，很多人觉得他有点迂，不过在我看来这种"迂"恰恰是正直的表现。他退休后，以前的下属从三明来福州，总来看他，说："程书记，我们还是怀念你在厂里的日子，你是真正为咱们工人办实事、办好事的领导。"这时候，父亲总是特别高兴，他告诉我，虽然他没能成为更大的领导，为钢铁厂的工人们做更多的事儿，可有他们这句话，值了。

父亲也有他的梦想：上大学。在他眼里，大学是一个特别神圣的地方。他总说我赶上了好时候，解放思想，改革开放，中国的经济和社会在党的领导下取得了他们想都不敢想的发展和进步。他希望我考大学，圆他年轻时的大学梦。

父亲年轻时喜欢吹口琴，喜欢唱歌，可工作太忙没时间。退休后，他做义工、上夜校，报名去了福建省老年大学歌唱班，他在社区"道德讲堂"讲的党史课赢得了阵阵掌声。父亲风雨无阻地参加省老年大学的合唱班演出排练，在家里戴着老花镜毫不含糊地对着歌本反复练唱，还时不时用口琴吹奏几曲革命的老歌。"曾经苦难才明白，没有共产党就没有新中国"，他不止一次悄悄擦去眼角的泪水。每当这时，我总会想起艾青那句诗："为什么我的眼里常含着泪水，因为我对这土地爱得深沉。"

父亲很喜欢阎肃老师作词、廖昌永演唱的一首歌《心里装着谁》，他常说："问一问，我们的心里头装着谁？"对，装着宣誓的身影，装着先驱的教诲，装着国家、百姓，装着这个潮奔浪涌的时代。

我生长在这样的家庭，从小耳濡目染感受着这样的教育长大，我学习语文、历史、政治，到大学学习新闻学，每一门学科无不包含着博大精深、发人深省的党史教育，无不代表着每一名中国人的政治立场。父亲最近每晚吃完晚饭就目不转睛盯着电视，《觉醒年代》《中流击水》《大决战》，一部接着一部看，他和我说："现在的年轻人不懂党史不学党史，是不行的，精神容易空虚，没有积淀没有底气没有信念的人生是走不稳的，这是我们的立身之本。"父亲虽然文化层次不高，但他的话我都深以为然，比我这个读过大学的女儿高明深刻，因为他的话他的爱是普通党员、普通老百姓对祖国、对人民的大爱。

6月29日上午，习近平总书记向29位共产党员颁授"七一勋章"，父

亲反反复复看了好多遍，他为这些共产党员荡气回肠、感人至深的事迹所深深感动，当他听到习近平总书记说："'七一勋章'获得者都来自人民、植根人民，是立足本职、默默奉献的平凡英雄。他们的事迹可学可做，他们的精神可追可及。"父亲说他这辈子都会记得习近平总书记平静却波澜壮阔的声音。他说，这一生他为祖国的建设炼钢炼铁，无愧无悔，他是一名平凡的共产党员，但他也用实际行动在平凡的岗位上践行了"平常时候看得出来，关键时刻站得出来，危难关头豁得出来"的党员标准！听了他的话，我热泪盈眶，我为我的父亲感到无比自豪，我也必当把这样的誓言牢记在心间，落实在行动上。

学习党史，不能忘了先辈们用鲜血和生命换来的来路，不能忘了艰苦奋斗始终为人民服务的信念宗旨，不能忘了继续前进拼搏奉献的理想大旗。多重温党领导人民进行革命的伟大历史，心中就会增加很多正能量。我至今仍慷慨激昂地朗诵"红军不怕远征难""钟山风雨起苍黄""踏遍青山人未老"这些充满革命浪漫主义和昂扬奋发斗争精神的诗句。我也教给我的孩子，我给他讲嘎子讲王二小的故事，讲长征路上军需处长的故事，讲陈赓大将和红小鬼的故事，讲"钢少气多"的抗美援朝，我希望我的孩子也能传承他姥爷朴实深厚的感情，做一个顶天立地的人，做一个对国家对人民有用的人。

（作者单位：中共福建省委办公厅）

心中有党　手中有技　眼中有光　行中有界

林泽水

在全省上下党史学习教育火热开展之际，为深入学习贯彻习近平总书记给廖俊波同志母亲季平英同志重要回信精神，省委在全省党员干部中开展"弘扬廖俊波精神、践行为民初心"的活动，作为一名年轻机关党务干部，要带头深入学习廖俊波同志先进事迹和崇高精神，在提振干事创业精气神上走在前、作表率，争当新时代廖俊波式的好党员好干部，为奋力谱写全面建设社会主义现代化国家福建篇章做出应有的贡献。

心中有党，把忠诚体现在"想干事"上。心中有党，就永远不会迷失方向。廖俊波同志入党 25 年，始终坚定理想信念、对党绝对忠诚，用生命践行入党是一辈子的事、牢记初心使命是一辈子的事。他无论在哪个岗位都始终牢记自己的党员身份，牢固树立马克思主义世界观，坚守共产党人的精神高地。这种忠诚最鲜明地体现在"爱干事""想干事""干好事"上，廖俊波就是这样一种人，以身率人、以上率下，引导党员干部从"要我干"变为"我要干"，被人亲切称为"三无"干部（无固定工作地点、无固定作息时间、无固定节假日）。很多同事和下属对他的评价是："他让我们看到了希望，看到了他是个干事的人。"廖俊波同志的下属和同事，经常和他一起加班加点、工作到深夜，虽然很累很辛苦，但他们却说，"跟着他有奔头，很快活"。这就是"樵夫"的"魔力"，也可以说是"樵夫"的魅力，一种"其身正、不令而从"的魅力。新时代年轻党务干部要像廖俊波一样，把对党忠诚体现在日常一言一行上，把践行"两个维护"体现在干事创业中，时刻保持"想干事"的政治自觉、思想自觉和行动自觉，真正热爱党务工作，把党务当成事业，干一行，爱一行，干好一行，

把大事难事做稳妥，把小事易事做精致，把"分内事"做出高水平，把"分外事"做出高境界，做到"出工必出力、出手必出彩、完成必完美"。

手中有技，把本领展示在"能干事"上。"没有金刚钻，别揽瓷器活。"做任何事情，光有热情不够，只表决心也不够，关键还要有真本事、硬功夫，才能冲得上去、拿得下来。廖俊波常说："思想领先一步，动作快人一步。"在政和，他在全省首创"并审联批"制度；在担任南平市副市长期间，他将邵武市"多规合一"的全省试点经验在闽北各地推行，首创"弹性规划用地"；在武夷新区，他还推出了"派单综合审批包"制度，每季召开企业家座谈会，现场帮助协调解决企业的"问题包"。廖俊波思想领先一步的"秘诀"就是不断汲取新知识，多年的读书笔记累积起来接近一米高。作为新时代年轻党务干部要像廖俊波一样，把"青灯黄卷苦读，热血挚情坚韧"作为应有情怀，弘扬"不一则不专，不专则不能"的"工匠精神"，善做专心学习、不断钻研的"金刚钻"，静下来、"钻"进去，在实践中不断"淬火""打磨"；敢做勇于创新、精益求精的"鲁班"，以"鲁班刻凤"的专注和执着，以"鲁班造锯"的勤思和智慧，开创机关党建工作新局面。

眼中有光，把目标锁定在"干成事"上。眼中有光，方能春暖花开。廖俊波同志始终把"干成事"作为人生的不懈追求。有人说他："像个画家，在一张白纸上能画出美不胜收的图画；像个魔术师，总能在困境中拿出令人意想不到的新招；像个救火队长，哪里有急难险重任务，哪里就有他的身影。"他任邵武市拿口镇镇长时，让遭受百年不遇特大洪灾的500多户居民住上新房；任邵武市副市长期间，新开发了占地26平方公里的省级循环经济园区，规模工业产值三年翻了近一番；任荣华山产业组团管委会主任，赤手空拳赴浦城县筹建，四年间驱车36万公里，完成征地7000多亩，招商引资签约项目51个，开工项目23个，总投资28.03亿元；任政和县委书记，将政和城镇化率从31%提高到46%，开发工业园区3600亩……作为新时代年轻党务干部要像廖俊波一样，把为党和人民"干成事"作为终身的奋斗目标，时刻坚守初心，保持真情、热情、激情，日复一日地辛勤耕耘、无怨无悔地默默奉献、扎扎实实地干好工作，这样党建工作才能有温度、聚人心、接地气，才能实现高质量发展。

行中有界，把底线定位在"不出事"上。底线，是鸿沟，是红线，是生命线，不可触碰、不可践踏、不能逾越。廖俊波是廉洁自律共产党人的楷模，在他为政的岁月里，他给人们勾勒出一个坦坦荡荡、光明磊落的干部形象。他刚任南平市政府副秘书长，负责协调、联系城建工作，就急着在南平买房，不给开发商"围猎"机会，没有介绍过一个熟人或亲戚承包工程。始终秉承"是清水，就是透亮的"的原则，他多次说，咱清清白白做人，就可以安安稳稳睡觉。他是群众、同事、领导心中的"阳光干部"，通体透亮，没有杂质，廉洁从政、干净做人。新时代年轻党务干部要像廖俊波一样，时刻牢记心中有戒、行之有界，从自己做起、从小事改起、从点滴抓起，打好"防疫针"，涂好"防腐剂"，筑牢"防火墙"，稳得住心神、把得住操守、抵得住诱惑、经得起考验，真正做一个一心为公、一身正气、一尘不染的人。

（作者单位：中共福建省委省直机关工作委员会）

让英模精神照亮奋进之路

周瑞壬

　　天地英雄气，千秋尚凛然。先进典型是一个民族最闪亮的坐标，英模精神是一个民族最挺拔的脊梁。学习宣传先进典型、弘扬英模精神是党史学习教育和政法队伍教育整顿的重要内容。青年干警要以此为契机，大力学习弘扬英模精神，奋力汲取精神养分，筑牢信仰之基，补足精神之钙，把稳思想之舵，让英模精神照亮奋进之路，让正义之光遍洒百姓之家。

　　近年来，人民法院先后涌现了邹碧华、黄志丽、周春梅等先进典型代表，他们是法治征程上的时代弄潮儿，也是我们身边可亲可感的邻家好同事。他们坚定理想信念、坚守初心使命、坚持公平正义，生动诠释了一名共产党员对党和人民事业的绝对忠诚，谱写了服务大局、司法为民、公正司法的壮丽篇章。正是因为他们义无反顾地前赴后继，人们更加坚信，公平正义永远不会缺席。他们如同灵魂的灯塔，提示着我们从哪里来，指引着我们该往哪里去。

　　要学习他们无限的忠诚热爱，进一步筑牢政治忠诚。"为什么我的眼里常含泪水？因为我对这土地爱得深沉。"参加法院工作 33 年，胡国运法官始终注重政治效果、法律效果和社会效果的有机统一，所办的逾千起案件无一错案，直到生命的最后一刻，身旁还放着翻开的卷宗。投身司法事业 26 年，邹碧华法官始终秉持"做一名有良知的法官"，甘当改革"燃灯者"，为法治中国建设贡献了毕生力量。入职法院 25 年，李庆军法官长期在尿毒症的折磨下，靠吃药和透析坚守办案一线，所办案件的结案率、调解率等多项指标列全院第一，离开时只留下 19 本工作日记和一抽屉永远来不及吃的面包。是什么力量促使他们以生命赴使命？是忠诚与热爱，对党和人民的无限忠诚，对司法事业的无比热爱。唯热爱，可抵岁月漫长，百折而不挠；唯忠诚，方显英模本色，历久而弥坚。

要学习他们真挚的为民情怀，进一步坚守公平正义。"些小吾曹州县吏，一枝一叶总关情。"黄志丽法官常说，"群众是最亲的人，法官的根在群众"。她长期扎根基层审判一线，把司法为民的理念融入日常工作的点滴中，创设"黄志丽法官工作室"，坚持每周进社区，把法庭搬到群众的家门口，切实解决群众的"急难愁盼"，被群众亲切地称为"知心法官"。一直以来，最让宋鱼水法官牵挂的还是困难群众。为此，她给自己约法三章：一是不轻视小额案件，因为小额案件往往涉及民生；二是公平对待每一个当事人，不管是平民百姓还是百万富翁；三是以宽容的态度充分尊重当事人的尊严和利益。胜败是司法的结果，信任是无言的丰碑。正是他们这种"不嫌案小，不怕事大"的敬业精神，赢得了群众"辨法析理，胜败皆服"的信任。对法官来说，一生中要审理成千上万个案件，但于当事人来讲，或许一辈子就打一次官司。因此，只有小标的，没有小案件。对司法为民、公正司法的坚守，就是努力让人民群众在每一个司法案件中感受到公平正义。

要学习他们深厚的裁判造诣，进一步锤炼司法能力。"功崇惟志，业广惟勤。"法官职业具有高度专业性，需要完备的法律知识体系、娴熟的庭审驾驭技巧和独特的思维判断能力等。裁判技艺的练成绝非一蹴而就，需要久久为功、持之以恒。邹碧华法官深耕司法最前沿20余载，写成《要件审判九步法》，成为一线法官的办案"教科书"，被称为法庭上的"独孤九剑"。黄志丽法官探索总结的"三个贯穿始终"工作法，将调查研究、亲和调解、释法说理贯穿审理案件始终，审结的5000余起案件，无一申诉信访，无一投诉举报，息诉服判率长期位居全院第一。因为专业，所以权威。司法的公信力最基本的要求还是法官的职业能力。特别是在百年未有之大变局加速演进，全球疫情波诡反复，新技术日新月异，新类型案件层出不穷的新形势下，人民法院只有不断提升司法能力，才能在众说纷纭中一语中的，在众声喧哗中一锤定音。

要学习他们高尚的道德情操，进一步恪守清正廉洁。"廉者，政之本

也。"廉洁自律是为政的基石，也是法官裁判的底色。面对人情干扰、金钱诱惑，周春梅法官不为所动，严格执行防止干预司法"三个规定"要求，用生命捍卫了维护公平正义的司法防线，兑现了对党和人民的铮铮誓言。面对人情世故的困扰，黄志丽法官手握两大"法宝"：一是快审快结，能当庭判决的绝不择日宣判，让当事人找不到说情的时间；二是阳光司法，把审理案件的每一个环节都摆在法庭上，让当事人找不到说情的机会。实践中，一些地方的司法不公，往往是因为司法不廉。解决不廉不净问题，一是要进一步完善司法制约监督体系，扎紧制度的篱笆；二是要涵养道德情操，守住底线、不越红线、不碰高压线，清清白白做人，干干净净办案，这是共产党人应有的政治本色，也是人民法官该有的职业道德操守。

"止于至善，是中华民族始终不变的人格追求。"要深入学习贯彻习近平法治思想，以开展党史学习教育和第二批政法队伍教育整顿为契机，以先进典型为榜样，大力弘扬英模精神，不断汲取智慧力量，增强"四个意识"、坚定"四个自信"、做到"两个维护"，以忠诚、干净、担当，积极投身全面建设社会主义现代化国家新征程，奋力谱写人民司法事业新篇章。

（作者单位：福建省高级人民法院）

从"为一顿饭三付饭费"讲起

叶　杭

1973 年，周恩来陪法国总统蓬皮杜访问杭州。送别了客人后，周恩来为了感谢工作人员的辛苦，请他们吃了顿便饭。饭后，省里的同志要付钱报销，周恩来却坚决不同意，要求秘书去结账。结好账后，周恩来看到拿回的是"十元一角"发票，便说道："那么便宜，那不行。"交代秘书要按市价付足，饭店只好再收了 10 元。到了机场后，他还担心付的钱不够，又留下 10 元钱，托省里的同志转交饭店。通过这件小事，我深深感受到周恩来同志不占公家丝毫便宜的工作态度，看见了共产党人严以律己、清正廉洁的政治品格。

问题一：为什么要"严纪律、葆本色、做表率"

我们党自 1921 年成立以来，就把严守党的纪律和党的规矩摆在突出位置，这是我们的优良传统。不忘初心，牢记使命，就是要把我们党的优良传统代代相传。"严纪律、葆本色、做表率"是要对党忠诚，这是党章对党员的基本要求，也是党员的基本义务。案例中的党员同志向组织提供虚假情况，实际上就是对党不忠诚，对人民不忠诚的体现。《习近平新时代中国特色社会主义思想学习纲要》第三章就提出要"坚持以人民为中心"的核心内容，要始终把人民放在心中最高的位置，始终与人民心心相印、与人民同甘共苦、与人民团结奋斗。作为新时代的财政干部，我们要时刻牢记"对人民忠诚"的问题。财政收入"取之于民、用之于民"，与人民群众利益紧密相连、息息相关。财政归根结底就是为人民理财。只有把每

一分财政资金用在刀刃上，实现财政资金精准滴灌，才能实实在在增强人民获得感、幸福感、安全感。这也是全面实施预算绩效管理的核心和价值所在。

贯彻新发展理念，全面实施预算绩效管理，就是要调整或取消一批支出进度慢、人民群众获得感不强、效益低下的财政专项资金，集中有限财力保重点、补短板、强弱项。绩效评价中心作为承担财政绩效评价具体实施的单位之一，要始终坚持以人民群众的需要为工作导向，把基层、群众、企业等服务对象的满意度和获得感作为评价的重要指标。作为中心的一名党员干部，就要坚持更加客观公正地调查和反映财政资金的使用情况，主动提出加强和完善资金管理的有关建议，为预算管理提供有价值的参考。

问题二：如何"严纪律、葆本色、做表率"

案例中的党员干部在十八大之后，仍顶风违反中央八项规定精神，不收手，不收敛。这本质上还是缺乏敬畏之心，没有守好政治底线。底线是一种规则，具有普遍约束作用，而政治底线更是如此。对党员干部而言，政治底线不仅是衡量个人道德品质、法纪观念的"标尺"，还是确保自己"不逾矩"的警戒线。做好财政工作，就是要守好政治底线，依法执政。

作为绩效评价中心的一名财政干部，坚持政治底线，就是在开展绩效评价过程中，坚守最根本的纪律和规矩，严格按照制度和规则开展绩效评价工作。要遵守工作规章、工作规矩、工作流程，做到一步一步不逾矩。一要增强法律意识。广大财政干部肩负着为国理财、为民服务的历史使命，要加强对国家法律的学习，掌握法律的基本要求和精神实质，坚持依法行政、依法理财。二要增强纪律意识。日常言行不出格、不越界，严守财政部门规章制度、纪律规定。强化不敢腐的震慑、扎牢不能腐的"笼子"、增强不想腐的自觉，持续推动源头反腐。三要增强德律意识。道德是约定俗成的社会公约，偏离道德的约束，就会遭到谴责和反对。我们要以对党、对人民、对工作、对家庭、对自己高度负责的态度，恪守职业道德、社会公德、家庭美德，保持一种清醒、一份冷静、一种定力，争做一名道德高尚、受人尊重的财政干部。

问题三：是否能主动"严纪律、葆本色、做表率"

孔子说过，"其身正，不令而行；其身不正，虽令不从"。案例中工作失职、疏于监管，行贿、受贿，都没有发挥好主动做表率的作用。要主动做到"严纪律、葆本色、做表率"，其实就是要清正廉洁，以上率下。这次把"找差距"作为开展主题教育的总要求之一，意在强调党员干部应加强自我约束、努力自我净化、实现自我完善，以身作则，率先垂范，发挥模范带头作用。

要主动担当、积极作为，就是强调要提高办事效率、讲求工作实效，少讲空话、狠抓落实。绩效评价中心承担着全过程预算绩效管理的基础性、技术性、服务性工作，真抓实干，开拓创新，积极推进大数据技术在绩效管理中的应用。绩效评价中心自成立以来，已经实现依托税收、工商、社保等大数据开展绩效评价工作，提高绩效评价的技术水平，用事实和数据说话，提高绩效评价的客观性和准确性，切实提高财政绩效效能，以实实在在的工作业绩展现良好的财政作风。

善恶之习，朝夕渐染，易以移人。一念收敛，则万善来同；一念放恣，则百邪乘衅。财政干部务必把毛病治在平时，把问题改在当时，把律己严在每时，坚持锤炼党性从细节做起。

（作者单位：福建省财政绩效评价中心）

学习时代楷模　汲取奋进力量

李　玲

这段时间，我们一直在学习孙丽美、潘东升的先进事迹，孙丽美同志牢记党员身份，立足本职岗位，矢志拼搏奋斗的精神和潘东升同志忠诚履职，甘于奉献的精神都深深激励着我。

我是一名90后，年纪不大也不小，在平凡的岗位上工作，可能很多90后都有疑惑，生于盛世的我们，没有饥饿，更没有经历过战争，吃得饱，穿得暖，我们该如何践行党员的初心使命？孙丽美和潘东升两位党员的先进事迹或许给出了最坚定的答案，那就是——立足本职岗位，矢志拼搏奋斗，忠诚履职，甘于奉献，这就是新时代践行初心使命的生动实践。

在被洪水冲走的瞬间，因担心拉她的人的安危，孙丽美大声喊道"不要拉我"，就这样，一个四十四载的平凡生命消失在故乡的河流中。面对生死考验时，一句"不要拉我"诠释了共产党人的忠诚与担当。台风天，老百姓都往家的方向奔跑，阿美书记却一次次逆行在风雨中，关键时刻站出来，危急关头豁出去，这就是共产党人的担当和魄力。

在学习潘东升同志先进事迹时，我感慨万千，一个年过半百的老党员，做了肺部手术，手术7天后就重返岗位，长期超负荷的工作，身体已经多次预警，难道他没有感觉到身体的不适吗？肯定有的，但是在"人民公安为人民"的初心使命面前，在"永葆对党的无限忠诚"的诺言面前，他忘记了个人的安危，以奉献诠释着共产党人的忠诚与担当。

在本职岗位上拼搏奋斗，忠诚履职是我学习孙丽美、潘东升同志先进事迹的最大体会。从到学校工作开始，我就渐渐明白了职业学校教师责任更大，因为我们面对的群体更特殊，这就要求职业学校的教师要有更多的耐心和爱心去做好教书育人的工作。我仍记得,去年军训期间,两个女生情绪低落,于是我陪着她们一起哭、一起笑,一直到深夜1点多,当她们要回去睡觉时,其中一个女生含着泪对我说:"老师,不知道为什么,我就是很想跟你说话。"那一刻,我更加明白了老师的含义,也更感到自己肩上的责任重大。很多学生他们或许和父母沟通有障碍,但是他们愿意和老师沟通,这是一种信任,也是一种鞭策。

后来,我调整岗位,到了校团委工作,刚到团委,千头万绪,为了更快地了解团委工作,我几乎每天都加班,当我坐一个小时地铁回到家,看着一个人躺在床上熟睡的女儿的时候,母亲的天性也让我有过彷徨,但是,当我戴上党徽开始一天的工作时,我又坚定地告诉自己,我是一名共产党员。前段时间召开了党的十九届六中全会,我们深入学习了十九届六中全会精神,我最大的收获就是更加自信了。于国家而言,我们从站起来、富起来再到强起来,我们更加坚定地走在建设社会主义现代化国家的新征程上,对于个人而言,我对学校的发展也更加有信心了,我们学校从四五百人到今天的3000多人,在福建省海洋与渔业局的大力支持下,学校实现了跨越式的发展,我相信我们的海校会发展得越来越好。今天,孙丽美、潘东升同志的先进事迹也再一次激励着我,要更加坚定、更加自信地做好工作,作为校团委书记,我要用党员初心引领团委工作,高扬思想政治主旋律,团结带领广大团员青年为建设海洋强省奉献力量。

总之,我要将十九届六中全会精神化作做好工作的动力,要以孙丽美、潘东升同志为榜样,在本职岗位上拼搏奋斗,忠诚履职,力争在平凡的岗位上能够取得无愧于党、无愧于学生、无愧于时代的业绩。

(作者单位:福建海洋职业技术学校)

东泓炮台前的沉思

陈辛峪

　　从小到大，总有一个强烈的向往，到刘公岛去一趟。100多年前，曾经的远东第一舰队北洋海军诞生于此，覆没于此，留下无尽追思。这趟旅途如同这座岛一样命运多舛。先是在码头遇上雷雨，轮渡一度停运，登岛已近中午，却得知甲午战争博物馆因设备故障临时闭馆了！岛上所有单位也将在一点停止运营。刘公岛大雨依旧，不少游客选择返程。就在我犹豫徘徊之时，抬头仰望邓世昌石像巍然耸立，他手持望远镜，似在观测军情，海面上乌云压顶、烟雨迷蒙，我闭眼默想，耳边响起隆隆炮声，眼前浮过往日硝烟，顿觉时空交错，物我两忘。我决定住在岛上，好好领略别样的刘公岛。下午，雨过天晴，云雾消散，刘公岛恢复了秀丽风姿。岛上的展馆都关闭了，只有那栉风沐雨、敞向青天的炮台迎接我的探访。

　　刘公岛位于威海之滨，地理位置得天独厚，作为北洋水师驻地，岛上炮台星罗棋布。在众多炮台中，东泓炮台规模之大、火炮数量之多、战略位置之重要，皆罕与之匹比。从住所出来，一条以北洋水师提督丁汝昌命名的丁公路横贯东西，经新雨冲洗，连颗小石子也没有，如同洗刷去历史的耻辱，以一个清白之躯供人凭吊。沿着丁公路一直往东走，眼前的山坡上出现了一片营房，房前摆放着一门乌黑的大炮，这里就是刘公岛最东端的东泓炮台。顺着平房一侧小径拾级而上，顶部一尊巨炮威严端坐，其炮身长840厘米，有效射程10万米，炮口最大仰角22度，俯角5度，可360度全周射击，是当时最先进的海防大炮。这座巨炮建在一片突出到大海的礁石上，三面环海，背靠岛屿，周围是地堡似的环形工事，240毫米炮口正对刘公岛东部海面与南北入海口，一夫当关，万夫莫开。

我手抚大炮，望炮口所向，斜阳下水天一色，烟波浩渺，美不胜收，让人流连忘返。遥想当年这一带海域，炮火连天，血染碧波，沉船遗恨，英雄尽节。黄海大战，在火力、机动力、毁伤力都不及日舰队的情况下，北洋舰队官兵不畏强敌，拼死血战。记得小时候，看《甲午风云》，痛惜邓世昌未能撞沉吉野，后来又知道，北洋舰队官兵中还有一大批从福州船政学堂走出的优秀闽籍将领，他们大都抱有"与舰共存亡"的决心，刘步蟾、林泰曾、林永升等一批高级将领以身殉国，埋骨他乡。曾几何时，他们刻苦学习，从严格的选拔中脱颖而出，意气风发地驾驶着定远、镇远等世界先进战舰，纵横驰骋在辽阔的海域上，他们原以为可以建功立业、大展宏图，却不料北洋水师自建军之日起，七年未添一舰，8 门 305 毫米主炮只有 3 发榴弹。可叹在他们身死之后，还要饱受骂名，替腐朽的政府背黑锅、作替罪羊。丁汝昌死后，清廷下令褫职籍，没收家产，其棺加 3 道铜箍捆锁，涂黑漆，以示戴罪，并不准其下葬，以至 17 年后才得以入土为安。一百年后，人们在他们倒下的地方树立起海军忠魂碑，还他们历史的公正。

　　细看炮台介绍，我才知道，现在这些大炮其实都是按照原貌复制，那些古炮已经随着刘公岛一同陷落。纵使东泓炮台有万夫不当之勇，让来犯日舰吃尽苦头，但是它空有一身神力，却被死死地钉在炮台上不得动弹，只能眼睁睁地看着狡诈的侵略者绕过海上防御从内地登陆，眼见回天无力，只能杀身成仁。天还是那片天，海还是那片海，炮却不是当年炮，它是历史的墓志铭，引来无数后来人，在这里扼腕叹息、扬天长呼或沉思默想。甲午之痛，痛彻心扉，习近平总书记也难以忘怀。炮台北侧十米处，一块两人高棕色花岗岩矗立，"十三亿中国人要发愤图强" 12 个描红大字竖刻石上。2018 年，习近平总书记登上东泓炮台遗址，语重心长地说："我一直想来这里看一看，受受教育。要警钟长鸣，铭记历史教训，13 亿多中国人要发愤图强，把我们的国家建设得更好更强大。"在这块矗立的石碑前一站，就会感受到一种庄严的召唤。

　　甲午战后，海上国门洞开，海防荡然无存，连长江都任由外国军舰肆意横行，直至 1949 年渡江战役才结束了这段近百年的耻辱历史。一批仁人

志士踏上了救亡图存之路，戊戌变法、辛亥革命、五四运动接踵而来，十月革命一声炮响，给中国送来了马克思列宁主义，中国共产党应运而生。他们没有坚船利炮，只有一艘红船，却能推动历史前行。从八闽大地上又走出了一批年轻人，他们怀揣着"为人民谋福利""为民族谋复兴"的革命初心，摆脱了旧观念、旧制度、旧军队的种种弊端，以青春为曲，奋斗而歌，义无反顾投身革命事业，最终实现国家独立、民族解放。新一代八闽青年，接过先辈的旗帜，继续为实现中华民族伟大复兴、实现"两个一百年"战略目标而努力奋斗。

我在东泓炮台盘桓半日，临别时又在大炮前伫立了许久，它还是那样深沉静默，抬头遥望广袤的海洋，留给人们无尽的思考。

（作者单位：福建省市场监督管理局）

用红色精神涵养赤诚情怀

姜文开

习近平总书记指出："精神是一个民族赖以长久生存的灵魂。""在一百年的非凡奋斗历程中，一代又一代中国共产党人顽强拼搏、不懈奋斗，涌现了一大批视死如归的革命烈士、一大批顽强奋斗的英雄人物、一大批忘我奉献的先进模范，形成了一系列伟大精神，构筑起了中国共产党人的精神谱系，为我们立党兴党强党提供了丰厚滋养。"初心如磐，宁化就是这样一个精神饱满的地方。在这里，星罗棋布的革命遗址遗迹默默诠释着苏区精神的深刻内涵；熠熠生辉的红军长征出发地纪念馆彰显着长征精神的永恒光芒；山水相映间典雅的文昌阁屹立江畔，引领着过往来客驻足凝思谷文昌精神的时代篇章。党史学习教育开展以来，一批批青年党员干部踏入宁化这片红土地参观学习，从中国共产党人的精神谱系中涵养赤诚情怀、汲取前进力量。

在这里，传承苏区精神，感悟革命情怀。遥想当年，正是坚定的理想信念和真挚的革命热情，艰苦奋斗、无私奉献的苏区精神，指引着广大青年前赴后继踊跃参军参战、大力支援前线，把作为中央苏区的核心区的宁化，打造成为中央苏区重要的后勤保障基地，被省苏维埃政府授予"扩红模范区"和"筹粮模范区"称号，被誉为"中央苏区乌克兰"。毛主席在这里写下了"今日向何方，直指武夷山下。山下山下，风展红旗如画"的豪迈篇章。如今，毛泽东故居、曹坊三黄党支部旧址、石壁陈塘红军医院……这些珍贵的红色遗址遗迹正向我们昭示着革命先辈们的坚定信仰和必胜信念，讲述着光荣岁月的故事，让人魂牵梦绕、流连忘返。

在这里，弘扬长征精神，滋养家国情怀。千年古县的积淀，名人圣贤

的熏陶，崇文重教的客家精神，世世代代哺育着这里的人民血性和家国担当。革命的星星之火燎原，参军拥军支前，激发起他们骨子里镌刻的拳拳爱国之心。1934年10月，上万名中央红军从这里出发开始战略转移。这里成了中央红军长征最远的出发地。长征途中，宁化数千名子弟兵所在的红34师，为掩护中央机关渡过湘江，在湘江战役中折戟殆尽。中央红军到达陕北后，6000多名宁化籍红军战士仅有58人幸存。追忆往昔，北山革命纪念园、长征出发地纪念馆里，一件件革命烈士遗物，凤凰山上、下曹古民居里，一篇篇革命历史介绍，伴着嘹亮的声声军号，把参观者的思绪缓缓带入长征集结出发的那一刻。如今，历史没有忘却。在党和政府给予老区苏区的政策支持下，动车的鸣笛声吹响新的"军号"，指引老区宁化开启了全方位高质量发展超越的新"长征"。

在这里，践行谷文昌精神，涵养百姓情怀。1969年冬天，谷文昌强忍着遭受残酷批斗留下的伤痛，从福州来到宁化县禾口公社红旗大队劳动。他以身作则，捡拾农家肥、沤制绿肥提升庄稼产量；他大胆改革，实行"包工分"制度，摘掉了红旗大队的落后帽子，被老百姓亲切地称为"谷满仓"；他担任隆陂水库工程总指挥，自带铺盖、工具，住在工地、吃在工地、干在工地，彻底结束了禾口人民缺水的日子。他"不带私心搞革命，一心一意为人民"的精神，在群众心中树立起一座丰碑。"衙斋卧听萧萧竹……一枝一叶总关情"。如今，一批批青年干部来到谷文昌纪念园、隆陂水库缅怀致敬，他们庄严宣誓，将以谷文昌、焦裕禄、廖俊波为榜样，树牢公仆意识、坚守群众立场，为党和人民的事业拼搏奋斗。

红色底蕴是这片红土地的精神底色，这种底色是"风展红旗如画"衬托的，是革命烈士的鲜血染成的，是谷文昌式的党员干部用行动维系的。放眼望去，正是革命先辈的牺牲奉献和一代代青年、党员、干部的接续奋斗，铸就的一座座精神丰碑，赓续着中国共产党人的精神谱系。如今，党史学习教育如火如荼，一批又一批的青年党员干部来这里参观学习，缅怀先烈、砥砺前行，又何尝不是这份赤诚情怀的传承与延续呢。

（作者单位：福建省信访局）

传承红色基因　汲取奋斗力量

范文婷

红色，象征着光明，象征着温暖，象征着力量，象征着未来。红色是新中国的底色，红色是五星红旗耀眼的光芒，红色是中国特色社会主义的背景色，红色是实现中华民族伟大复兴"中国梦"的基调色。我心中永远有一抹鲜艳的红，这一抹鲜红，孕育于我的家乡，传承于我的祖辈。

红色基因，根植于心

"宁化、清流、归化，路隘林深苔滑。今日向何方，直指武夷山下。山下山下，风展红旗如画。"这首《如梦令·元旦》是毛主席于 1929 年底在红军挺进闽西开辟革命根据地取得了胜利后，依古律《如梦令》填的一首词。词中的宁化便是我的出生地——福建省三明市宁化县。它是中国革命史上一片红色沃土，是中央苏区的核心区、中央红军长征最远的出发地、红旗不倒的革命根据地、伟人革命的重要实践地。

在艰苦卓绝的战争年代，宁化人民为中国革命的胜利做出了突出贡献和巨大牺牲。苏区时期，仅有 13 万人口的宁化，就有 16000 多人参加红军，6000 多人走上了长征之路。为掩护党中央渡过国民党军布设的第四道封锁线，参加长征的 6000 余名宁化籍子弟兵被编入红三十四师担任全军总后卫，在湘江东侧与国民党军浴血奋战，他们视死如归、向死而生，大部分在湘江战役中牺牲，到达陕北顺利会师的仅剩 58 人。他们用行动证明了革命理想高于天，用自己的青春热血写下了中国革命史上最为悲壮的一页，铸就了长征胜利的不朽丰碑！

　　我成长在这样的一片红土地上，革命先辈的英雄事迹和共产党人的精神哺育滋养了我，穿越时空指引着我矢志不渝地追寻先辈的足迹，接续奋斗，继续前行。这种追寻与信仰已深入血脉，根深蒂固。红土地承载着红色基因，孕育着勤劳朴实、无私奉献的老区人民。而对我来说，除了红土地的滋养，让我对中国共产党满怀深情、无限热爱，还源于家庭红色基因的传承。

传承家风，引领成长

　　我接受的最早的党史教育来自我的姥姥司秀英。姥姥今年94岁，祖籍河北冀县（今衡水市冀州区），是一名有着74年党龄的老党员，也是目前宁化县唯一健在的1949年前入党并登记在册的女党员。2019年9月，姥姥获得了中共中央、国务院、中央军委颁发的"庆祝中华人民共和国成立70周年"纪念章。当年，为支援晋察冀根据地建设，姥姥17岁加入妇救会，为党组织传递情报和运送军需；19岁加入中国共产党，时常深夜接受上级的命令，出色地完成任务；1951年，姥爷被编入中国人民解放军炮兵六十四师六一〇团，奔赴朝鲜战场，姥姥三次赴朝支援前线，从事后勤工作；1955年，姥爷从部队转业，作为第一批支援福建的南下干部，姥姥、姥爷来到福建宁化。从此，故乡变成了他乡，他乡变成了故乡。

　　姥姥生而为党，红色的种子在她的身体里生根发芽，小小的身躯蕴含惊人的力量。姥爷去世后，姥姥一人撑起家庭的重担，在宁化含辛茹苦拉扯5个孩子长大。面对艰难困苦，她坚毅顽强，生活俭朴，从不向困难低头。儿时的我常常依偎在姥姥身旁，听她讲自己被组织秘密挑选入党、为根据地送军粮、做军鞋、救治伤员、送情报，以及奔赴朝鲜支前的故事。

　　当我成家立业、为人父母，再听姥姥讲述过去的峥嵘岁月，故事依旧，但我却听得泪流满面。姥姥的青春芳华和今天的我们一样绚烂，但当时的他们生活贫瘠，困难危险无时不在，却始终坚信共产主义远大理想，坚信终有一天，在中国这片土地上，笑脸将代替泪水，富裕将代替贫穷，快乐将代替悲伤。如今姥姥憧憬的美好生活已经实现，她仍时常教育我们要牢记历史，听党话、感党恩、跟党走，珍惜来之不易的幸福生活。她是我成长路上的引路者，是永远给我无穷力量，指引我前行的暖暖灯塔。

不忘初心，接续奋斗

在家乡和家庭双重红色基因的影响下，我有着与生俱来的爱国爱党情怀，这种朴素的深情对我而言就像星辰守护大海，不曾离开。大学时，我是班级第一批入党的两名预备党员之一，作为优秀毕业生考入福建省政府驻北京办事处工作；工作后，我不负组织信任，牢记使命，对党忠诚，积极工作。担任机要秘书期间，只要工作需要，随叫随到，保守国家秘密，忠于职守，甘于奉献，保障单位机要文电工作零差错，被福建省委办公厅评为"全省密码工作先进个人"；在人事处工作期间，我快速学习熟练各项业务知识，遵守组织人事工作纪律，坚持原则，熟悉政策，妥善处理困难棘手问题。作为一名青年干部，我积极投身党务和群团工作，不断提高自身综合素质。

驻京工作任务多、责任重，当工作遇到困难时，想想家乡的革命先辈，为了革命理想，遇到了多少艰难困苦，甚至是抛头颅洒热血也在所不惜。自己这点苦和累又算得了什么？很快，我又能充满动力，兢兢业业把事情做好。

多年驻京，远离父母，常常有"忠孝不能两全"的困惑。这时，我会想起姥姥年轻的时候，她当时遇到的困难和问题是我的十倍、百倍，但她始终不改初心、一往无前。家里人也总是和我说，在北京安心工作，家里的事不要操心。

单位的厚爱、家人的关怀，激励着我勇往直前。既然选择了远方，就只顾风雨兼程。我虽渺小，但也是新时代建设大潮里的一朵浪花，也是中华民族伟大复兴工程里的一颗螺丝钉，能和祖辈、父辈一样，为中国更加美好的明天贡献我的力量。

青春向党，奋斗有我，强国有我。愿青年干部都能以"自信人生二百年，会当击水三千里"的豪迈气概，不负时代机遇，不负青春韶华，不负

组织重托，勇做新时代的奋进者、开拓者，努力成长为忠诚干净担当的青年干部，书写无愧于时代的青春之歌，在描绘新时代中国特色社会主义新篇章中绽放青春光彩。

（作者单位：福建省人民政府驻北京办事处）

弘扬廖俊波精神　做新时代的"奋进者"

罗　威

廖俊波同志是新时代党员干部中的优秀楷模。他心系群众、务实为民，带领3万余人顺利摆脱贫困，创造了"俊波速度"。在中国共产党百年华诞前夕，习近平总书记特地给廖俊波同志母亲季平英同志回信，充分肯定和赞扬了廖俊波忠心向党、全意为民、无私奉献的精神。而在学习了解了廖俊波同志的事迹后，我深深感悟到：廖俊波同志身上，不仅传承了一百年来无数先辈的红色基因，更是这个时代无数共产党员践行革命宗旨、为民初心，担负起时代重任的真实写照，是"两个一百年"历史交汇点上一道最美的风景线！

学习廖俊波精神，是红色基因的坚定传承

党史学习学什么？在参加党史学习教育活动的过程中，这个问题始终萦绕在我心头。

一百年的时光，对于整个人类历史而言并不算长，但近一百年对于我们党，对于整个中华民族，却是沧海桑田、波澜壮阔的一百年。从1921年中国革命的红船从嘉兴起航，到1949年中华人民共和国的成立，再到如今一个富强、民主、文明的社会主义强国在东方的崛起，这里面有无数的历史事件值得学习，无数的革命理论、经验教训值得深思。但还有一点不容忽视，那就是在这其中涌现出的英雄人物、革命先辈、时代楷模们的革命精神与人格力量，同样值得学习与传承。

在战争年代里，方志敏、杨靖宇、刘胡兰、黄继光等革命先辈抛头颅、洒热血，为中华人民共和国的成立奉献生命；进入新中国，从焦裕禄、孔繁森到杨善洲、廖俊波，他们同样为了人民能够过上好日子而鞠躬尽瘁、无私奉献，他们的革命精神一脉相承，他们的人格力量跨越了时空。习近平主席曾说"中国革命历史是最好的营养剂"。而这血脉相传的红色基因，这无私奉献的人格力量，正是我们在党史学习中最需要学习的方向，最需要汲取的营养。

践行廖俊波精神，是为民初心的最佳体现

"把自己当柴烧，照亮世界"，这句话是对廖俊波精神最形象的概况。作为一名基层干部，廖俊波同志对群众始终充满感情，任何时候都关心着基层实际和群众利益，哪怕在生命最后一刻打出的最后一个电话，依旧在安排部署工作。廖俊波同志曾说，要用自己的"辛勤指数"换得群众的"幸福指数"，他的精神不仅让我对全意为民有了更新的理解，也让我立足本职、爱岗奉献的动力更足、信念更坚。

作为一名从事养老FOF基金投研的普通党员，在日常的投研工作中，我更需要坚持"信托责任"和"持有人利益为先"的工作原则，像廖俊波同志那样忘我工作、拼闯实干，用心做好重点基金研究与投资产品推荐，积极服务客户养老需求，将帮助投资者真正获得收益和实惠当作自己最重要的事情去做。

同时，在具体工作方法上，我也要学习廖俊波同志深入一线、扎根基层，"能在现场就不在会场"的务实作风，不断扩大基金研究的覆盖范围和调研深度，挖掘分析维度、提高研究频次，用"专业"与"务实"的态度践行廖俊波精神，展现自己作为一名共产党员的担当与责任。

弘扬廖俊波精神，是新时代青年的使命担当

在回信中，习近平主席特别强调，对于廖俊波精神的传承与弘扬，关

键在于"继续推进他们为之奋斗牺牲的伟大事业，让老百姓都过上更好的日子"。

的确，一切伟大的成就都是接续奋斗的结果，一切伟大事业都需要在继往开来中不断推进。作为一名金融从业人员，我们每个人不仅要履职尽责、兢兢业业，把自己的工作做好，更要主动接过时代的"接力棒"，围绕"四个更大"要求砥砺前行，把"加快建设现代化经济体系""为人民创造高品质生活"等作为梦想而不断努力，不断提升自己的专业能力和服务意识，推动公司加速向"以客户需求为中心"的业务模式进行转变，为提升人们的养老投资意识，提高人民养老保障能力贡献青春，竭尽所能为公司实现"建设一流证券金融集团"的战略目标贡献一份力。

同时，作为一名新时代的党员，我们更要像革命先辈们那样"肝胆干事"，聚焦"中华民族伟大复兴"的更高使命，担负起新时代继续前行的重任，像革命先辈与英雄模范们那样脚踏实地、不懈奋斗，做新时代的"奋进者"，用属于我们的声音谱写新时代中国特色社会主义伟大事业的壮丽凯歌！

（作者单位：兴业证券股份有限公司）

追随红色足迹　践行初心使命

郑李林

一个世纪以前，在浙江嘉兴湖畔的一艘游船上，一群有志青年点燃星星之火，革命的种子在此落地生根，炽烈的火苗在此处迸发出盎然生机。从"小小红船"到"巍巍巨轮"，从星星之火到百万雄师，从饥寒交迫到全面小康……百年来，中国共产党带领中华儿女站起来、富起来、强起来。百年薪火，世界已经见证中国青年的力量。回望百年巨变，仰望未来星空，我心底对党的热爱更加炽热，跟党走的步伐愈加坚定。

很幸运，95 后的我，出生在和平年代，在新时代的摇篮中成长。我们是幸福的一代，没有经历过啃树皮嚼草根的饥寒交迫，没有经历过"环堵萧然不蔽风日"的忧居愁住。表达态度、彰显个性是我们的穿着标签，创新生活、生态宜居是我们的居住取向，四通八达、朝发夕至是我们的出行常态。我们这一代一边扮演着主角，一边充当着观众，一边演绎，一边记忆，用时间见证了祖国和自己一同成长。

我们的祖辈跟党走，走进了一个崭新的中国。"没有共产党就没有新中国"，这是奶奶在家最常唱的歌。奶奶今年已有 47 年党龄了。小时候，我常常疑惑奶奶为何对这首歌情有独钟。慢慢地我从奶奶的故事里，知道了他们那代人独有的人生经历，知道了"共产党辛劳为民族，他领导中国走向光明"。

10 年前，奶奶亲自执笔，撰写《我的父亲》，洋洋洒洒数百万字的书稿。奶奶的父亲，我的太爷爷林汝楠。15 岁时，就离开出生地，到"莆师"求学。而后投入抗日救亡行动，共产主义信念在他心中扎了根。1939年，25 岁的太爷爷在厦门大学求学期间光荣地加入了中国共产党。大学毕业后，根据党的指示，返回家乡闹革命。他毅然投笔从戎，进入山区，同有识之士领导闽中革命，投身于血与火的战斗，用青春和热血为解放事业奋斗。1949 年后，太爷爷征尘未洗，又跨鞍奋进，先后到多所高校就职。为了培养人才、建设福建，太爷爷等老一辈共产党人倾注了全部心血和精力。读着奶奶的书稿，那个血雨腥风的年代跃然纸上。

奶奶时常叮嘱我："丫头，你长大了，一定要好好学习，跟党走，像太爷爷一样多做一些能让百姓铭记一辈子的好事。"奶奶的故事，在我幼小的心田里种下了永远跟党走的种子。

我们的父辈跟党走，走进了改革开放的春天。生在新社会，长在红旗下。父亲、母亲积极入党，将自己最饱满的激情与热爱洒在了工作岗位上。他们用敬业奉献回馈着党的这份恩情。父辈对党的拥护与爱戴，在我的成长道路上持续不断地影响着我，让我愈加认识到中国共产党的百年征程波澜壮阔，百年初心历久弥坚。心中永远跟党走的种子得到源源不断的滋养，并迅速拔节生长。

我们这代青年人跟党走，必将走进大有可为的新时代。2003 年，我刚上小学，背着书包，走进校门，广播里放着《我们是共产主义接班人》，我也跟着唱出了声，激昂的旋律、铿锵的歌词，敬佩与自豪充满了我小小的心灵。2012 年，初中二年级，我凭借优异成绩，成为首批共青团员。2019 年，我研究生毕业，有幸进入了国网福建物资公司。聚共识、聚人心、聚智慧、聚力量，在建设信息强国、数字中国和智慧社会等国家战略下，经历了孜孜不倦探索后的我，也同样诚挚而又热烈，释放着激情。

我深知其职责不仅仅是完成分内任务，更要为福建电力发展贡献自己的力量。为此，我积极参加公司组织 ECP2.0 专项培训，进一步推进"业务全上线、数据不落地、流程智能化、应用一键式"，实现物资采购全业务全流程电子化运转。在工作实践中，我不断拓展知识技能，丰富知识储备。与部门同事一起，完成国网公司总部 ESC 采购专题分析场景部署上线任务，统筹推进 ESC 二级统建场景上线运行，不断推动现代供应链管理，全方位、全链条的质量变革和效率变革。"推进智慧供应链融合发展、开创物资服务云直播模式、聚焦双满意工程提高客户满意度、提升采购效益

效率"，这些工作在悄然铺开，没有华丽的花环与表彰，只有实实在在的服务与贡献。这是福建电力公司蒸蒸日上的发展事业，也展现我们青年员工助力公司改革发展的精神风貌。

2020年，突如其来的疫情震撼着我们每一个人，我们看到了中国人民的团结，看到了"一方有难、八方支援"的可贵精神，更看到了我们国家电网不一样的地方，看到了我们更加先进、更加团结、更具奉献精神的地方。在疫情最严重的时期，国网福建物资公司物资采购部第一时间成立了以共产党员带头的疫情攻坚小组，全力开展应急物资寻源，累计为全省采购19种防疫物资共计1579万元，为全省电力疫情防控提供了有效的支撑。我和小伙伴们争分夺秒，全力以赴按下复工复产"加速键"，编制疫情期间招标采购"一基地一方案""一批次一方案"，为电力防疫增添了一份强有力的保障。

在抗击疫情的这段时间里，我深深感受到了"小我"与"大我"同频共振。明白了"把个人的理想追求融入党和国家的事业之中"的真正内涵。

虽然我目前还不是党员。但我正积极向党靠拢。习近平总书记说过，"统一战线是夺取革命、建设、改革事业胜利的重要法宝"。我们公司重视统战工作，倾听我们声音，相信会让我们相互之间更加团结，这种凝聚力会化为我们每个人在工作中的战斗力，会化为每个人学习进步的动力。

作为一名青年员工，在电网物资改革发展巨浪的时代使命前，立志做一名"以奋斗提升幸福，以业绩体现价值"的新青年。第一个"新"是我们身处在新时代。在以习近平同志为核心的党中央坚强领导下，中国特色社会主义进入了新时代。我国日益走近世界舞台中央、不断为人类做出更大贡献。主动还是被动，迎难还是退缩，顺势还是逆流，新时代为每一个人提出了新的拷问，只有奋斗才是最终的答案。永葆统战成员主人翁意识和立足岗位建功立业的责任感，将时代意志融入个人生命史诗中，才能一步步迈过新时代的考验。第二个"新"是新物资。为更好地服务中国经济发展，2020年我们第一时间成立防疫物资采购组，打赢了疫情防控阻击战；进一步优化营商环境，勇攀数字物流新高地；助力企业复工复产，实现物资采购全业务全流程电子化运转；聚焦精益管理、提质增效，共创"双满意"局面。每一名物资人都是新时代的见证者，也是物资现代化的建设者。第三个"新"是新青年。五四薪火，百年相传。怒发冲冠，那是赵家楼里燃起的烈焰；横眉冷对，那是鲁迅在铁屋子里发出的呐喊；国富民强，那是爱国赤子执着淳朴的心愿。100年后的今天，中国青年又一次站在时代的十字路口。广大青年生逢其时，也重任在肩。中华民族伟大复兴，绝不是轻轻松松就能实现的，我们必须准备付出更为艰巨、更为艰苦的努力。而习近平总书记早已为吾辈今日之青年指明了成长与奋斗的方向，那就是爱国、励志、求真、力行。

"没有共产党就没有新中国……"历经岁月的洗礼，这首红色歌曲至今仍广为传唱。我们比历史上任何时期都更接近、更有信心和能力实现中华民族伟大复兴的目标。处于这样一个伟大的新时代，我想，作为一名青年员工，我要和我的祖辈、父辈一样，坚定理想信念，怀揣初心，实干担当，立足岗位，砥砺奋进，为新时代电力事业的新发展贡献我们的青春和力量。

（作者单位：国网福建省电力有限公司）

同心抗疫篇

闻令即动　善作善为

陈文斌

　　新冠肺炎疫情突如其来，病毒肆虐、疫情蔓延，人民生命安全和身体健康受到严重威胁。党中央高度重视，习近平总书记亲自指挥、亲自部署，打响了疫情防控的人民战争、总体战、阻击战。疫情就是命令，防控就是责任。全省检察机关闻令即动、尽锐出战，主动担当、积极作为，充分发挥检察职能作用，全力以赴投入疫情防控阻击战中，为统筹推进疫情防控和经济社会发展提供有力有效检察服务保障。

全面动员　令出行随

　　党中央一声号令，战"疫"全面打响。全省启动重大突发公共卫生事件一级响应。福建省人民检察院迅速成立由霍敏检察长任组长的全省检察机关应对疫情工作领导小组，制定下发《全省检察机关应对新型冠状病毒感染肺炎疫情工作方案》《关于充分履行检察职能服务保障打赢疫情防控阻击战的通知》，全面动员、全面部署。专门成立涉疫情防控检察业务指导工作领导小组，下发《关于细化落实疫情防控期间检察业务工作相关要求的通知》等文件，统筹协调、全面发挥"四大检察、十大业务"职能防疫战"疫"。市县两级检察院对应成立领导小组和指导机构，形成检察一体、上下联动、内外协同的工作格局。福建省人民检察院先后召开数十次党组会、领导小组专题会议，第一时间传达学习习近平总书记重要讲话、重要指示批示精神，以及中央、省委、最高检相关文件和会议精神，统一思想和理念，紧跟形势政策变化调整部署和行动，坚持上下步调一致、工

作一贯到底，做到自身防控和提供检察保障有序有效有力。

打击犯罪　助力防控

医护人员、疫情防控人员不惧风雨、逆行出征，正在同时间赛跑，与病魔较量，在疫情防控战场上发起一次次冲锋。广大群众众志成城、踊跃参与，共同谱写感天动地的战"疫"史诗。为他们的安全提供有力法治保障，为疫情防控创造有利的法治环境，则是我们检察机关的职责和使命。福建省人民检察院将涉疫情案件纳入重大敏感案件快速反应机制，每逢有此类案件，检察干警均第一时间介入侦查、引导取证，依法从快从严批捕、起诉。莆田仙游谢某某酒后大闹疫情防控定点发热门诊并殴打民警，检察院迅速介入侦查、引导取证，并以涉嫌妨害公务罪批捕，受理后四日即完成审查提起公诉。厦门市思明区周某某等三人殴打社区疫情防控人员，检察院迅速介入，做到同步侦查、同步审查，批捕环节实现当日审查、当日批捕，起诉环节仅三日完成审查起诉工作，依法从严提出量刑建议。厦门市集美区蓝某某利用微信虚假售卖口罩诈骗70余万元，检察院第一时间介入、快捕快诉，通过扎实的证据锁链促使被告人认罪悔罪。全省检察机关共提前介入涉疫情案件400余件，批捕430余人、起诉880余人，严厉惩治扰乱医疗秩序、防疫秩序、市场秩序、社会秩序和破坏野生动物资源等各类违法犯罪，有效震慑违法犯罪行为。

严格依法　消弭对立

"疫情防控越是到最吃劲的时候，越要坚持依法防控，在法治轨道上统筹推进各项防控工作，保障疫情防控工作顺利开展。"全省检察机关时刻牢记习近平总书记的重要讲话重要指示精神，始终坚持严格依法办案，注重矛盾化解，实现办案政治效果、法律效果、社会效果有机统一。针对疫情初期发生的3起在确诊或确认疑似之前逃避防控的案件，公安机关以（过失）危险方法危害公共安全罪立案。罪与非罪、罪轻罪重，直接关系到是有效震慑犯罪、维护秩序，还是"过度追诉"引发群众焦虑和恐慌。福建省人民检察院领导小组迅速组织专家人员对 3 起案件进行集体研究，立足法律监督职责和客观公正立场，统一认定标准，严把案件质量关，并强化跟踪指导，确保案件最终依法妥善处理。我们还积极适用认罪认罚从宽制度，对涉疫情案件犯罪嫌疑人加强教育引导、宣传疏导，做好释法说理，促进认罪悔罪，化解社会矛盾、消弭对抗情绪，已审结的涉疫情案件中适用认罪认罚从宽制度比率达 85％。三明市梅列区陈某某、刘某某哄抬物价售卖口罩涉嫌非法经营罪案件中，检察院依法惩治犯罪的同时，通过释法教育，促使被告人真诚悔过，积极退出全部违法所得，并主动向所在社区和相关企业赠送口罩等防疫用品。

"六稳""六保"　检察有为

"做好'六稳'工作、落实'六保'任务至关重要。"按照习近平同志为核心的党中央重大决策部署，全省检察机关即时跟进、善作善为，切实做好检察环节服务保障"六稳""六保"工作，促进疫情防控常态化下经济社会高质量发展。泉州市丰泽区某企业负责人郭某、邱某涉嫌虚开增值税专用发票案中，检察院积极适用认罪认罚从宽制度，对二人依法做出相对不起诉决定，保障二人所经营的两个公司顺利复工复产，获得企业人士好评和《法制日报》的肯定。三明检察机关在开展行政执法检察监督工作中，发现市场监督管理局将不具有严重违法失信行为的福建省某食品有限公司列入严重违法失信企业名单，遂依法发出检察建议，市场监督管理局采纳并将该公司从严重违法失信企业名单中移出，为企业复工复产扫清障碍。

（作者单位：福建省人民检察院）

2020 年福建养老服务领域疫情防控侧记

夏慧秀

2020 年，是不平凡的一年。

除夕那一天，我拟完一份关于养老机构疫情防控工作的通知后，上街去买菜，路过花店，被娇艳的郁金香吸引了视线，欢喜地买了一束，抱着回家。那时的我，没有想到，这是 2020 年春天，我唯一一次拥有闲情逸致的机会；也没有想到，过不了多久，有成千上万束非洲菊、郁金香、蝴蝶兰，在这个特别的春天里，没来得及开放就被清理；更没有想到，上亿人的命运，在这个春天被改变。

2020 年的春天，一开场就是生死速度，是惊涛骇浪，是无数平凡人化身为英雄的战场。在福建养老服务领域，也上演着一场场防控疫情的阻击战、持久战。

在一家家养老机构，许许多多的养老护理员夜以继日，坚守一线。岗位就是战位，为了避免人员进出带来的疫情传播可能性，养老机构请假工作人员返岗需要经过 14 天以上的隔离观察期，原在岗护理员尽量安排在院中作息，有的护理员在院中一住就是 50 多天。他们有的是父母还捧在手心的乖乖女，有的是家有中考生的母亲，有的是儿子准备结婚的父亲。在这没有谁能预料到的、史上持续最长的上班时间里，他们一边要安抚院内老年人的焦虑情绪、安慰家里人的担忧牵挂，一边也要不断鼓励自己：坚持下去，坚持下去，少一次换岗就少一次感染疫情的可能，少出一次院门就给院里的老人少带来一份风险。

我认识的三明市国德康养中心负责人梁生亮，在这个春天又瘦了一圈，身高 160 厘米的他已经不足 90 斤。就是这副瘦弱的身板，在疫情防控期间，每天坚持查房、值夜班，带领机构全体人员，落实封闭式管理、消毒、分餐送餐、体温监测等防控措施，为院里 150 多名长者筑起了一道坚实的屏障。他觉得最艰难的时候，不是身体到达困倦的顶点，而是没有办法采买到口罩。他眉头紧锁，经常到门卫处反复叮嘱，反复检查：一定不能让任何一位可疑人员进来。正是这些一线从业人员的坚守，为全省养老机构的长者辟出了疫情中的一方净土。当国外部分养老机构疫情肆虐时，我们的机构却成为长者的桃花源、守护伞。

在千乡万镇，无数民政部门的养老服务管理人员，践行着"民政为民、民政爱民"的信念与承诺。他们急养老机构所急，想方设法帮助筹措口罩、消毒液等物资；想养老机构所想，千方百计协调解决老人看病、防疫知识宣教、精神慰藉等难题。他们分组分片包干，到一线指导养老机构疫情防控工作，到村里走访特殊困难老年人，了解他们的情况，解决当前遇到的问题。夜幕降临，他们才回到办公室，忙着统计数字、研究对策。夜深人静，我和他们仍通过微信群、电话不断沟通联系。这些从一线汇聚的数据、呼声，最后转化为政策措施落地见效。

福建省民政厅时任厅长池秋娜 1 月底就争取把"一老一小"疫情防控工作列入了省联防联控领导小组统一部署，抓住疫情防控的关键期，比民政部部署早了整整 1 个月；赵荣生副厅长经常加班加点，逐字逐句修改通知文件，奔着问题去、盯着目标抓，和基层的诉求想在一起、干在一起；厅疫情防控领导小组紧急筹措下拨 1000 万元专项资金和 8 万个口罩、2.43 万件隔离衣等物资，为养老机构送去了及时雨、注入了强心针。

涓涓细流汇成大海，点点星光点亮银河。在以习近平同志为核心的党中央坚强领导下，全国人民汇聚万众一心、众志成城的力量，赢来了防控疫情的阶段性胜利。在全球疫情蔓延的地图上，划出了中国这一片朗朗晴空。福建省养老服务领域的疫情防控工作，也随着局势向好，进入常态化防控阶段。

没有一个冬天不能逾越，没有一个春天不会到来。习近平总书记说："只要有坚定的理想信念、不懈的奋斗精神，脚踏实地把每件平凡的事做好，一切平凡的人都可以获得不平凡的人生，一切平凡的工作都可以创造

不平凡的成就。"我是福建养老服务领域一位平凡的工作者，在这个不平凡的时代里，生逢其时，便重任在肩。"岂曰无衣？与子同裳。""修我甲兵，与子偕行！"

2020 年，注定是载入史册的重要一年。2020 年的福建养老，也注定是值得浓墨重彩渲染的一章。在这一个春天里，我们被改变、我们在失去，但我们收获了更多的爱与感动、责任与担当。时光流逝，难关会过去，伤痛会渐渐抚平，而关于美好的向往，仍会在每一个春天继续吟唱。

（作者单位：福建省民政厅）

聚战"疫"先锋力量，诵女所可贵精神

林梦婷

2020年初，新冠肺炎疫情暴发，一场全民参与、全国"一盘棋"的人民战争就此打响。无数可歌可泣的"逆行者"在第一时间奔赴一线，或白衣为甲，用血肉之躯筑起抗疫防线；或枕戈待旦，用平凡坚守点燃希望之光。

"在这场同严重疫情的殊死较量中，中国人民和中华民族以敢于斗争、敢于胜利的大无畏气概，铸就了生命至上、举国同心、舍生忘死、尊重科学、命运与共的伟大抗疫精神。"在全国抗击新冠肺炎疫情表彰大会上，习近平总书记深刻阐明了抗疫精神的丰富内涵。

在这个向险而行、默默坚守的人群中，有这样一支特殊的警察队伍。她们是来自福建省女子司法强制隔离戒毒所的民警，面对疫情，她们"若有战，召必回"，在第一时间奔赴一线，坚守岗位，只为将病毒隔绝在高墙之外，守护戒毒人员的生命健康安全。面对来势汹汹的疫情，她们"舍小家、为大家"，真正地做到了在困难和艰苦漩涡面前豁得出、顶得上、扛得住，她们是柔肩担重任的巾帼英雄，她们用行动谱写出女子所可歌可泣的精神画卷。

"奔涌前浪"，战"疫"一线党旗红

在战"疫"一线，女子所的党员干部们作为抗疫的排头兵，充分发挥"前浪"的先锋模范作用，在抗击疫情斗争中展现出共产党人的政治本色和精神品格。

疫情当前，六大队的大队长黄磊戴上党徽，主动请缨奔赴一线，在高墙内封闭执勤了整整 63 天。膝关节积液让她在背地里常常连蹲下都困难，但在戒毒人员面前，她永远精神抖擞、斗志昂扬。疫情期间，她有条不紊地统筹大队的大小事务，被誉为"定海神针"的她，就是大队安全和稳定的保障。她不仅是一队之长，还是这个特殊的"三警家庭"的一家之长，她的丈夫是派出所民警，儿子是边防警察。他们一家三口两个月无法团圆，但她毫无怨言，在给儿子的信件中，她深情地写道："妈妈为你骄傲，为我们的警察之家感到自豪！未来的日子，你守好国门，我守好戒毒所，爸爸守好辖区的千家万户。只因我们是警察，责任和坚守是我们的使命！"

在女子所中，还有很多像黄磊大队长一样的"前浪"。在她们之中，有的即将退休却再次请战，有的孩子尚在襁褓，却强行断奶出征……"我是老党员，请组织让我先上！""我曾经参加过非典抗战，我申请再次出征！"一封封请战书纷至沓来，一声声有力的口号依次响起。是她们用行动诠释了迎难而上、不畏艰难、敢于冲锋的女所精神，用担当守护了一方的安全稳定，让鲜红的党旗在战"疫"一线上高高飘扬。

"翻滚后浪"，团旗紧随党旗扬

高举团旗跟党走，立足岗位献青春。在这场抗疫的战争中，女子所 80 后、90 后的民警们组成了"青春向党，疫不容辞"青年突击队，彰显出共青团员对岗位的热忱和担当。

94 年的民警陈舒悦，元旦刚刚成婚，本要蜜月旅行的她在接到单位的"召回令"后，没有丝毫犹豫，立刻驱车从连江赶回单位，备战疫情。她对丈夫满怀愧疚，但她说："这是我作为一名人民警察、共青团员必须听党指挥，服从命令的责任担当。"

作为党的助手和后备军，不少团员在战"疫"期间的表现都可圈可点。场所内，她们是讲解防疫知识的"小喇叭"，记录战"疫"故事的"战地小记者"，也是抚慰心灵的"疗养师"……她们跟着老党员，学业务，练技能，砥砺于磨难，丰富于实践，成长于斗争。更有不少团员在老一辈党员的激励下，火线递交了《入党申请书》，请求组织在疫情期间考验自己。

"前浪"带着"后浪"跑，团旗跟着党旗飘。抗疫期间，女子所的年轻团员们在抗疫一线不娇气、不矫情，用热忱的工作态度、进取的敬业精神和与时俱进的创造力，书写了女子所"后浪"们善于学习、乐于吃苦、敢于创造的时代精神。

在疫情面前，女子所的"前浪"和"后浪"齐心抗疫，众志成城，共同诠释了"女所精神"——那就是大无畏的革命精神、履职尽责的奉献精神、同舟共济的团结精神和自强不息的奋斗精神。这样的一笔精神财富，是习近平总书记所阐述的"抗疫精神"的坚决落实，是决胜抗疫的"硬核"支撑，也是女子所的全体民警们继续披荆斩棘、乘风破浪的力量源泉。

惟其艰险，方显勇毅。虽然目前疫情已经取得了阶段性胜利，但是女所的民警们从未松懈，她们依然坚持着目标不变、靶心不变、频道不换，誓与病毒对抗到底。抗疫仍在路上，疫情一日不散，她们就绝不卸甲！秉承在战"疫"中锻造的信念，弘扬在斗争中淬炼的"女所精神"，她们必将在新的长征路上征服一个个"娄山关""腊子口"，实现一个又一个新的胜利。

（作者单位：福建省司法厅）

抗击疫情 我在行动

何 文

2014年4月，我积极响应省委号召，前往平和县九峰镇振阳村，成为第四批省派驻村第一书记中光荣的一员。2017年12月，我再一次积极响应省委号召，来到了平和县九峰镇澄溪村，成为第五批省派驻村第一书记。扎根农村的这几年里，我和村民同吃同住，补民生短板，戮力脱贫攻坚，建立起了深厚的情谊。

筑牢抗疫防线 党旗高高飘扬

2020年的除夕，我陪着家人准备过一个团圆祥和的除夕夜。然而，今年的气氛却和往年有很大的不同，新冠肺炎疫情的消息不断从媒体发布出来，在医院上班的妻子已经接到了取消春节休假的通知，她不断向家人强调疫情防控的严峻形势与居家隔离的必要性。我待在家里心神不定，开始紧张起来，我牢牢牵挂着驻点村的安全。

"村民们知道这个消息吗？"我心里嘀咕，"他们能安心做好居家隔离吗？村里有武汉返乡的吗？在防控工作升级之前，他们有四处串门吗？"我越想越不放心，在两委工作群里通知："新冠疫情肆虐，大家密切留意，发现发烧咳嗽人员及时向乡镇和我汇报。"福建省启动重大突发公共卫生事件一级响应后，我再次打电话和村两委商议、布置疫情防控工作，要求深入摸排武汉返乡人员情况并做好防控科普宣传。1月27日，我决定提前返回驻点村，投入到紧张的防控工作中去。

"我们要做好宣传工作，告诉大家不聚集，不外出，做好自我隔离的重要性。我们要定时上门为湖北返乡的村民提供生活必需品，为他们的居家隔离做好后勤保障。我们还要做好摸排工作，对返乡经过湖北，或者未外出但身体出现异常的村民做好体温监测等相应措施。"动员会上，我向村两委强调，"做好防控工作有'三靠'：一靠政策，防控工作离不开上级党委政府的安排和指导，要紧紧围绕在上级党委周围；二靠党员，省委书记于伟国强调'要充分发挥基层党组织的战斗堡垒作用'，在座的各位要发挥自己的先锋模范作用；三靠群众，发挥村民的动员能力，激发群众内生动力，紧紧依靠群众，广泛动员群众、组织群众、凝聚群众，全面落实联防联控措施"。我化用习近平同志在宁德时期指导古田县库区移民工作的"三靠"，按照各级党委、政府部署向村两委干部提出要求。同时，还动员了20多位党员志愿者，参与到防控工作中。

在国内疫情接近尾声的时候，境外疫情却暴发了。"有位村民过几天要从柬埔寨回来！"村书记告诉我。之前，因为宣传与摸排工作做得到位，有村民提前把这一消息通知了村两委。我们第一时间跟踪到他的行程，并重点实时跟踪管控、精准管控，严防疫情输入风险。

网络直播带货　降低疫情影响

经过两年多的驻村帮扶，澄溪村不仅脱贫摘帽，还在产业发展上走出了自己特色的路子，初步形成了"乡村旅游＋茶产业"两驾马车的发展模式：一是依靠澄溪村优美的生态环境，结合"国家森林乡村"这块牌子，返乡创业青年曾清森创办的"印象半径"乡村旅游公司已经成为小有名气的网红打卡点，高峰时期日均游客达2000人以上；二是作为平和县白芽奇兰茶产地之一，结合漳州农业局颁发的"茶产业特色村"牌子，澄溪村党支部与漳州农好康电商公司、平和阳山茶厂合作，创建了"闽一口"白芽奇兰茶，带动了澄溪村茶产业的发展，受到社会各界的喜爱。但即便复工复产多时，很多扶贫项目重新启动，新冠肺炎疫情仍造成了数百万的损失。如何降低新冠肺炎疫情的影响，巩固脱贫攻坚成效，摆在了我的面前。

在福建省商务厅的支持与指导下，我带着"闽一口"白芽奇兰茶与"印象半径"伴手礼，走进了"全闽乐购"直播间，搭上了直播经济的快车。同时，我带领着澄溪村党支部，在"抖音"平台上办起了"好山好水好澄溪"的直播带货活动。直播期间放出的旅游景区门票、伴手礼以及白芽奇兰茶一上线就被网友"秒杀"一空。全网曝光量逼近200万，吸引5513名网友驻足拼单，点赞量超12万。此次直播被《福建日报》、今日头条、福建三农网等多个媒体报道，受到广泛好评。

接下来，我将紧紧依靠商务厅，依靠相关政策，发展农村电商，培育几个网红农货，几个网红农民，通过强化产业支撑，降低疫情影响，巩固脱贫攻坚成效。

（作者单位：福建省商务厅）

海上生明月　抗疫共此时

蔡章炜

　　闽东，是习近平总书记"魂牵梦绕"的地方，从三进下党，到著作《摆脱贫困》，再到心系赤溪脱贫群众，无论是在宁德地区担任地委书记，还是在中央担任党和国家领导人，习近平总书记始终日夜牵挂着广大福建人民。

　　当前，我国的新冠肺炎疫情防控取得阶段性重要成效，社会、经济秩序正在加速地恢复中。与此同时，国外的疫情却呈加速扩散蔓延的态势，我国疫情输入压力在持续加大。对此，我国采取了"外防输入、内防反弹"的防控方法。

　　福建是中国著名的侨乡，现旅居世界各地的华侨、华人及留学生有1580多万人，以亚洲、北美洲和欧洲为主，东南亚地区占78％，有1200万。境外一些国家疫情严重失控，尤其是东南亚国家，医疗条件相对落后，有的已经无法很好地治疗新冠肺炎患者，导致一些人可能通过海上渠道非法入境我国进入福建省，给防疫工作造成很大困难和不便，同时也是一颗定时炸弹，随时会破坏我国现有较好的防疫形势，所以海上境外疫情防输入工作尤其重要。海上疫情防控与陆地不同，我国海域广、海况气象时常恶劣，目标具有不确定性、危险性和隐蔽性，所谓"大海捞针"，这都是海上执法的重点和难点。

　　有一支省直机关的执法队伍，他们传承发扬习近平总书记提出的"弱鸟先飞、滴水穿石""埋头苦干、久久为功"的精神，常年战斗在海疆一线，兢兢业业地守护着八闽海疆，他们就是福建省海洋与渔业执法总队。

壹 "迟来"的年夜饭

"爸爸,好久没见你了,你今天几点的动车?"电话里儿子热切期盼地问着老许。

"爸爸正准备收拾行李,做好执法船交接班工作就买票回家,和你吃年夜饭!"海上执法忙,与妻儿匆匆一别又有 34 天了,听到稚子的声音,老许也有些激动,儿子估计又长高了,今年总算可以回去陪家人过个团圆年,吃个除夕饭了。

"中国渔政 35001"船隶属于福建省海洋与渔业执法总队直属一支队,有 20 多位青年干部职工常年随船驻守在宁德霞浦三沙镇,负责闽东海域海洋与渔业执法工作。老许在船上任大管轮,当年放弃外轮几万的高薪,毅然考入海上执法一线工作。

2020 年 1 月 23 日 10:00 时,武汉关闭出城通道,国家卫健委等多部门发布《关于严格预防通过交通工具传播新型冠状病毒感染的肺炎的通知》,要求做好汽车、火车、飞机等交通工具和车站、机场、码头等重点场所卫生管理工作,最大限度防止疫情扩散蔓延。疫情来势汹汹,作为闽东最大的一艘公务船,任务必然艰巨。

1 月 24 日除夕,闽东某公务码头,已办理好休假手续的老许放下打包好的行李,退掉已购的车票,重新投入到工作岗位中。防疫工作的部署、演练,防疫物资的领取与使用,紧张严肃的工作俨然让执法人员忘记了除夕夜和"年"的味道。

"儿子,爸爸今年不能陪你和妈妈过年了,等忙完这一阵子,我给你和妈妈补吃一顿年夜饭。"家总是游子最大的牵挂,一点相思,两点乡愁。在除夕夜,望着海上升起的那轮明月,触动男儿的泪腺,却隐忍不轻弹。"儿子,等爸爸忙完这阵再给你补一顿年夜饭。"

坚守岗位 30 多天后,海上疫情防控逐渐趋于稳定,老许踏上返程的列车,与家人过了一个"晚年"。

贰　拦截不速之客

"各单位请注意，有情报显示，在东引岛以东 20 海里处，有一艘来自疫区的外籍船舶向我省沿海持续抵近，请迅速出航，做好拦截登检准备！"指挥中心下达出动指令。

"全体船员紧急集合，即刻起航！"朱船长的一阵紧急集合广播和轰鸣的船主机划破闽东夜空，一阵阵指令有条不紊地下达，执法船离开码头，再次消失在茫茫夜色中。大海茫茫，朱船长深知要在夜色中锁定发现并拦截一艘船舶困难重重。"中国渔政 35001"船是一艘 17 年船龄的老船，没有先进的仪器设备，无法远距离识别其他船只。"条件不够，功夫来凑"，朱船长查阅当日目标海域的风流海况，计算出了嫌疑船舶的可能移动的轨迹，再借助导航雷达设备，第一时间锁定目标船舶。

外籍船上情况复杂，不能明确船员的数量、国籍、出发及目的港，船员是否有携带病毒，种种的不确定性也加大了执法的难度。执法船上无人退缩，既然穿上这身制服，顶着这顶国徽，就要守好海上国门，完成好海上疫情防输入工作，将疫情挡在国门之外。执法船迅速开往目标海域，一步一步接近外籍船。

凌晨时分，"中国渔政 35001"船第一艘抵达目标海域。一阵阵东北风夹着巨浪向船拍打过来，即使是老船员也很难避免晕船、呕吐。

"执法人员请注意，请迅速换装，携带好执法卫生检疫设备，做好登临检查嫌疑船舶的准备。"朱船长下达指令。"XXX 船，我是'中国渔政 35001'船，请迅速表明身份，报告情况。"通过国际商船公用频道 VHF－16（甚高频），朱船长向目标发起专业的询问。察觉中国公务船的到来，外籍船调整了航向，逐渐驶离福建省沿海，转向公海。全员并无松懈，顶着强风劲浪全程监视伴航，直到十几个小时后外籍船消失在东海的深处！

叁　湿透的制服

习近平总书记指出，青春由磨砺而出彩，人生因奋斗而升华。面对突

如其来的新冠肺炎疫情，身处闽东的福建省海洋与渔业执法总队直属一支队青年执法队员们坚守岗位，放弃假日，不畏艰险、冲锋在前，积极投身闽东海域的防控疫情海上输入工作。

在宁德三都澳，鱼排养殖户、进出的外籍外省商船及渔船众多，人员流动频繁，防疫情况也较为复杂。自5月伏季休渔伊始，防疫的连体服、护目镜、体温枪、头盔及手套就是这群青年们"最时尚"的新衣。闽东夏日烈日炎炎，爬船登检是每日必修课，执法队员们穿戴防护套装对进港船舶进行身份核对，对船员体温进行测量，对船舶进行检查，一组检查动作完毕早已大汗淋漓，湿透制服，模糊了护目镜。不放过一船一人，青年执法队员们用晶莹剔透的汗水去完成省局党组和总队党委的各项部署，"两手都抓，两手都硬"，做好本年度的伏季休渔和防控疫情海上输入工作，无悔青春。

30年前，在闽东的田间地头，习近平总书记鼓励乡亲们摆脱贫困，发扬弱鸟先飞、滴水穿石的精神，坚定信心、埋头苦干、久久为功，积极建设美好家园。

30年后，闽东天堑变通途、旧貌换新颜，人民有了越来越多的幸福感、获得感，在闽东海上防疫的执法队员们发扬"弱鸟先飞、滴水穿石""埋头苦干、久久为功"的精神，坚守海上防疫一线，用青春的热血和汗水向党和国家递交一份满意答卷。

（作者单位：福建省海洋与渔业局）

校园里的最美逆行者

郝哲欣

2020年注定是不平凡的一年，2020年春节更是一个特别的春节，在这个特别的节日里，"假期模式"切换成"工作状态"，老师们不害怕，不畏缩，积极做好防疫工作及孩子的教育工作，网络送课、教学教研、健康上报、监督排查、上传下达、填写各种表格、编辑各种文件……在无限的忙碌中实践着自己最平凡的诺言。

仲夏将至　我们温情重逢

春风十里，不如校园有你。

在经历了一个难忘而又漫长的寒假后，我园接到上级通知——幼儿园可以复学啦！

激动、忐忑、斗志昂扬……喜悦而又复杂的情绪涌上了朱娜珍园长的心头。

外有舆论压力："幼儿园开学有风险！"

内有他园示范："我们只开园半天，孩子上午来下午走！"

此时，如何合理、合情、安全地复学，能让大班的孩子度过一个难忘的毕业季便成了全体金山幼儿园老师的唯一目标。

顶住压力，园长朱娜珍决定："我们作为省示范性幼儿园，一定要开学。而且孩子既然来了，我们就要尽最大的努力让他们安全愉快地度过这个毕业季。为了让家长们可以安心工作，我们决定孩子依旧全天入园。"

为了卫生，我们全园精细消毒，大到每一个活动室，小到每一块

积木。

为了安全，我们严格把控幼儿入园信息，落实防疫制度，时时关注、时时查检。

为了降低人员密度，金山幼儿园全体教师都在一线轮岗，保证每个班级只有 10 名孩子。

终于，在 6 月 30 日，2020 届大班毕业典礼完美落幕。家长们看了孩子们的毕业典礼的视频，十分感动。其中一位家长说："一场突如其来的疫情让一次普通的分别变成了遥遥相望。对于大班的孩子来说，他们是多么渴望回到幼儿园，和自己亲爱的小伙伴、老师们好好道别。感谢金山幼儿园全体老师的坚持和付出，让孩子们的童年没有遗憾，更为他们的幼儿园时光画下最完美的句号。"

冬去春来　我们爱不止步

疫情来袭，有人逆风前行、守护大家。

他们是医生、是护士、是警察……对孩子来说他们也是爸爸、妈妈。

得知自己班级的鑫屹小朋友的妈妈即将奔赴抗疫第一线，中二班全体教师第一时间和孩子的爸爸取得了联系。为了让孩子能够克服离开妈妈的分离焦虑，他们日夜关怀，悉心呵护，用无微不至的爱，温暖孩子脆弱的心，成了名副其实的"临时妈妈"。

凌晨 5 点，陈妈妈接到电话。"陈老师，我想妈妈了，我好担心她，她是不是不要我了，都不接我电话？""孩子，你的妈妈是世界上最爱你的人，但是她也是世界上最勇敢的人，她去打怪兽病毒了，还有好多的叔叔阿姨，他们是最厉害的战士。"晚上 8 点，"林妈妈"电联鑫屹。"宝贝，又到了我们的电话小游戏时间啦，今天你想听故事还是猜谜语呢？"日复一日的坚持与从不止步的关爱，终于让鑫屹从分离焦虑中走了出来。

3 个月后，从抗疫一线退下来的妈妈发来了一段真挚的感谢："感谢老师们对鑫屹的关怀，历时 3 个月的抗疫。每一天我都对孩子有着无尽的想念。是你们常常和我微信留言，时时反馈孩子的近况，让我在精疲力竭的时候拥有了抗击疫情的最强的动力和决心。这次回家，鑫屹对我说：'妈妈，你知道吗？现在我有三个妈妈，他们是你和陈妈妈和林妈妈，你们都是我最好的妈妈。'"

坚守寒冬　我们砥砺前行

最安静的春节。清冷的大街，寥落的小巷。这个世界仿佛被按下了暂停键，鸦雀无声。但是，王瑾老师家里却异常忙碌，嗒嗒嗒的键盘声，微信群里络绎不绝的语音信息充斥了整个房间。王老师是金山幼儿园新型冠状病毒防控工作小组成员及上报联络人，疫情就是命令，防控就是责任。在接到上级通知的第一时间，她和疫情防控小组全体成员就在朱娜珍园长的指导下，翔实制定各类防控方案、预案、制度。为了保质保量完成工作，她在家中特意准备了办公区域，手机、电脑24小时待机："老师们，辛苦大家把疫情期间的防控须知发给家长们，请家长朋友了解疫情的严重性。""老师们，请大家务必认真梳理自己及家人的行动轨迹，我们对疫情一定要严防死守，认真排查。""请大家认真查看填表说明，确保每个班级上报的信息无误。"

每天，王老师都要在幼儿园微信群发送各种防疫知识和通知，上传下达，认真落实着零报告、日报告制度，日统计、日上报，不落下一个幼儿、不丢掉一名教师。为了最及时地收集和掌握师生们的行动轨迹和异常信息，做好疫情防控，王老师常常工作到半夜，第二天清晨又早早地在群里发起了通知……

曾经，我们为白衣天使们勇战疫情的豪迈气概所感动，为公安交警们舍小家顾大家的牺牲精神所激励，为所有抗疫一线人员的众志成城所振奋，而今，我们也是走在校园中最美的逆行者。

（作者单位：福建省妇女联合会）

抗疫中默默奉献的"小我"

郑秋娟

抗击新冠肺炎疫情,一场没有硝烟的战争。中国移动福建公司南平分公司党委认真贯彻习近平总书记关于抓好疫情防控、助力企业复工复产的重要指示精神,带领所属党支部和全体党员坚守岗位,用一个个默默奉献的"小我"筑牢抗击疫情的坚实堡垒,用行动践行了共产党员的初心和使命。

"党员就应该带好头!"

南平建瓯分公司党支部魏宗强同志接到疫情防控监控跟踪需求任务后,立即投入到紧张的进场施工工作中。每天早出晚归,带领团队 10 余人,奋战在支撑保障的基层一线,完成 57 个点位的监控安装。

2020 年 1 月 28 日起至 2 月任务完成,他几乎没回家吃过一餐午饭,他说:"我也不是不回家,只是回也白回,一天都在外面,衣服也没消毒,回了家又给家人添麻烦,不如就吃点泡面应付一下。"

2 月 1 日安装工作即将结束,以为可以暂时缓口气,电话又响了:"小强,建瓯小桥、玉山政府云视讯在使用过程中需要我们支撑终端现场教学。"他没有犹豫:"没问题,我马上就到。"女儿拉着他的手说:"爸爸,爸爸,你不是说今天在家陪我玩的吗?"他抱起女儿说:"奥特曼出去打一下怪兽,一会儿就回来。"话毕,轻轻放下女儿,转身又出门了。

当大家夸奖他时,他笑着说:"我是党员,就应该带好头,拿出党员的样子!"这只是南平移动一名普通共产党员的缩影,同样默默奉献的故事还很多，都彰显了"疫情在前、移动人不退"的责任担当，用实际行动展现共产党员的先锋模范作用。

"俊波速度"携手战"疫"

南平政和分公司党支部践行"俊波精神"，敢于担当，不畏困难，争分夺秒，所属"樵夫"党员先锋队以53个小时的"俊波速度"完成了政和全县10个乡镇、街道及县城相关卫生医疗单位14个点位、间隔500多公里的视频会议系统开通调测。

需求如命令。1月30日下午3点，政和分公司党支部主动了解到政和县医疗行业急需解决指挥调度和多方会议问题，在市公司党委支撑下，第一时间成立政和县总医院云视讯项目建设支撑小组，由支部书记牵头在1个小时内完成工作方案制定。

时间如战鼓。时间紧、任务重、路程长，"樵夫"党员先锋队在湿冷的天气中忘了恐惧、忘了疲惫。仅用1个小时，于1月30日16：13即首先完成政和县医院"云视讯"的现场安装及调测。

但设备不够是摆在彼时最重要的困难，先锋队员周彦同志毫不犹豫地说："我去福州取！"特殊时期风险不可预知，为了加快医疗系统"云视讯"建设，1月30日他连夜往返福州取回设备。高强同志认真看完防疫要点后说"我年轻，身体素质好，医院由我来"，主动申请驻点县医院完成"云视讯"平台建设和调测工作；范慧珍同志跟踪协调14个卫生医疗机构视频会议设备点位安装沟通工作，将一对年幼的子女交由父母，两天时间不能回家。他们默默无闻、甘于奉献，只为全力以赴保障医疗行业指挥调度工作。

满意即肯定。2月1日20：00完成了全县10个乡镇、街道及县城相关卫生医疗单位14个点位的视频会议系统开通调测，保障了地方政府顺利召开新型冠状病毒感染的肺炎疫情防控沟通会。

疫情期间，南平移动各支部累计完成39个"云视讯"终端会场、15527个软终端会场的开通任务，提供118套远程设备、123台和对讲终

端，投入金额 100 多万元，为全市医疗系统的抗疫工作提供了坚实的通信保障。

"云视讯" 助力复工复产

针对疫情防控期间企业招聘需求，南平移动党委快速响应对接南平市人社局，推出由南平市人力资源和社会保障局与南平移动共同举办的全市"云视讯"线上视频网络招聘活动，助力本地企业复产复工，践行企业社会责任。

先试先行。南平移动率先在建阳区先试先行，打造建阳区线上网络招聘平台。通过试点，梳理优化内部流程，快速复制全市推广。

搭建平台。为用工企业开通"云视讯"软终端业务，对 18—60 岁本地适龄目标群体发送招聘短信息，同步线上官微宣传。借助"和易报"功能收集应聘人员报名信息，并提供"云视讯"APP 业务试用，实现用人单位线上招聘和面试工作。"政府搭台、企业唱戏、移动助力"，解决了疫情期间人员不易接触、难聚集，招聘难的问题。

培训支撑。市县联动组成重点保障小组，对接各家企业及人社局工作人员，开展专项流程培训。并做好招聘服务预案，利用"云视讯"、微信等方式确保准备工作支撑到位。

线上招聘。成功与南平市人社局联合举办 10 场县市"云视讯"线上专场招聘及 1 场全市大型线上招聘活动，吸引全市企业参加 767 家次，提供岗位 2 万余个，接受报名 10016 人，视频面试 6000 多人次，意向率达 48.63%。

通过信息技术手段，南平移动党委努力做到让政府更放心、让企业更舒心、让员工更安心，在企业复工复产中贡献信息化力量。

抗疫期间，南平移动党委发挥领导作用，切实担负起疫情防控责任；各党支部发挥战斗堡垒作用，坚定站在疫情防控第一线；全体党员发挥先锋模范作用，带头坚守本职岗位。这样一个个默默奉献的"小我"，融入和汇聚成"大我"，用行动去践行了习近平总书记提出的"广大党员、干部要冲到一线，守土有责、守土担责、守土尽责，集中精力、心无旁骛把每一项工作、每一个环节都做到位"的精神。

（作者单位：中国移动通信集团福建有限公司）

绘出抗疫战线"青"一色

谢梦倩

春节以来，新型冠状病毒来势汹汹，每日跳动的数字牵动着无数人的心。邵武能源公司团委按照该公司党委和上级公司团委关于疫情防控工作的要求，组织公司团员青年积极投身疫情防控的各项工作，汇集凝聚全员"青"力量，绘出抗疫战线"青"一色。

黄色是活力，是顽强——保发电、勇坚守，他们有高招。

即使疫情如狼如虎肆虐，但是运行团支部的青工们始终奉行"坐如钟、站如松、行如风"，监盘、协调、巡检，认真细致，样样顶好，他们只为万家灯火合家欢。

镜头一："师傅新年快乐，我给您测量下体温。呀，口罩戴好还要压紧鼻夹，才能保证完全贴合哦。"除夕夜，三期集控室外，即将接班上岗的集控人员正在接受体温检测。在这次疫情中可以明显感觉到，年轻人对待疫情的灵敏嗅觉以及重视程度。即使不能在家吃年夜饭，运行的青工们还是首当其冲，主动承担起了"防疫宣传员""体温检测员""口罩规范员"以及"酒精杀毒员"的任务。他们不单单是为了保护自己，更是为了保护他人，为了保证机组具备随时启动的能力，他们虽不是奋战在抗疫一线的医护人员，却也是以另一种与疫情战斗的方式坚守在保电一线的。

镜头二：嘴里咬着手电筒，手上正在飞快地书写着，这是正在进行主厂房设备防汛防潮检查梳理的青工的特写。由于复工后的邵武已进入雨季，为了保证机组正常开机生产的需要，每日细致排查生产现场的防汛防潮情况，便被这群认真负责的年轻人承接了下来。只见他们一路逐一排查排污泵、建筑物以及各开关室的漏水情况，检查电器设备的加热装置投入运行状态，并对过程中发现的问题进行整合梳理。他们深深地明白，对于电力企业来说，生产就命令，安全就是责任。在防控疫情的特殊时期，摸清公司手中的"家当"的状态，保证机组具备安全可靠的启动条件，正是电力人的使命与担当。

蓝色是沉稳，是守护——保设备、勇担当，他们有绝招。

作为全厂设备的"主治医师"，维护团支部的青工们可谓是个个"身怀绝技"，为保疫情期间机组在最佳状态，他们也时刻"在状态，忙起来"。

镜头三：跟随着93％班组成员都是青工的热控班，来到了4号机组的零米层，映入眼帘的是一双正在调节阀门的乌黑的手，还有几个凑在就地控制柜前调试的脑袋。"奇怪，按钮按下去，居然不运作?""气压怎么又不够了?"头一回遇见这类故障，大家虽然有些丈二摸不着头脑，但是却不慌，你一言我一语地开始分析起了原因，找出图纸研究起了逻辑架构。只见他们捣鼓了好一阵，在排除气源管路堵塞后通电送气，发现气动门时好时坏，最终判断为电磁阀故障。于是，这群年轻人二话不说，断电断气，更换新的电磁阀，重新通电送气后，气动门终于正常工作了。他们长吁了一口气，"背上工具包，戴好安全帽，我就是零米层最靓的仔"。

镜头四：这天，维护部的会议室传出了久违的授课声，循声望去，原来是电气二班的青工们趁着抗疫趋稳、春暖花开的良机，开启了福建公司继电保护比武的练兵模式。其实，早在一个月前，电二班的微信群里就发起了迎接比武的动员，作为本次技术比武的主力军，电二班的青工们开始了"抗疫＋比武"的积极备战——只要有聚集在一块讨论，就必须戴好口罩；只要有去现场实践，就必须保持安全距离；只要开始学习，就必须按照计划推进和验收……疫情下的练兵模式虽然绷紧了电二班年轻人的心弦，但是为公司争取荣誉、不断突破自我的决心，也让这群年轻人加速成长、成才。

红色是火热，是信念——保后勤、勇作为，他们有妙招。

机关团支部的青工们虽然大多不是生产一线，但是作为全厂的后勤保障，他们也在这场没有硝烟的战"疫"中默默奉献着、战斗着。

镜头五：复工以来，部分从外地赶回来的员工被统一安排至招待所"隔离观察"，一日三餐由食堂安排人员送餐。在知悉食堂人手不足后，机关团支部的团青们积极出动，主动对接后勤部和安全环保部，志愿挑起为隔离人员送餐的任务，并做好每日检测体温、精神鼓励，安抚"隔离人员"急躁情绪，为他们送去贴心问候。送餐结束后，这群志愿者们没有马上去食堂用餐，而是戴上红袖章，在食堂门口和内部当起了"安全监督员"，此举不但空出了食堂阿姨可以去做事，鲜艳的红马甲也让特殊时期的规定显得更加重要。

镜头六：机关所属的部门多，事务杂，劳心劳神也是家常便饭，疫情下要正常开展工作，保障公司生产后勤，对分布在各个职能部室的青工们，也提出了不小的考验。虽然形势严峻，但是镜头里却分明显示着：疫情暴发的第一时间，他们勇作为，及时采购口罩和医用酒精，为公司解决后顾之忧；他们勇作为，为邵武市疾病预防控制中心送去近 660 千克医用酒精，肩扛社会责任；他们勇作为，确保疫情期间企业资金正常运转，经营管理有序进行；他们勇作为，用手中的笔记录下一个个战"疫"路上动人的故事，传播宣扬正能量……他们都是机关的团青们，他们在用自己的方式，互相支撑，只为一同渡过难关。

在当前公司生产工作和防疫抗疫工作的重要时期，邵武能源公司的团员青年们将继续冲锋在前、主动作为，为助力打赢这场战"疫"，绘出青春的颜色，贡献青春的力量。

（作者单位：中国华电集团有限公司福建分公司）

福建广电人：最美的时代记录者

谢淑贤

> 不吵，不堵车
> 晚上 7 点，像凌晨 3 点
> 武汉，像被按下了暂停键
> 热闹，被病毒藏起来了
> ……

2020 年 1 月 23 日，武汉封城，街道空无一人，只有一辆辆救护车，闪着蓝光，呼啸而过。过了 5 天，1 月 27 日夜晚 8 点，万家灯火，900 万武汉人一齐开窗，唱起了国歌，歌声嘹亮，响彻云霄……那一刻，刚刚抵达武汉的福建 135 名医护"战士"，百感交集，护目镜下，两眼湿润。这一天，是庚子年的大年初三，本该是万家团圆的日子，而他们却选择告别家人，白衣执甲，"逆行"出征。

这是一场没有旁观者的人民战争，党中央是战"疫"的核心与后盾。从 1 月 25 日正月初一，到 2 月 12 日正月十九，短短的 19 天，中央政治局常委会围绕疫情防控工作，连续召开三次会议，习近平总书记亲自指挥、亲自部署，再三强调"把人民群众生命安全和身体健康放在第一位""基层党组织和基层干部要广泛动员群众、组织群众、凝聚群众，全面落实联防联控措施，构筑群防群治的严密防线"……这一切，都是习近平总书记坚持"以人民为中心"执政理念的生动体现，展现了习近平总书记心系人民的深厚情怀。于是，疫情从武汉到全国，支援又从全国到武汉，爱和希

望比病毒蔓延得更快。福建首批支援武汉的"白衣战士"前脚刚到武汉，第二、第三批的后援均已待命，随时出征。

如果说，荆楚的大地上，白衣战士彰显的是医者仁心和八闽儿女的家国情怀，那我们广电人则是与全省防疫工作者，一同陪武汉"过关"，并肩作战的历史记录者。镜头和话筒是我们的武器，键盘和鼠标是背景音乐，那么，"四力"践行就是职业赋予的责任和使命。你看，无惧生死的目光，希波克拉底的誓言，还有那昼夜奋战的身影……一帧帧画面、一个个音符，都有我们福建广电媒体人的默默付出。

融媒体资讯中心的记者，共产党员艾迪，9月8日在北京人民大会堂，被授予"全国抗击新冠肺炎疫情先进个人"。这无上荣光的背后，则是他逆行的职责与担当。1月31日，大年二十八开始，艾迪全身心地投入到抗疫的宣传中，深入福建省收治新冠肺炎患者定点医院，与医护人员同频共振。那一次，他全副武装——内外两层防护服、双层口罩、双层橡胶手套和护目镜，在病区度过6个小时。病区出来，他全身是汗，耳根疼得失去知觉。然而，这样的体验，每天都在医护人员身上重复上演。温暖的镜头，真实地再现了福建一线医护人员的艰辛与大爱。他说，要让更多的人知道，有一群人正为我们负重前行。

彻夜奔走在福建各地防疫第一线，不仅仅是艾迪，还有一大批的最美广电人：交通广播记者廖庆升放弃春节假期，不顾安危，冲到前线，接连到高速出入口、火车、客运站、年检站等人流量最大的场所，带回疫情防控检测点的第一手资料；90后的记者李宗尧，策划了"阻击疫情我在岗"，向公众传递各行各业稳定生产、保持供应的措施与成效；屏山记者站的赖黎萍，她的身影出现在每一次疫情发布会的现场，作为一名拥有11年党龄、20年的新闻工作经验的"老兵"，她说疫情当前，自己责无旁贷；而融媒体资讯中心的记者卢爽，则将目光聚焦在湖北前线的福建医务人员和他们的家属，努力挖掘最美逆行者背后的动人故事……

这些画面，有着时代动人的光芒，有着直击灵魂的感动，更重要的是向世人展示党中央、省政府坚持"以人为本"，团结战"疫"的信心和决心。有人说，中国和外国抗疫的最大区别：中国以人为本，不计代价，不计成本，不惜一切抢救生命。的确，在新冠病毒仍在国外肆意传播的今天，只有始终将人民放在心中的最高位置，才能打赢这场"阻击战"。《抗击新冠肺炎疫情的中国行动》的白皮书，已向世人宣告与展示中国特色社会主义制度的最大优势。

2020年是全面建成小康社会和"十三五"规划收官之年，也是脱贫攻坚决战决胜之年。2020年的上半场，已取得阶段性的胜利，中国的经济正走向复苏。习近平总书记强调，"时不我待、只争朝夕的精神投入工作"。对此，福建广电人已站在时代的最前沿：用最快的速度，最全面的报道，助力福建生产，奏响全媒体时代的最强音。

（作者单位：福建省广播影视集团卫视中心）

诚信八闽行　战"疫"我先行

黄碧莲

2020 年是极不平凡的一年。年初突如其来的新型冠状病毒感染肺炎疫情，打乱了几乎所有人的生活节奏。无数的医护人员奔赴抗疫一线，投入到抗击新冠肺炎疫情的战斗中。虽然如今疫情形势已不再如当初疫情暴发时那般严峻，但是至今回忆起那段时间所经历的种种，依然刻骨铭心。

2020 年是难忘的，也是值得被铭记的。2020 年的里程碑上，镌刻着中华大地上许多人与疫情斗争的印记，镌刻着中华民族不惧挑战的决心信心。新冠肺炎疫情的出现既是大自然对生命的一场考验，也是对民族凝聚力的又一次检验。"祸兮福所倚，福兮祸所伏。"2020 年启于灾难，寓于新途。

回首战"疫"之路，我们难以忘怀太多的人、事、物。我们难忘，疫情期间全体医护人员的倾力付出；我们难忘，奋斗在每个抗疫岗位背后的全力坚守；我们难忘，那段艰苦时期全民族上下的凝心聚力；我们难忘，战"疫"期间来自社会各界的广泛支持……

相比于奔赴战斗一线的医护工作人员，我于战"疫"的贡献犹如微末。只是作为亲身经历并参与过抗击新冠肺炎疫情的一员，我想讲述一下我单位福建省诚信促进会和我自己的战"疫"故事，来铭记这段令人难以忘怀的时光。

一、福建省诚信促进会的战"疫"故事

福建省诚信促进会作为 5A 级社会组织，在抗击新冠肺炎疫情过程中发挥了不可或缺的社会组织力量，积极捐款捐物，利用自身公众平台宣传

防疫，以书画助阵抗疫。

（一）捐款捐物助抗疫

为打赢这场疫情防控阻击战，福建省诚信促进会及各副会长单位、理事单位等多方力量积极参与到捐款捐物助力中来。2020 年 2 月 3 日，春节假期结束后的上班第一天，由福建省诚信促进会领导班子成员个人带头，全体职工参与，通过福建省红十字会，向福建省新型冠状病毒感染肺炎医疗救治定点医院捐赠 31.2 万元善款。为支援奋战在疫情防控一线的公安民警，福建省诚信促进会于 2 月 18 日将圣农集团捐赠的 1500 个口罩转赠给福州市公安局上街（高新区）分局。

（二）宣传防疫助复工

福建省诚信促进会积极利用网站、微信等多渠道宣传疫情防控常识，更新疫情进展情况，为抗疫助阵加油，助力复工复产。据统计，2 月份在福建省诚信促进会微信公众号发布疫情防控相关宣传信息达 84 条，3 月份达 59 条，2—3 月总计阅读量达 38954 次。其中，由福建省诚信促进会会长陈伦、党委副书记兼《诚信》杂志社社长林鸿坚、杂志社副主编吴辉锋撰写的《福建省诚信促进会：全员行动助力打赢疫情防控阻击战》在新华信用、新华财经、福建信用网转载。福建省诚信促进会持续为疫情防控发挥诚信宣传示范力量，助力复工复产。

（三）诗书画印齐助阵

众志成城抗疫情，诗书画印齐助阵。福建省诚信书画艺术院院长林德冠带头创作了诗歌《伟大的阻击战》。副院长陈一峰捐赠画作助力抗击新型冠状肺炎疫情。福建省诚信书画艺术院的艺术家们，拿起了他们手中的笔杆用艺术战"疫"，创作了《众志成城抗击疫情诗书画印助阵加油》书画系列。福建省诚信促进会常务理事、福建省实验闽剧院院长周虹演唱了闽剧戏歌《坚决打赢疫情防控阻击战》，向奋战在战"疫"一线的工作人员致敬。福建省诚信促进会会员单位福州中山小学以创意书画来战"疫"，向最美"逆行者"学习、致敬！

二、我的战"疫"故事

我个人于疫情的贡献实在微不足道。我印象最为深刻的便是我在疫情期间协助同事完成了人民银行专项再贷款和中小微企业纾困名单的报送的工作。虽然我只是这项报送工作过程中的一枚小小的"螺丝钉",但是看到很多受疫情影响的企业因这些政策受益,我感觉我至少在其中发挥了力量,那段时间的加班加点没有白费。

诚信八闽行,战"疫"我先行。战"疫"时光是一段难忘的回忆。抗击疫情,也让我更加坚定了听党话、跟党走的人生追求,希望今后我能在习近平新时代中国特色社会主义思想的指引下,继续发挥青年力量,投身新时代中国特色社会主义伟大事业中。

(作者单位:福建省诚信促进会)

经济发展篇

以习近平经济思想为指引
全力服务保障全省经济社会发展大局

徐文彬

习近平经济思想是我们党推动经济发展实践的理论结晶，是中国特色社会主义政治经济学的最新成果，对我们破解发展难题、增强发展动力、厚植发展优势，做好经济工作具有重大指导意义。

作为服务省委改革财经工作的专责机关，要不断增强"四个意识"、坚定"四个自信"、做到"两个维护"，坚持以习近平经济思想为指导，持续深化省委"三四八"贯彻落实机制，紧紧围绕党中央决策部署及省委中心工作，在研究谋划上求精求深，在统筹协调上主动作为，在督促落实上全程跟进，把财经服务各项工作抓紧抓实抓细抓到位，努力为促进全省经济社会平稳发展、全方位推进高质量发展超越再建新功。

学深"大战略"，在新的思想维度上准确把握经济大势

习近平总书记指出，"经济工作是中心工作，党的领导当然要在中心工作中得到充分体现"。党的十八大以来，习近平总书记先后做出"三期叠加"、经济发展进入新常态、经济由高速增长转向高质量发展等重大判断，明确提出深化供给侧结构性改革、坚持新发展理念、建设现代化经济体系等战略举措；2020 年，习近平总书记又因时因势、深谋远虑地提出，中国正在加快形成以国内大循环为主体、国内国际双循环相互促进的新发展格局。这些都使我们进一步深化了对做好新形势下经济工作的规律性认识。

"沧海横流有砥柱，万山磅礴看主峰。"我们要持续加强对习近平经济思想的学习领会，心怀"国之大者"，自觉在大局下思考、在大局下行动，用好新思想中蕴含的战略思维、创新思维、辩证思维、底线思维等马克思主义科学方法，放大格局，拓宽视野，站在未来看当下，立足世界看中国，跳出福建看福建，找准定位，抢占风口，积势蓄势谋势，推动福建省更好地融入"双循环"、促进"双循环"、支撑"双循环"，以福建之"稳"服务全国之"稳"，以福建之"进"助力全国之"进"。

悟透"大逻辑"，在新的前进坐标上精准赋能经济发展

习近平总书记强调，要"坚持实践第一的观点，不断推进实践基础上的理论创新"。将《习近平新时代中国特色社会主义思想学习纲要》《习近平谈治国理政》和《习近平在厦门》《习近平在宁德》《习近平在福州》《习近平在福建》等系列采访实录结合起来学习，从"滴水穿石"到"脱贫攻坚"，从"生态福建"到"美丽中国"，从"数字福建"到"数字中国"，从"海上福州"到"海洋强国"……在时间的长镜头下，我们可以深刻感受到，习近平经济思想源于实践又指导实践，是植根中国大地、符合中国实际、具有中国气派的科学理论，释放出深厚的"地气"和旺盛的活力。

"百舸争流千帆竞，勇立潮头奋者先。"省第十一次党代会对深入贯彻落实习近平总书记对福建工作的重要讲话重要指示精神，全方位推进高质量发展超越，奋斗谱写全面建设社会主义现代化国家福建篇章做出新的部署，为我们指明了前进方向，提出了更高要求。我们要学深悟透新思想的理论逻辑、实践逻辑、时代逻辑，从中汲取智慧力量，按照省委的部署，注重"远近"目标衔接，促进"内外"循环并行，优化"山海"区域协作，推动"大小"企业共进，加快"新旧"动能转换，进一步扩大发展优势，在新起点上不断开创新局面。

做实"大责任",在新的时代方位上有效应对经济变局

习近平总书记指出,"当前,我国处于近代以来最好的发展时期,世界处于百年未有之大变局,两者同步交织、相互激荡"。突如其来的新冠肺炎疫情,叠加复杂多变的国际形势,进一步加剧了"大变局"之"变"。在习近平总书记亲自指挥、亲自部署下,举国同心,统筹推进疫情防控和经济社会发展工作,取得显著成效。实践证明,习近平经济思想是推动中国经济巨轮乘风破浪、行稳致远的"定海神针",是"大变局"时代对冲一切"变量"的最大"常量"。

"于非常之时,担非常之责,建非常之功。"当前,全球疫情和世界经济形势依然复杂严峻,不稳定性不确定性较大,发展中遇到的很多问题是中长期的,必须从持久战的角度加以认识和应对。我们要按照习近平总书记的要求,准确识变、科学应变、主动求变,立足职能定位,把提高效率、提升效能、提增效益贯穿各项工作全过程,当好研究谋划的"助手"、统筹协调的"巧手"、督促落实的"能手",不断提升服务省委改革财经工作的质量和水平,努力为新发展阶段新福建建设做出新的更大贡献。

(作者单位:中共福建省委全面深化改革委员会办公室)

消除绝对贫困后要聚焦"四新"

郑子峰

党的十九届五中全会指出，"十四五"时期是我国全面建成小康社会、实现第一个百年奋斗目标之后，乘势而上开启全面建设社会主义现代化国家新征程、向第二个百年奋斗目标进军的第一个五年。在这个新发展阶段，持续推进巩固拓展脱贫攻坚成果与乡村振兴有效衔接，着力补齐经济欠发达地区民生事业短板，接续推进脱贫地区发展，不断增强脱贫群众获得感、幸福感、安全感，是加快实现农业农村现代化的应有之义，也是全面建设社会主义现代化国家的必然要求。

把握新发展阶段，将巩固拓展脱贫成果
作为农业农村现代化的基本盘

站在中华民族伟大复兴战略全局和世界百年未有之大变局的历史交点，面对新冠肺炎疫情全球大流行、国际环境错综复杂的时代背景，以习近平同志为核心的党中央，高瞻远瞩、审时度势、科学决策，立足我国制度优势、治理效能、经济基础、市场空间等多方优势和条件，在危机中育先机、于变局中开新局，带领中国进入高质量发展的新阶段。

党的十九届五中全会提出了新发展阶段的指导思想、远景目标和重点任务，把优先发展农业农村作为一项重点工作，强调"三农"问题仍是全党工作的重中之重，提出加快实现农业农村现代化。在新发展阶段实现农业农村现代化，关键是要实现巩固拓展脱贫攻坚成果同乡村振兴有效衔接等重点方面，坚定不移走中国特色社会主义乡村振兴道路，全面实施乡村

振兴战略。

巩固拓展脱贫攻坚成果是实现农业农村现代化的基础性工作。2020 年后有效衔接乡村振兴，持续巩固拓展脱贫攻坚成果，不仅关系到脱贫地区发展、脱贫群众致富，更关系到农业农村现代化进程。因此，要站位高远，谋划全局，将巩固拓展脱贫攻坚成果纳入农业农村现代化、建设社会主义现代化国家的大局中进行系统分析、科学把握、全面部署，以提高脱贫群众生产生活水平、促进脱贫地区经济社会发展助力农业农村现代化，以农业农村发展成果赋能脱贫群众稳定脱贫、脱贫地区加快发展，让脱贫群众、脱贫地区与全国人民一道共享中国之治的辉煌成就。

锚定新发展目标，实现巩固拓展
脱贫攻坚成果同乡村振兴有效衔接

党的十八大以来，以习近平同志为核心的党中央从全面建成小康社会宏伟目标出发，把脱贫攻坚工作纳入"五位一体"总体布局、"四个全面"战略布局，做出一系列重大部署和安排，全面打响了精准扶贫精准脱贫攻坚战，取得了全面胜利。现行标准下 9899 万农村贫困人口全部脱贫，832 个贫困县全部摘帽，12.8 万个贫困村全部出列，区域性整体贫困得到解决，完成了消除绝对贫困的艰巨任务，创造了又一个彪炳史册的人间奇迹！

然而，与城镇居民相比，脱贫群众的收入水平整体较低；与经济较发达地区相比，脱贫地区在教育、医疗、住房、交通、人居环境等方面存在一定差距，基础设施和公共服务水平仍需持续提升。

党的十九届五中全会提出，到 2035 年，城乡居民人均收入将再迈上新的大台阶；基本公共服务实现均等化，城乡区域发展差距和居民生活水平差距显著缩小。因此，在新发展阶段，要在消除现行标准下绝对贫困的基础上，锚定新发展目标，将巩固拓展脱贫攻坚成果嵌入新发展格局，纳入"十四五"时期乡村振兴战略大局，积极探索缓解相对贫困长效机制，推动产业扶贫向产业兴旺、扶贫搬迁向生态宜居、解决"三保障"向公共服

务均等化、全面脱贫向全面发展、驻村帮扶向强基固本转变，以乡村振兴的成果巩固拓展脱贫攻坚成果，进一步促进脱贫地区经济社会加快发展，持续提高脱贫群众生活水平，不断促进人的全面发展和社会全面进步。

服务新发展格局，高位推进产业帮扶和消费帮扶

党的十九届五中全会，站在我国处于中华民族伟大复兴战略全局和世界百年未有之大变局的历史坐标，深刻分析当前我国面临的机遇挑战、面对的国内国际环境以及自身发展存在的优劣势，提出加快形成以国内大循环为主体、国内国际双循环相互促进的新发展格局。新发展格局要求坚持扩大内需这个战略基点，加快培育完整内需体系，把实施扩大内需战略同深化供给侧结构性改革有机结合起来，以创新驱动、高质量供给引领和创造新需求。

新发展格局贯通国民经济中生产和消费双环节，产业帮扶和消费帮扶触及生产和消费两端。因此，在消除绝对贫困向缓解相对贫困转变、推进脱贫攻坚与乡村振兴有效衔接的进程中，要将与脱贫群众稳定脱贫紧密相关的产业帮扶和消费帮扶纳入新发展格局，依托新发展格局为巩固拓展脱贫成果创造更加有力的条件。

产业帮扶方面，要牢牢把握住供给侧结构性改革，以更有效的脱贫地区产品供给带动更多市场需求。项目选择上，紧扣当地特色产业、市场环境、资源禀赋、环境承载、文化特点等，因地制宜发展优势特色产业，提高帮扶产业的市场竞争力，为促进脱贫地区发展和群众稳定脱贫提供重要支撑；供给结构上，加快推动农业帮扶项目与制造业、服务业的深度融合，不断提升脱贫地区产品的市场价值，持续提升供给对需求的适配性；产品质量上，支持脱贫地区产品开展地理标志认定，打造产品品牌，提升产品的市场认可度。

消费帮扶方面，要牢牢把握扩大内需这个战略基点，充分挖掘市场对脱贫地区产品的消费潜力，增强消费对巩固拓展脱贫成果的关键作用。消费潜力上，把握住国家加快培育完整内需体系契机，密切跟踪市场消费需

求变化，顺应消费升级趋势，培育新型产品消费；销售渠道上，依托智能化、信息化发展，鼓励视频直播、产品专柜等消费新模式新业态发展，促进线上线下消费融合发展，不断开拓脱贫地区产品消费市场；产品流通上，大力实施农村交通提升，健全仓储、物流等现代流通体系，降低脱贫地区产品流通成本和消费成本。

贯彻新发展理念，着力补齐经济欠发达地区民生事业短板

党的十九届五中全会指出，要坚定不移贯彻新发展理念，把新发展理念贯穿发展全过程和各领域，实现更高质量、更有效率、更加公平、更可持续、更为安全的发展。全会强调，要"健全基本公共服务体系，完善共建共治共享的社会治理制度，扎实推动共同富裕，不断增强人民群众获得感、幸福感、安全感""完善乡村水、电、路、气、通信、广播电视、物流等基础设施"。可以说，十九届五中全会对为什么坚持、怎么样坚持新发展理念做了系统全面的阐述，为2020年后我们持续推动经济欠发达脱贫地区经济社会发展指明了方向、提供了遵循。

从实际情况看，现阶段脱贫群众义务教育、基本医疗、住房安全和饮水安全均得到有力保障，脱贫地区基础设施和公共服务水平明显提升。但也要清醒认识到，脱贫地区基础设施和公共服务等民生保障还存在短板，与城镇发展水平相比差距较大，相对人民群众对美好生活的向往还有差距。因此，要深入学习贯彻党的十九届五中全会精神，始终坚持新发展理念，加快脱贫地区发展。一方面，加大对经济欠发达地区的扶持力度，构建优先支持经济欠发达地区发展的政策体系，对经济欠发达地区基础设施建设和公共服务提升给予财政、金融、土地、人才等方面的倾斜扶持，推动城乡基本公共服务均等化，增强经济欠发达地区巩固脱贫成果及内生发展能力。另一方面，健全区域战略统筹、市场一体化发展、区域合作互助、区际利益补偿等机制，进一步整合空间资源、发展要素，实现区域内、区域间的资源共享，更好促进发达地区和欠发达地区协调发展。

历史唯物主义认为，人民是历史的创造者，群众是真正的英雄。"人

民至上"始终是贯穿习近平新时代中国特色社会主义思想的一条红线。我们要坚决贯彻落实习近平总书记在全国脱贫攻坚总结表彰大会上"脱贫摘帽不是终点，而是新生活、新奋斗的起点"的重要讲话精神，始终坚持以人民为中心的发展思想，始终坚持党的领导，凝心聚力，奋勇拼搏，在消除绝对贫困这一伟大历史实践的基础上，持续巩固拓展脱贫攻坚成果，为全面建设社会主义现代化国家奠定坚实基础。

（作者单位：福建省农业农村厅）

恪守"四心"凝心聚力推进
金融业改革发展工作

邱婉娟

这段时间认真研读了《习近平新时代中国特色社会主义思想学习纲要》《习近平谈治国理政》和《习近平在厦门》《习近平在宁德》《习近平在福州》《习近平在福建》，系统地学习了习近平总书记治国理政思想、观点、论断。通过这些鲜活的资料，真切感受到了习近平总书记在福建工作期间大刀阔斧、超前谋划、开拓创新的重要思想，也更加全面了解新时代中国发展的重大理论和现实问题。作为年轻党员干部，学习系列读本，我的所思所想总结为"四心"，即维护核心、不忘初心、勠力同心、坚守衷心。

维护核心，始终坚持党对金融工作的集中统一领导这一根本。经过2020年新冠肺炎疫情的考验，我更加深刻感受到了维护核心的关键作用，全国人民上下一心，团结协力，我们才最终打赢这次疫情防控阻击战。金融是现代经济的核心，金融的各项工作都具有极强的政治性。因此，我们应该自觉在思想上、政治上、行动上同以习近平同志为核心的党中央保持高度一致，坚决维护党中央权威和集中统一领导，把地方金融工作放到国家大局、全省大局中去考虑，跳出金融看金融，找准工作的切入点和着力点，坚定不移把党中央和省委省政府的决策部署落到实处。一直以来，金融协调处支部坚持推进"党建＋金融"活动，注重意识形态建设，坚持将党的建设和金融改革发展两方面同向推进、同步发力，把管党治党融入金融工作的全过程和各环节。

不忘初心，牢牢把握服务为民、服务实体这一宗旨。我们党的领导之

所以坚强有力，就是因为我们党有信仰、有目标、怀抱初心。共产党的初心，是为中国人民谋幸福，一切为人民服务，一切为了人民。金融业的天职，是服务实体经济，增强金融资源供给。这些宗旨要义不是纸上谈兵，是需要我们每个人的努力。身在工作岗位，我们处负责牵头的普惠金融工作，是金融系统的毛细血管，是解决金融服务最后一公里的重要手段。同时，这也是最基层的金融服务，涉及小微企业、"三农"和扶贫等最薄弱的领域。我们感受到这份工作的重要性，也感受到沉甸甸的重担。所以，我们要心怀强烈的使命感和责任感，政治站位更高、措施更加扎实，引导传统金融机构服务覆盖面更广的草根领域，增加金融有效供给，让广大人民群众切实享受到更加优质、安全、便捷的金融服务。

勤力同心，坚定不移推进金融业改革开放这一进程。经济高质量发展需要一流的金融体系，而金融体系要达到一流标准，必须推进深层次的改革和更大程度的开放。金融业的改革开放道路，需要我们增强自我革命的勇气、敢于创新的精神。近年来，在推进福建省金融业改革开放方面，我们取得了一定成效。宁德、龙岩普惠金融改革试验区成功获批，绿色金融改革试点持续推进，还有一批两岸金融政策在福建省先行先试。下个阶段，我们在巩固原有改革成果的同时，要充分利用好"多区叠加"的政策优势，加快建设金融服务民营经济的先行示范区、普惠金融发展的实践示范区、绿色金融发展的创新示范区、闽台金融交流合作区，努力在更高标准、更高层次上探索金融改革开放新路。

坚守衷心，始终践行求真务实、真抓实干这一作风。"崇尚实干、狠抓落实"，这是习近平总书记在多个场合提出的对干部的要求。无论是干事、创业还是做人，必定要讲一个"实"字。结合工作职责，我觉得工作的脚踏实地体现在思路实、举措实、作风实等几个方面。思路实就是要实事求是，一切从实际出发。作为金融政策的制定者，必须要避免政策制定与实施之间的错位和断层，加强调查研究，认真听取企业、银行机构和干部群众的意见建议，掌握第一手资料，提高服务决策的能力和水平。举措实就是要压实工作，出实招、求实效、看实绩。在政策出台后，及时评估政策效果，根据实际情况优化政策工具，真正让政策成果成为解决问题的灵丹妙药。作风实，就是在新的历史起点，新的发展阶段，作为年轻党员干部更要秉承扎实的工作作风，牢记自己的第一身份是共产党员，自觉加强党性修养，从严遵守中央"八项规定"和作风建设各项规定，严格自律，带头坚持从严律己，讲操守，重品行，做到心有所畏、言有所戒、行有所止。

一个时代赋予一代人奋斗的目标，爷爷辈为了和平安定，父辈为了解决温饱问题，不懈奋斗。相较于他们，我们的生活条件改善了，时代赋予我们不一样的重任，我们正处于推进国家现代化建设、实现中华民族伟大复兴的重要进程，我们需要解决的是新时代、新形势下的发展问题。这是一个没有硝烟的战场，我们更应坚定自己的理想信念，维护核心、不忘初心、勠力同心、坚守衷心，扎实地做好每项工作，跑好历史接力赛中我们的这一棒。

（作者单位：福建省地方金融监督管理局）

法制扶贫　我们在行动

李仕芳

如期打赢脱贫攻坚战是党中央向全国人民和全世界做出的庄严承诺，不仅需要各级党委政府凝心聚力，还需社会各界众志成城。福建省女子监狱第八党支部在监狱党委的正确领导下，在多次走访、座谈、蹲点调研的基础上，深入开展法制扶贫工作，构建"延伸法律服务最后一公里"的服务体系，立足服务"三农"，主动担负起法律服务先行者与开拓者的重任，积极参与到对口援助的永泰县盖洋乡小洋村脱贫攻坚战中，有效发挥法制在脱贫攻坚中的保障作用。

一、帮扶的背景条件及小洋村贫困原因分析

盖洋乡小洋村土地面积2.3平方公里，118户，530多人，低保户20户25人，残疾人11人。全村耕地面积414亩，林地面积6020亩，果园面积285亩，全村以种植业和劳务为主要经济来源。在一次对罪犯家庭走访时，民警发现该村经济贫穷，村民法律意识淡薄。

（一）客观原因

一是自然环境差。这里的耕地大部分分布在半山坡，是用石块垒起来的梯田，土层很薄，耕地贫瘠，农作物产量不高，水源十分缺乏。

二是地理位置偏。这里海拔高、山路弯，118户人家分散居住在几十座山坡上和多条沟洼里，交通运输不便，全村农民运输全靠肩挑背驮。山上生长的李子、桃子、蜂蜜、大米等土特产无法运出上市。

三是商业意识弱。村民没有经商或从事商品生产的欲望，总是停留在

"养猪为过年，养鸡弄几个油盐钱，种田求个肚儿圆"这个旧观念的圈子里，不敢大胆突破。

四是法制意识淡。由于大部分青壮年外出务工，村里留守人员多为老、妇、幼等弱势群体，文化程度低，法律意识相对比较淡薄。遇到家庭矛盾、邻里纠纷、土地承包等情况时，利用法律武器维护自身合法权益的少之又少。

（二）自身原因

一是文化教育落后。文化教育落后是贫困地区的一个通病，也是造成贫困的一个根本原因。村办小学师资和教学条件有限，由于教学条件差，学生升学率极低，大部分只能读到初中，全村仅有 5 名村民有高中文化。

二是法治宣传缺位。部分村委会工作人员对法治宣传教育工作不够重视，法治宣传浮于表面，导致部分贫困村法治宣传教育还存在"死角"。

三是干部法治素养偏低。村干部自身文化素质偏低，法律意识、法制素养都不高，在工作中仍存在重产业发展，轻法治教育现象，对向群众宣传脱贫致富的路线、方针、政策及国家的法律法规，还停留在一般号召上。

二、对策措施

（一）治穷先治愚，扶贫先扶志，激发群众内生动力

一是结对助学。开展扶贫助学活动，是第八党支部"扶贫先扶智"的务实举措，也是聚力精准扶贫的一个缩影。支部组织开展"支部精准扶贫，助力学子圆梦"扶贫助学活动，结对帮扶 10 名品学兼优的贫困学生。今后，这项举措我们将持续做下去。

二是广泛宣传。在全村交通要道、学校、村居等醒目位置设立宣传标语，通过村里广播、流动宣传车等经常播放法治宣传，营造良好氛围；同时，有针对性地对贫困户进行思想引导和法治教育。

三是深入走访。选派法治工作民警深入贫困户，开展法治帮扶。重点教育引导村民摒弃传统重男轻女的思想，普及拐卖妇女儿童属违法行为的

认识，倡导村民贯彻计划生育政策等等。

（二）加强技能培训，增强贫困群众自我发展能力和致富本领

一是"要致富先修路"。建立帮扶关系后，先后多次走访调研，针对该村短板，提出"治穷重在治根，扶贫先要扶志"，从帮建基层党组织入手，着重开展特色优势产业扶持、实用技能培训等系列活动。在女监党委支持下，帮助该村修建道路、改善村基础设施建设。

二是"靠自己才靠得住"。扶贫不是发钱，送钱送物只能救"近火"，自力更生才能解"长渴"。支部民警充分调动和鼓励广大村民用自己的双手去奋斗，不大包大揽，不包办代办，让贫困户坐不住、干起来。

三是因地制宜调整产业结构。不合理的产业结构是该村经济发展缓慢的病根。充分利用当地荒山坡地，提倡大力发展优质烟叶、茶叶、果树等收益大的经济项目，再辅之以其他工副业项目，尽快脱贫致富指日可待。

四是持之以恒助力贫困户。扶贫助残也是第八党支部的优良传统。她们连续多年与贫困户结成帮扶对子，每逢"雷锋日"都主动走访慰问贫困户、孤独残疾群众及留守儿童。定期组织"助贫服务小分队"走进驻地村头，免费为残疾人士提供法律、心理咨询、整理内务等服务。

五是强化法治扶贫保障。对法治扶贫工作进行专题研究，及时制定出台法治扶贫专项年度实施方案，明确了目标任务、责任主体和工作进度。开展法治扶贫"春季攻势""夏季战役"行动，实行项目化运作、"台账式"管理、绩效化考核。安排落实 2 名工作人员为具体经办人。切实加大法治扶贫经费统筹整合使用力度，确保各项工作有序推进，最大限度发挥好法治扶贫工作质效。

（三）加强干部培训，建设一支懂农村、懂经营、有公心的基层"两委"干部队伍

基层村支两委班子处于脱贫攻坚最前线，既是组织者，又是亲历者。扶贫工作必须注意把上级政府扶贫的积极性与当地政府、村民委员会和农民脱贫的责任感和紧迫感结合起来，改变过去那种把扶贫工作单纯看作是上级政府的事，而贫困地区基层政府和部门处于被动应付的状况。

一是加强基层组织建设。广泛建立干部学法制度，落实定期讲法工作制度，抓好党务、村务、财务"三公开"，进一步增强基层干部的法律意识和依法办事的能力。

二是强化扶贫专项资金项目监管。严格执行村账乡管、公示公告、项目竣工结算验收等制度，落实项目后期管护措施，实现资金效益最大化和项目长效受益。

三是加强心理健康知识讲座。针对扶贫任务重，干部压力大、村民心理急的实际，注意开展心理健康知识培训，帮助扶贫干部掌握自我减压和心理调节的技巧和方法，正确处理工作和生活中的压力，增强对心理疾病的免疫与调试能力，引导扶贫干部以积极的情绪化解矛盾冲突，及时疏导、有效排解扶贫干部出现的不良情绪及心理问题，始终保持积极健康的心态。

多年来，第八党支部聚力精准扶贫攻坚，践行"从群众中来，到群众中去"的群众路线，把扶贫作为重要的群众工作，带着感情、带着真情开展脱贫攻坚，让扶贫工作成为暖人心、聚人心的工作，用实际行动书写拥政爱民的新篇章！

（作者单位：福建省监狱管理局）

为人民谋幸福，为乡村谋振兴

庄波阳

习近平总书记在十九大报告中指出"中国共产党人的初心和使命，就是为中国人民谋幸福，为中华民族谋复兴。这个初心和使命是激励中国共产党人不断前进的根本动力"。初心就是情怀，使命就是担当。初心和使命是一个人、一个民族、一个政党不断前进的根本动力，是激励一代代中国共产党人为之前赴后继、英勇奋斗的力量源泉，是共产党人的出发点和最终的归宿。

不忘初心就是要牢记全心全意为人民服务的根本宗旨，以坚定的理想信念坚守初心，牢记人民对美好生活的向往就是我们的奋斗目标，时刻不忘我们党来自人民、根植人民，永远不能脱离群众、轻视群众、漠视群众疾苦。基层党员干部紧密联系广大人民群众，是我党践行初心使命的最前线，也是践行初心使命的最后落脚点。我们要牢记习近平总书记的谆谆教诲，牢记为民宗旨，坚守人民立场，走好群众路线，大力弘扬"四下基层""马上就办"等优良传统，用务实肯干的精神，心系人民群众，及时主动解决群众操心的实事、烦心的难事，在认真开展调查研究的基础上，开展"找差距、抓落实、解难题、化积案"的行动，为群众解决实际困难，取得群众信任和支持。

牢记使命就是要牢记我们党肩负的实现中华民族伟大复兴的历史使命，勇于担当负责，积极主动作为，保持斗争精神，敢于直面风险挑战，以坚韧不拔的意志和无私无畏的勇气战胜前进道路上的一切艰难险阻。基层党员干部要在党委政府领导下，立足于本职工作，勇于担当，主动担当，要以无私无畏的勇气和坚韧不拔的意志投入到乡村的建设发展各项事业中。面对风险危机时要挺身而出，面对问题矛盾时要迎难而上，基层工作中经常需要处理人民群众内部矛盾纠纷，要敢于主动作为，善于运用工作方法方式，理清矛盾症结，化解纠纷。在工作中不断锤炼破解难题、化解风险的本领，把责任担当体现到每一件任务、每一个岗位、每一项职责上，为乡村的振兴发展添砖加瓦。

2017年12月，我由福建省药品监督管理局选派到南平市浦城县管厝乡高源村，任驻村第一书记。高源村位于南平市浦城县管厝乡最北部，全村耕地面积2608亩，林地面积10116亩，5个自然村，全村人口1977人，348户，村干部7人，党员30人。面对陌生的工作环境，一切都得从头开始，为了做到尽快转换角色，熟悉工作环境，我坚持做到了"三勤"：一是勤于学习，了解政策；二是勤于调研，熟悉村情；三是勤于实践，积累经验。两年来，通过实地考察、走访入户、召开座谈会等形式，广泛征求致富带头人、村两委、基层党员干部和村民群众的意见和建议，归纳了贫困乡村目前发展存在的一些共性困难和问题：一是人口外流严重，缺乏技术型人才。乡村振兴最关键的因素就是人才，随着城市化进程的发展，农村的劳动力都向城市转移，现在留在农村的基本都是老人。村庄的发展普遍缺乏懂农业、爱农业、敢闯敢拼的技术人才，同时农产品的加工、现代物流和电商等人才也是极其匮乏。二是产业结构单一，缺乏一二三产业协同发展。现有大多数贫困村的产业主要是种植水稻、烟叶、茶籽油和毛竹等，第一产业抗风险能力较差，近年来由于劳动力成本上升、气候等因素影响，加上土地流转困难，无规模效应，第一产业劳动生产率不高，经济效益差。三是村集体经济薄弱，缺乏乡村建设的内生动力。村集体经济增收办法不多，基本依靠上级转移支付，其中既有客观原因，如发展村集体经济无基础支撑，无闲置资产可盘活；也有主观因素，如村两委对村集体经济发展无想法，无动力，基本还是等靠要思想。村集体自主经营性收入极少，甚至连村两委工资发放都成问题，更不用提乡村建设了。四是持续改善民生工程，缺乏项目资金支持。贫困村的民生项目还是比较落后，需要持续改善，如修建防洪坝、机耕道硬化等。

习近平总书记说过，问题是时代的声音。每个时代总有属于它自己的

问题，只要科学地认识、准确地把握、正确地解决这些问题，就能够把我们的社会不断向前推进。结合驻村工作的经历，我对调研中发现的问题提出如下几点思路：一是加强党建引领，提升基层党组织的凝聚力和战斗力。加强党建工作，深化党组织引领作用，着重落实群众路线，真正地把党建工作做深做实做好，使党组织深深扎根于人民群众中。二是构建组织机构，提高引进产业项目能力水平。构建村集体经济委员会、土地流转委员会等，加强与乡贤和青年技术人才的沟通交流，积极宣传优惠政策，做好项目对接，商讨合作模式，促进项目落地，特别是第二、三产业的发展，探索"生态银行"模式，为村集体经济引入活水。三是推进乡村制度创新，提升引进人才内生动力。乡村振兴关键是人才，只有着实有效地推进乡村人才制度创新，为他们提供基础的保障措施，发展土壤，才能引得入、留得住人才。四是落实乡村振兴政策，提高人民群众的幸福感。任何乡村制度的改革，乡村振兴政策的落实，都要以当地广大人民群众的利益为出发点。一旦得不到人民群众的支持，任何改革和政策只能是空想。五是多方渠道引入发展资金，持续改善民生。积极依靠当地政府，同时通过自身发展壮大集体经济，引导市场资本注入，持续改善民生，实现经济和民生共发展的良性循环。

一分耕耘一分收获，高源村的面貌不断更新，我也在驻村工作中得到了很大的锻炼。"功成不必在我，功成必定有我"，能为乡村振兴贡献一份力量是我的荣幸，也是我的骄傲。当前正处于全面建成小康社会、实现乡村振兴的历史关键期，广大党员干部把握好这个历史机遇，按照乡村振兴的总体要求，狠下决心，一起努力奋斗，共同实现小康生活，实现幸福、富裕、美满的乡村梦、中国梦。

（作者单位：福建省药品监督管理局）

奋力推进老区苏区脱贫攻坚奔小康

耿 羽

习近平总书记在参加十三届全国人大二次会议福建代表团审议时强调，要做好革命老区、中央苏区脱贫奔小康工作。贫困地区是全面建成小康社会的重点难点，贫困老区苏区更是重中之重、难中之难。当前脱贫攻坚已经到啃硬骨头、攻坚拔寨的冲刺阶段，必须大力弘扬革命优良传统，加快老区苏区发展，不断改善群众生活，确保老区苏区在全面建成小康社会进程中一个都不掉队。

福建是全国著名革命老区，有70个老区县（市、区），其中原中央苏区县（市、区）37个。福建老区苏区是土地革命战争的开始地之一，是中国工农红军的创建地之一，是中央红军的核心区域之一，是中央红军长征出发地之一，是"思想建党、政治建军"等重要纲领的诞生地。福建多年来通过造福工程易地扶贫搬迁、山海协作、挂钩帮扶、驻村任职等不断探索老区苏区扶贫开发有效机制，福建将继续弘扬老区精神，坚决把习近平总书记关于老区苏区的重要讲话精神落到实处，持续发力打赢脱贫攻坚战、推进乡村振兴和实现全面小康。

推进老区苏区脱贫攻坚的重要意义

推进老区苏区脱贫攻坚是饮水思源和不忘初心的真切体现。习近平总书记强调，"今年是新中国成立70周年，要饮水思源，决不能忘了老区苏区人民"。在革命战争年代，勤劳朴实的老区苏区人民养育了中国共产党和人民军队，竭尽所能提供人力、物力、财力，为长征胜利、抗战胜利和

全国解放付出巨大牺牲，做出不朽贡献。饮水要思源，恩情永铭记，现在我们的生活一天比一天好，但我们不能忘记历史，不能忘记为新中国诞生而浴血奋战的英雄，不能忘记为革命作出重大贡献的老区苏区人民。在新时期着力反哺回馈老区苏区，坚决打赢老区苏区脱贫攻坚战，加快老区苏区开发建设步伐，让老区苏区人民过上更加幸福美好的生活，是不忘本、不忘根、不忘初心的重要体现。

推进老区苏区脱贫攻坚是革命精神和红色基因的延续践行。在革命根据地的创建和发展中，无数革命先辈用鲜血和生命铸就了以坚定信念、求真务实、一心为民、清正廉洁、艰苦奋斗、争创一流、无私奉献等为主要内涵的老区苏区精神。老区苏区精神沉淀着红色基因，是中国共产党领导革命和中国特色社会主义事业的传家宝，也是老区苏区人民宝贵的精神财富。革命战争年代，老区苏区人民秉持坚定的理想信念和百折不挠的斗争精神，认定只有跟着共产党，才能翻身得解放。在今天奔小康的路上，革命精神历久弥新焕发新时代的光芒，继续激励着老区苏区广大干部群众坚定执着追理想、实事求是闯新路、艰苦奋斗攻难关、滴水穿石见长效，切实担当起扶贫攻坚的时代使命，在脱贫致富的新长征路上奋勇前进，将强大的精神力量转化为丰硕的物质创造。

推进老区苏区脱贫攻坚是共享发展和共同富裕的必然要求。习近平总书记强调，"加快老区发展，使老区人民共享改革发展成果，是我们永远不能忘记的历史责任，是我们党的庄严承诺"。经过数十年发展，老区苏区建设取得了很大成绩，但由于自然、历史等多重因素影响，一些老区苏区发展相对滞后、基础设施薄弱、人民生活水平不高的矛盾仍然比较突出。打赢脱贫攻坚战，老区苏区是关键。没有老区苏区的全面小康，特别是没有老区苏区贫困人口脱贫致富，就不是完整的全面小康。支持贫困老区苏区全面振兴，着力破解区域发展瓶颈制约，着力补齐民生领域短板，着力增强自我发展能力，促使发展成果更多更公平惠及群众，决不能让一个老区苏区掉队，这是党和政府坚持全心全意为人民服务的具体落实，也是体现中国特色社会主义制度优越性的重要标志。

推进老区苏区脱贫攻坚的实施路径

注重精准扶贫精准脱贫的可持续性。福建老区苏区脱贫攻坚，既要解决现有贫困户的脱贫问题，又要预防贫困户返贫和边缘户致贫等问题。找到问题根源，增强老区苏区脱贫措施的实效性，认真梳理排查，严格对标"两不愁三保障"要求，在教育、就业、医疗保障、社会保障等民生实事方面采取更有针对性的措施。重点解决因病返贫问题，借鉴"三明医改"经验，通过改革结余医保红利，经基本医疗保险、大病保险、医疗救助三道补助后，由精准扶贫医疗补助基金予以补助，加强乡镇卫生院、村卫生室建设，确保贫困群众能及时看小病、常见病、慢性病，得大病重病时全家有基本保障。着手解决收入水平略高于建档立卡的边缘贫困户群体缺乏政策支持等新问题，边缘户致贫后需及时按照建档立卡动态管理机制纳入扶持对象。将脱贫攻坚与乡村振兴紧密结合起来，及早谋划脱贫攻坚目标任务 2020 年完成后的战略思路，对福建老区苏区如何提高脱贫效果的可持续性和缓解相对贫困等问题进行前瞻性研究探索。

加大资金支持补齐民生短板。持续加大原中央苏区和革命老区转移支付补助资金，支持 52 个苏区县和其他财政较为困难老区县的专门事务发展。积极探索优化财政涉农资金供给结构，整合部门之间功能相似的扶贫资金，增强财政涉农资金的合力和使用效益。继续开展扶贫小额信贷风险担保试点，加大产业扶贫金融支持力度，满足贫困户创业就业和就学金融需求。安排一定比例的扶贫资金折股量化给村集体经济组织，投资到优势产业、优质项目，获得收益用于帮助贫困户发展生产、增收脱贫。通过安排农村公共运行维护专项资金，支持省级扶贫开发工作重点县做好农村基础设施管护。在扎实做好各项社会保障制度的同时，落实好革命"五老"人员生活补助标准与重点优抚对象抚恤补助标准同步调整机制。全面实施预算绩效管理，杜绝重投入轻管理、重支出轻绩效现象，提高资金使用效益。

深化山海协作和对口帮扶。福建老区苏区多集中在山区，应树立全省

"一盘棋"的思想，按照"政府推动、市场主导、优势互补、合作共赢"原则，深入推动闽东北、闽西南两大协同发展区融合发展，充分发挥山区和沿海地区各自优势，将山区的资源、劳动力、生态等优势与沿海的资金、技术、人才、管理等优势有机结合起来，围绕基础设施互联互通、产业配套协作、公共服务资源共享、生态环境协同保护等重点领域，积极推进协作机制建设、项目实施、规划编制等工作。加快推进福建老区苏区的扶贫重点县与沿海发达县共建产业园区，在项目招商、技术帮扶、产业链延伸、资金落实和用工帮困方面实现共建，找准经济发展的着力点和突破点，抢抓发展机遇，形成互帮互补、互促共进的区域协作发展新格局。

协调促进经济发展和生态保护。坚定不移践行"绿水青山就是金山银山"理念，深化国家生态文明试验区建设，建立老区苏区扶贫开发与生态保护有机结合的体制机制，总结推广宁德易地扶贫搬迁、长汀水土流失治理、武平林改等既有经验，加大生态保护修复力度，统筹推进闽江流域山水林田湖草系统治理。充分挖掘老区苏区山林资源，积极发展木本油料、特色经济林产业和林下经济。打好污染防治攻坚战，突出打好蓝天、碧水、净土三大保卫战，实施综合性生态补偿，加大对老区苏区的区域性补偿力度，完善纵向和横向补偿机制，引导提供生态产品的老区苏区与受益地区之间通过资金补助、产业转移、人才培训、共建园区等方式实施补偿。探索生态产品市场化试点改革，推动自然资源的价值实现，发展新兴生态产业、生产优质农产品、培育绿色品牌和产业集群，促进百姓富和生态美有机统一。

传承发展红色文化资源。充分利用福建老区苏区丰富的红色文化资源，深入实施福建红色文化保护、传承和弘扬工程，借鉴推广"红色古田"经验模式，推动红色文化和红色旅游深度融合发展，保护红色文化遗址，讲好红色文化故事，以红色精品游憩为基础、红色教育培训为核心，红色会议会展、红色主题休闲、红色文化体验产品多元发展、多管齐下，丰富升级红色旅游特色产品体系。营造艺术化和情景化的宣传教育模式，增加体验性和实践性主题活动，既让游客接受精神洗礼，又改善当地村庄基础设施建设拓宽村民致富路径。坚持红色文化资源适度、有序开发，避免过度商业化、舒适化，保持红色旅游的本质特色。红色文化教育的重点是本村村民的自我教育，通过红色文化扶志，增强贫困户自力更生、艰苦奋斗、自强不息的脱贫信心和决心，充分调动贫困群众积极性、主动性、创造性，用人民群众的内生动力支撑老区苏区脱贫攻坚。

强化基层组织建设。将福建老区苏区扶贫开发同基层组织建设有机结合起来，继续实施"政策扶持、部门挂钩、资金捆绑、干部驻村"工作机制，深入推行"四下基层"工作机制，坚持把选派驻村第一书记作为扶持贫困村发展的重要措施，把基层党组织建设成为带领乡亲们脱贫致富、维护农村稳定的坚强领导核心，发展经济、改善民生，真正发挥战斗堡垒作用。各级领导干部要有不怕疲劳、连续作战的顽强作风，深入一线，深入群众，及时解决脱贫攻坚中的难点问题，确保各项目标任务如期完成。加强对一线扶贫干部的关爱和保障，增强督察检查考核工作的科学性，力戒形式主义、官僚主义，让敢担当有作为的干部有干劲、有奔头。

（作者单位：福建社会科学院）

党建"五级"联创　助力光泽县脱贫攻坚

黄献光

2018 年 2 月，习近平总书记在打好精准脱贫攻坚战座谈会上的讲话指出"必须坚持发挥各级党委总揽全局、协调各方的作用，落实脱贫攻坚一把手负责制，省市县乡村五级书记一起抓，为脱贫攻坚提供坚强政治保证"。为此，院培训中心深入学习贯彻习近平总书记有关农业科研坚持"四个面向"重要指示精神，结合数字农业专业特点深化改革，探索支部党建与业务深度融合有效载体，助力光泽县决战脱贫攻坚。

2017 年，院科技干部培训中心承担院牵头帮扶光泽县的扶贫任务，为落实好院县科技合作战略协议，围绕光泽县建设中国生态食品城战略，相继与武夷纯然公司党支部，签署共建中坊村智慧农业科技扶贫示范基地协议，与止马镇仁厚村、联农合作社党支部，签署共建生态稻渔数字农业科技扶贫示范基地，探索党建五级联创机制，助力全县 8 个村发展生态稻渔产业，产品直销省大型超市、餐饮连锁，打通武夷腹地生态优势变产业优势的发展通道，推动省级贫困村仁厚村的 45 个贫困农户 121 个贫困人口，依靠党建联创引领走上了发展生态稻渔产业，实现增收脱贫的新路径。

一是探索五级联创，强化党建引领。围绕共建光泽县生态稻渔脱贫产业党性教学基地，组织省水产技术推广总站，院水稻、生物、土肥、生态、资源、质标、数字等单位，华兴集团，南平市科技局，光泽县发改和科技局，县农业农村局、县科协，止马镇，仁厚村、亲睦村、水口村、联农合作社等基层党组织，共建生态稻渔脱贫产业党建联盟，依托仁厚村设立脱贫攻坚产业项目联合党支部，聚焦光泽生态稻鲤产业目标，开展科技人员集团服务。

二是锻造服务产业脱贫党员农技队伍。两年来，组织国家、省、市、县、乡镇"五级"机构农业专家71人，下沉一线开展科技集团服务，其中党员45人，占专家数65％，高级职称占84％，80后青年占30％，引导党员专家在脱贫一线，践行创新为民初心和服务三农使命，发挥了先锋模范作用，吸引3位90后青年，于2020年2月下旬至6月底，成为中国共产党预备党员，其中农科院培训中心1名，仁厚村2名，在水口村原红二十二军军部旧址，重温入党誓词，带动1位90后青年科技人员递交了入党申请，成为入党积极分子，1位1989年出生的农村青年正向党组织靠拢。解决了党员岗位践行宗旨、科技为谁服务的工作难题，正在锻造一支让党放心、让农民满意的农技服务队伍。

三是聚焦产业脱贫攻坚目标强化党建引领。联创单位认真学习贯彻习近平生态文明思想和数字乡村发展战略，两年来，培训中心支部负责人18次到光泽，组织党员专家200多人次进仁厚村，开展科技服务顶层设计，谋划科技集团服务产业工作目标和推进措施。现已完成第一届、第二届中国（光泽）农民丰收节、首届光泽县稻花鱼米食味鉴评暨网络认养、省科技特派员集团服务实验示范区、编制生态稻渔综合种养技术规范、五级党建联创稻渔脱贫攻坚示范基地、省级科技特派员后补助、南平市优秀农村实用人才等攻坚目标，正推动全国名特优新农产品和全国地理标志产品的申报，参加全国优质鱼米评比，创建省级和国家级稻渔综合种养示范区，创建省级农民专业合作社、省级优秀农村实用人才、省生态稻渔数字农业星创天地，参加省产优质大米食味鉴评比赛等。

四是围绕培育生态稻渔乡土人才队伍推进先锋践诺。联创单位依靠地方党委政府，聚力破解谁来种田、为谁种田的时代之问，围绕生态稻渔脱贫攻坚目标，实施体系作战，设立党员示范岗，发挥党员专家特长开展服务，引导数字农业省直机关青年文明号，下乡开展志愿服务，推动生态稻渔科技文明在农村生根发芽，与联农合作社等8个村农民结下了深厚情谊，推动仁厚村、亲睦村、虎塘村、水口村、李坊村3位70后、3位80后、2位90后青年农民返乡创业，成为生态稻渔种养技术能手，初步培养了一支跟党走，带领乡亲脱贫致富的乡土能人。

五是依靠廉洁惠农推动优质生态变成优势产业。联创共建单位坚持从严治党与产业脱贫同步推动，注重科技帮扶项目、各类扶贫资金、稻渔工程建设等财务监管，强化廉政风险防控，推动优质生态区域产业，成为带动贫困农民增收脱贫的优势产业，努力构建"亲""清"的党企、政企、科企关系，引导生态稻渔牵头单位联农合作社，积极创建省级示范，2019年成为县级示范社，2020年正在申报南平市级示范社。

六是狠抓"互联网＋"提升光泽稻渔产业品牌。2017年联创单位配合光泽县政府，实施"互联网＋生态食品产业链服务平台应用示范"项目，建设中国生态食品城（光泽）业务运营平台，在仁厚村联农合作社实施"互联网＋水稻"产业专项，运用培训中心研制的福建省科技特派员云平台、"慧农信"微信公众号，开展在线科技服务，助力光泽县打造生态稻渔品牌。现已建成光泽县"互联网＋生态稻渔"产业示范园、稻渔综合种养数字农业融合应用科技示范基地，实现生产全过程可视化监管和网络认养，2020年3月通过了现场验收。2019年10月，联农合作社优质稻花鱼成功直销永辉超市，每斤售价近30元，2020年3月光泽县5斤装稻花鱼米在永辉超市脱销，吸引了省城某餐饮连锁企业，预订2020年稻花鱼4万斤、冬闲稻田冷水草鱼2万斤。联农合作社预计，2020年联农合作社可望实现销售收入300多万元。

2018年8月至今，光泽县联农合作社成为福建省农业技术服务行业协会会员、中国"无废城市"建设试点"无废农业"示范单位、福建省水稻产业技术创新联盟理事单位。合作社负责人周建仁，被林文镜慈善基金会评为乡村发展带头人培养计划"大地之子"、南平市优秀农村实用人才、省水稻产业技术创新联盟理事，2020年3月当选光泽县首届科特派员协会理事。

党建五级联创共建，帮助仁厚村成功翻越了"省级贫困村""县级软弱涣散党组织""市级扫黑除恶重点村"的"三座大山"，省派驻村第一书记齐子龙被授予"南平市优秀共产党员""光泽县脱贫攻坚先进个人"。

党建五级联创发展光泽县生态稻渔脱贫产业的做法，先后在《科技日报》《农民日报》《福建日报》以及"学习强国"福建学习平台、福建广电影视集团乡村振兴公共频道、福建农村新闻联播、福建机关党建网、东南网、文明风、中国网、中国三农网等主流媒体报道。

（作者单位：福建省农业科学院）

构建双循环新发展格局下
促进加工贸易发展对策浅析

阮　强

　　步入 2020 年，新冠肺炎疫情突如其来席卷全球。面对来势汹汹的新冠肺炎疫情，以习近平同志为核心的党中央统领全局、果断决策，带领全体中国人民和中华民族团结一心、众志成城，通过一系列的艰苦斗争，在付出巨大努力后终于取得抗击新冠肺炎疫情斗争重大战略成果，并且率先从全球新冠疫情的巨幕下走出，使中国成为疫情发生以来第一个恢复增长的主要经济体，充分展现了中国精神、中国力量、中国担当。

　　虽然国内疫情已基本控制，但疫情仍在全球蔓延，外防输入已成为常态化的疫情防控部署，全球经济衰退已是定局，各国经济下行或将成常态。在国际局势发生剧烈变化的形势下，党中央审时度势提出构建国内国际双循环相互促进的新发展格局。2020 年 5 月 14 日，习近平总书记在中共中央政治局常委会上提出，要深化供给侧结构性改革，充分发挥我国超大规模市场优势和内需潜力，构建国内国际双循环相互促进的新发展格局。2020 年 8 月 24 日，习近平总书记在经济社会领域专家座谈会上指出："要推动形成以国内大循环为主体、国内国际双循环相互促进的新发展格局。这个新发展格局是根据我国发展阶段、环境、条件变化提出来的，是重塑我国国际合作和竞争新优势的战略抉择。"

　　作为国内国际双循环交汇的枢纽，海关在新发展格局下责任重大、使命光荣。作为可以同时参与国内和国际双循环、充分利用两个市场两种资源的贸易形式，加工贸易在新发展格局下大有可为。2020 年以来受中美贸易摩擦和疫情叠加影响，供给和需求"两头在外"的加工贸易受挫明显。

加工贸易作为"六稳"的一个重要稳定器，是落实"六保"任务，做好"六稳"工作的一个重要抓手，海关总署自疫情以来也陆续出台了简化办理手续、暂免缓税利息、调整申报时限等系列针对性举措。笔者认为，我国的加工贸易应主要在以下方向发力来融入国内国际双循环的新格局构建。

持续深化加工贸易领域改革创新。习近平总书记反复强调：改革开放是决定当代中国命运的关键一招，也是决定实现"两个一百年"奋斗目标、实现中华民族伟大复兴的关键一招。实践发展永无止境，解放思想永无止境，改革开放也永无止境。从改革开放伊始，加工贸易已经走过40年路程。我们的加工贸易政策随着世情和国情的变化在不断演变发展，不断推陈出新，不断与时俱进。在以国内大循环为主体、国内国际双循环相互促进的新发展格局下，加工贸易也还需要不断进行改革，积极适应新时代新格局新要求。改革上主要有积极推动职能转变，进一步精简行政审批事项，规范行政许可和审批行为，提升审批效率；放管结合，优化服务，降低加工贸易合规成本，简化作业手续，促进加工贸易便利等。创新一方面是监管手段革新，有效整合冗余系统和功能，打通系统间数据壁垒，加强大数据的收集、管理和应用，利用信息化技术提升监管效能；另一方面更重要的是要积极促进贸易新模式新业态创新，要充分调查研究，了解收集各类市场主体的意见建议和诉求，创新理念和方式方法，调整创新监管政策，促进新贸易新业态发展，充分激发各类市场主体活动。

促进加工贸易产业链结构的优化升级。在新发展格局中，国际大循环体现为企业深度参与国际分工，深度融入全球产业链、供应链、价值链，与世界各国合作共赢。我国是全球最有潜力的大市场，具有最完备的产业配套条件，稳固并不断升级国内产业链对于应对疫情可能引发的全球产业链变局、发掘新增长动力具有重要意义。加工贸易产业链作为国内产业链条的重要组成部分，在利用外资、引进先进技术、提升企业管理水平等方面都发挥了重要的作用。因此为了应对可能发生的全球产业链变革，我们必须将提升加工贸易产业链作为推动形成新发展格局的重要抓手。要鼓励加工贸易企业开拓国内市场，促进内销便利，提升内销占比，在稳固、延

伸国内产业链的同时满足国内市场需求；要积极落实推进近年相关重点业务改革，比如集团保税监管、集成电路保税监管等政策促进产业链水平的提升。

引导加工贸易企业和产业链有序梯度转移。我国人口众多、幅员辽阔，拥有丰富的自然资源、劳动力资源和广阔的内部市场，但是东中西部发展存在极大不均衡。东部沿海地区加工贸易基础好、发展快、规模大，中西部地区无论从规模还是质量上，都与东部存在较大差距。随着东部地区加工贸易发展的不断成熟，其比较优势正在逐渐减弱，部分劳动力密集型产业已经开始转移到东南亚等劳动力成本更低的地区。与此同时中西部地区的区位条件也已大幅改善，营商环境不断优化，其加工贸易比较优势正在逐渐提升，东部沿海地区的部分劳动力密集型企业甚至部分高新技术企业已经或正在转移到中西部地区。为了稳固加工贸易产业链条，促进就业和民生保障，应该鼓励引导东部地区转型升级迁出的产业链逐步迁移到中西部地区，这样既有利于降低制造成本，又有利于东部地区加工贸易的进一步转型升级。

（作者单位：中华人民共和国福州海关）

坚持贯彻"真扶贫、扶真贫、真脱贫"

曾瑜萍

习近平总书记始终高度重视扶贫工作，党的十八大以来将脱贫攻坚摆到治国理政的突出位置，党的十九大以来更是将精准脱贫作为"三大攻坚战"之一，为全面建成小康社会提供了行动指南。从宏观上看，在习近平总书记的领导下，中国的减贫事业取得了巨大成就，为世界减贫进程做出了重大贡献；往细节处看，习近平总书记屡次强调要打赢脱贫攻坚战，不能要形式主义的花拳绣腿，必须要"真扶贫、扶真贫、真脱贫"。

2015 年 2 月 13 日，习近平总书记在陕甘宁革命老区脱贫致富座谈会上指出：加快老区脱贫致富步伐，必须真抓实干，贯彻精准扶贫要求，做到目标明确、任务明确、责任明确、举措明确，精准发力，扶真贫、真扶贫，把钱真正用到刀刃上，真正发挥拔穷根的作用。

2016 年 7 月 20 日，习近平总书记在东西部扶贫协作座谈会上指示：打赢脱贫攻坚战不是搞运动、一阵风，要真扶贫、扶真贫、真脱贫。要经得起历史检验。

2017 年 2 月 21 日，习近平总书记在十八届中央政治局第三十九次集体学习时讲到：扶贫工作必须务实，脱贫过程必须扎实，扶真贫、真扶贫，脱贫结果必须真实，让脱贫成效真正获得群众认可、经得起实践和历史检验，决不搞花拳绣腿，绝不摆花架子。

笔者所在的兴业银行大型客户部负责牵头兴业银行产业扶贫的相关事项，为了更加扎实、顺利地开展产业扶贫相关工作，笔者研读了《习近平扶贫论述摘编》，在读到习近平总书记上述有关论述时，结合平时工作的实际情况、所见所闻，切实体会到了习近平总书记的"真扶贫、扶真贫、

真脱贫"虽言简意赅、却字字珠玑，直接、精准地道出了扶贫工作的精神内核。

扶贫工作开展得如何，不能只看数据的增减、政绩的好坏，而是要把人民群众的利益放在扶贫工作的首位，重点关注贫困人口的生活水平是否得到切实改善。只有把群众放在心里，只有把群众的利益放在扶贫工作的核心地位，只有真正带领贫困群众脱离了困难的生活境遇，才能评价扶贫工作是否落到了实处，是否取得了成效，而"忘记了人民，脱离了人民，我们就会成为无源之水、无本之木，就会一事无成"。

据笔者日常工作中观察，我行在推动扶贫工作的进程中，始终坚持"真扶贫、扶真贫、真脱贫"，把贫困群众的切身利益放在兴业银行扶贫工作的首要位置，正如行长陶以平2019年到福建省政和县调研精准扶贫工作时所说："我们在精准扶贫帮扶工作的过程中，一定要让老百姓有实实在在的获得感！"

因此，一直以来，兴业银行都鼓励各级机构加大对当地特色产业的支持力度，"授之以鱼"的同时也"授之以渔"，将脱贫攻坚与发展当地特色产业相结合。

一方面，重点突出对农林牧副渔、食品饮料等大农业相关行业的金融服务。例如，南宁分行挂钩定点帮扶广西壮族自治区钦州市浦北县官垌镇垌口村以来，用"小窝养大鱼"，大力支持官垌鱼特色养殖业产业发展。四年多来，依靠养鱼产业带动，垌口村人均收入由3750元提升至5430元，实现16户65人脱贫摘帽。又如，宁夏金宇浩兴农牧业股份有限公司是当地畜牧业的龙头企业，主要从事奶牛场运营、集约化养殖、生鲜乳供应等，有奶牛7400头，年产奶量达4万余吨。银川分行在与该企业的合作过程中，深挖可带动贫困人口增收的项目结合点，通过向该企业投放产业扶贫贷款2000万元，直接带动该企业16名建档立卡贫困员工工资性收入增加至3500元。

另一方面，不断强化对农民工密集用工产业的信贷投放，包括纺织服装、建筑施工、物流及互联网送餐等劳动密集型产业，这类产业的高质、高速发展将产生大量的就业岗位，增加对贫困人口的招聘用工数量。长期以来，兴业银行不仅大力支持美团、苏中建设等大型农民工用工密集企业，同时，对中小微型的劳动密集型企业也展开了有针对性的支持工作。例如，福建省南平市顺昌县金城福利服装厂是当地的社会福利企业，拥有工人60人，其中25％为残障人员，南平分行主动与该服装厂对接，自2013年开始共计发放流动资金贷款34万元，帮助企业更好地发展，不仅有效解决了当地残疾人就业问题，同时吸纳建档立卡贫困人口1人，实现精准扶贫。

截至2020年6月末，兴业银行产业精准扶贫贷款累计发放55亿元，直接带动1849个建档立卡贫困人口脱贫。

笔者认为，产业扶贫已成为兴业银行带领贫困地区群众奔小康，脱贫不返贫，构建可持续扶贫长效机制的有效路径。正是因为践行了习近平总书记"真扶贫、扶真贫、真脱贫"的指示，兴业银行产业扶贫的一系列实践和成果才能得到人民群众的认可，也能经得起历史的检验。

2020年是脱贫攻坚的收官之年，在习近平总书记相关精神的感召下，在党中央一系列政策的指引下，兴业银行将坚持贯彻"真扶贫、扶真贫、真脱贫"的理念，使产业扶贫真正成为带领人民群众脱贫致富、共奔小康的幸福路。笔者也将在日后的工作当中，继续以习近平总书记的精神为指导，加强理论学习、坚持理论与实践结合，把人民群众的利益放在首位，以是否切实为群众谋得了福利作为评价自身工作的标准，不忘初心，方得始终。

（作者单位：兴业银行股份有限公司）

追寻初心使命　助力脱贫攻坚

吴衍图

　　2020 年是决胜全面建成小康社会，决战脱贫攻坚之年。《习近平在宁德》的发行，正当其时。书中讲述了习近平同志任宁德地委书记期间，以立足长远的战略思维，脚踏实地的务实作风，亲民爱民的真挚情怀，以及功成不必在我的广阔胸襟，带领闽东人民摆脱贫困的经历。作为新时代的青年人，我深受触动和震撼。"弱鸟先飞""滴水穿石""久久为功""扶贫先扶志""四下基层"……书中阐述的一个个创新理念和工作精神，均是习近平同志在推进宁德摆脱贫困过程中提出的，它们丰富了我对扶贫事业的认知，拓宽了我对扶贫工作的思路。

　　作为党媒政网，福建广电网络集团没有缺席这场脱贫攻坚战。在习近平同志的"宁德情节"的感召下，部门党员干部纷纷表示要把初心使命化为行动自觉，用实干托起小康梦想。那么，在这场脱贫攻坚战中，我们能做些啥呢？要解开这个困惑，我们首先得深刻领会习近平同志四下基层，真挚淳朴的人民情怀。治政之要在于安民，安民之道在于察其疾苦。1988年，习近平同志到宁德后，没有坐在办公室里听汇报，而是与陈增光书记交接在基层，在酷暑的 7 月、8 月跑遍了宁德下辖的 9 个县市，向基层要真相、要思路、要答案，紧紧抓住了闽东的三大特点，着眼于克服三大弱点，努力去发挥三大优势，立足实际，提出"弱鸟先飞""滴水穿石""四下基层"的发展思路。在"四下基层"精神的鼓舞下，我们进深山，访农户，了解到受新冠肺炎疫情影响，扶贫村的产品销路不畅，产品出现积压的情况，农民收入随之受到影响。

　　习近平同志强调："只有到基层去调研，才能知道人民的疾苦，才能听到群众的呼声和盼望，了解群众的思想和困难。"带着从基层收集到的一手素材回到工作岗位上，借助2020年直播带货成为互联网最火热的"风口"，我与同事共同策划了"第一书记带好货"全媒体公益直播项目。在福建的脱贫攻坚工作中，近3000名省、市、县下派驻村干部发挥了重要的作用，直播带货活动不仅可以讲好福建驻村书记群体的扶贫故事，体现党建引领乡村振兴的主旋律，同时也能推动全省驻点村的全方位产销对接，助力小康社会建设进程。

明确了扶贫项目，如何将一场又一场带货直播落地执行好，为农民持续增收创富才是关键。在此，我们以习近平同志滴水穿石、久久为功的实干精神为指引开展工作。"政贵有恒，治须有常。"摆脱贫困、脱贫攻坚，要有坚韧不拔的进取精神，有打持久战的思想准备，知难而进，攻坚克难，勇于奉献。不善谋全局者不足谋一域，不从全局考虑很难做好当地工作；不善谋万世者不足谋一时，不考虑长远的发展，就很难对当下的发展有清晰的思路。"第一书记带好货"全媒体公益直播立足集团自身的全媒体平台优势和自有电商基础，以拉动消费将助农脱贫事业落在实处，打造扶贫助农和全媒体公益直播的新模式。活动率先在泉州安溪成功启动，全媒体覆盖人次突破1000万，目前系列活动已举办四场，福州、泉州、莆田、龙岩、南平共17位驻村第一书记参与了直播带货，贫困村的农产品在线各渠道至今累计成交额近200万元。我们深知扶贫工作没有什么捷径可走，不可能一夜之间就发生巨变，只能是渐进的、滴水穿石般的变化。于是，我们还搭建了"福建驻村第一书记好货店"线上商铺，每场公益直播结束后，线上商铺还将持续为直播中推荐的产品"带货"，为这些原生态的农产品持续提升品牌影响力，为促进福建省消费转型升级、推动美丽乡村建设和打赢2020年全面脱贫攻坚战添砖加瓦。活动开展以来，受到了福建省委组织部、福建省农业农村厅相关主管部门和基层广大驻村第一书记的认可和欢迎，被纳入"全闽乐购"和"福建省2020年农民丰收节"整体活动。

随着"第一书记带好货"全媒体公益直播逐渐打开知名度和美誉度，越来越多的扶贫村和农户积极与我们对接，希望能参与到带货直播活动中

来。除了满足大家的要求外，我们也鼓励农户要学习弱鸟先飞、顽强拼搏的奋进意识，弱鸟可以先飞，至贫可以先富。习近平同志在调研中发现，宁德的贫困意识严重，言必称贫，认识上有问题，自信心不强，内生动力不足。他指出事物的发展，外因永远是条件，内因才是根本。人穷不能志短，扶贫先要扶志。摆脱贫困首先要摆脱"意识贫困"和"思路贫困"。于是，我们利用集团此前积累的电商运营经验，耐心地引导农村商户规范化参与线上电商销售，提升商户在产品包装、定价、物流等方面的竞争力，为农户们带来了实实在在的订单及收入。

如今，以习近平同志为核心的党中央正不断加强脱贫力度、决心和信心，中国比以往任何时候都接近全面建成小康社会的目标。学习《习近平在宁德》，回首习近平的宁德岁月，我真切感受到了于谦诗句"但愿苍生俱饱暖，不辞辛苦出山林"的含义。习近平同志在宁德所做的一切，正是"心无百姓莫为官"的最佳写照。这种精神也感染着我们在接下来的工作中，继续追寻初心使命，助力脱贫攻坚。

（作者单位：福建广电网络融媒体科技有限责任公司）

探索推动篇

以高质量干部工作
服务全方位推进高质量发展超越

蔡剑兴

习近平总书记强调，政治路线确定之后，干部就是决定的因素。当前，全省上下正在全方位推进高质量发展超越，如何以高质量干部工作服务高质量改革发展，成为干部工作最紧迫、最重要的任务。结合近年来干部工作实践，本文尝试运用"六种思维"做好干部工作，谈几点粗浅认识与体会。

一是政治思维。干部选任工作是党管干部的具体表现，具有很强的政治性、政策性，要善于从政治上思考和把握。要坚决扛起主体责任。干部选任工作，既是党中央和省委赋予组织人事部门的政治任务，也是组织人事部门实现党的政治路线的主责主业。要聚焦这一责任选好人用对人，坚持以正确选人用人导向激励干事创业导向。要坚决执行政治标准。坚持马克思主义政治家标准，把政治标准摆在首位，把政治表现作为最重要的标尺来衡量，落实好忠诚干净担当的好干部标准，从严把好政治关，选拔政治判断力、政治领悟力、政治执行力强的干部。要坚决落实组织选人。认真贯彻落实新时代党的组织路线，坚持把强化党组织的领导和把关贯穿干部选拔任用的全过程、各方面，促使组织意图、群众意愿、民主集中相统一，选拔出政治可靠、对党忠诚、敢于担当的干部。

二是战略思维。谱写全面建设社会主义现代化强国福建篇章，关键在党，关键在人，关键在干部。要着眼党的建设需要。干部选任工作，是巩固党的执政基础的内在需要，是实现党长期执政的重要保障之一。确保党和人民的事业继往开来、后续有人、兴旺发达，需要选拔一大批梯次合

理、素质过硬、堪当重任的干部，需要建成一大批忠诚贯彻落实好党的路线方针政策的坚强领导集体。要着眼事业发展需要。人是生产力中最重要的因素。因此，干部工作也是生产力，也要出生产力。要善于围绕经济建设、社会管理、产业发展、乡村振兴、生态文明建设等需要，坚持事业至上、以事择人选配干部。要着眼长短远近需要。既要着眼"十四五"规划实施需要，也要着眼 2035 年基本实现社会主义现代化远景目标需要，还要着眼全面建设社会主义现代化强国战略部署需要选任干部，坚持老中青相结合的梯次配备，大力选拔优秀年轻干部，用好各年龄段干部。

三是系统思维。干部工作既要从微观着手，也要从宏观考虑，系统谋划和推进干部队伍建设。要坚持定位与功能相匹配。找准不同地区、不同单位在把握新发展阶段、贯彻新发展理念、构建新发展格局中的定位，根据不同地区的历史沿革、资源禀赋、发展基础、产业结构和不同单位、不同部门的职能职责调配干部，使班子功能与发展实际相配套。要坚持个体与整体相结合。采取"一地一策""一厅一策""一处一策"等办法，加强综合分析研判，选拔专业能力互补、性格气质相容的干部，促使班子成员心往一处想、劲往一处使，实现"1＋1＞2"的效应。要坚持正职与副职相协调。重点抓好"关键少数"，根据不同类型班子正职所承担的不同任务，注重选拔能驾驭全局、统筹谋划能力强、善于抓班子带队伍的正职，注意选配有专业背景或专业经历、能自觉摆正位置、善于团结共事的副职。

四是专业思维。习近平总书记强调，各级领导干部特别是高级干部必须立足中华民族伟大复兴战略全局和世界百年未有之大变局，不断提高政治判断力、政治领悟力、政治执行力，心怀"国之大者"，不断提高把握新发展阶段、贯彻新发展理念、构建新发展格局的政治能力、战略眼光、专业水平，敢于担当、善于作为，把党中央决策部署贯彻落实好。随着社会分工越来越细，对干部的专业化要求也越来越高，要坚持用专业化的手段，选拔专业能力强的干部。要强化精准对接。动态制定一个地方、一个部门、一个处室的职位说明书，细化内部"三定"，明确不同岗位的职责，按照不同岗位的能力需求，分类别、差异化选准用好干部，实现干部供给侧与岗位需求端有机衔接。要强化精准科学。坚持比选择优、以用为本，拓宽选人用人视野，畅通机关与企事业干部交流渠道，每个岗位至少提出3—6名参考人选，多考虑"该用谁"，而不是"谁该用"，切实把合适的人选放在合适的岗位。要强化精准识人。坚持把功夫下在平时，采取一线考察、蹲点调研、平时考核、专项考核等方式，建立健全多措并举的干部表现信息收集渠道，全方位、多角度、近距离了解掌握每个人选的一贯表现，更加全面历史客观的看待、评价干部，把优秀的干部发现出来、合适的干部使用起来。

五是求解思维。习近平总书记指出，每个时代总有属于它自己的问题，只要科学地认识、准确地把握、正确地解决这些问题，就能够把我们的社会不断推向前进。要坚持问题导向，按照"缺什么补什么"原则调配干部，达到"四两拨千斤"的功效。要注重结构优化。经常性分析班子和队伍建设存在的问题和不足，根据职数和编制空缺情况，用足用好职务与职级并行制度，统筹考虑年龄、经历、专业、性别、党派等结构性需要，及时补齐结构方面的短板、弱项、不足。要注重功能优化。加强班子的专业化分析，逐条逐项梳理在全方位推进高质量发展超越中所承担的职责任务，紧盯福建省多区叠加政策优势对干部能力素质的要求，有针对性地选配专业素养好、专业能力强的干部。要注重区域优化。调配省管班子可从一市或一省范围内统筹考虑，调配各单位内设机构可从单位内部或系统内部统筹考虑，在更宽的视野、更大的范围选准用好干部，推动干部力量向重点项目、重大工程、重要工作、重要区域倾斜，切实把好钢用在刀刃上，促使干部资源效益最大化。

六是底线思维。党的十九大提出，要建立健全选贤任能制度。中央先后出台了一系列有关选人用人方面的制度规定，关键是要贯彻好、落实好。要从严抓好制度落实。严格履行"凡提四必"等规定，高质量选准用好干部，做到规定的标准不能降、规定的环节不能少、规定的程序不走样，不留尾巴，不留"后遗症"。对现行制度不明确的，该细化的、解释的、请示的、报批的都要做到位，使干部工作始终在制度框架内运转。要从严排除任何疑点。不放过政治表现、担当作为、廉洁自律、信访举报、

档案审核等方面的任何一个疑点，逐一进行排除，坚决把有问题的干部挡在门外。善于听取"弦外之音"，注意听取和研究个别不同意见，仔细甄别分析。严格落实党组织书记和纪检监察部门负责人"双签字"等要求，就政治表现、廉洁自律提出结论性意见。要从严综合分析研判。严格落实对考察对象、谈话对象、单位政治生态的"三考察"要求，开展政治表现反向测评，与平时了解掌握的情况相互印证。对政治表现一般的人选、政治生态不好的单位，客观分析、慎重研究，防止提拔一个人，搞坏一个单位的导向和风气。

（作者单位：中共福建省委组织部）

善用"战略思维"谋划老年教育工作

刘 杰

发展老年教育是满足老年人精神文化需求、积极应对人口老龄化的重要举措。结合学习《习近平在厦门》《习近平在宁德》《习近平在福州》《习近平在福建》等系列采访实录,我认为要善用习近平总书记提出的"战略思维",在常态化疫情防控中践行初心使命,服务老年教育工作。

立足法规,把握老年教育发展的"方向盘"

战略思维,就是高瞻远瞩、统揽全局,善于把握事物发展总体趋势和方向。在采访实录中,习近平总书记把地方发展方位的判断放得更高、更远、更宽的空间维度中去分析,制定厦门经济社会发展战略、闽东摆脱贫困的长远规划、福州"3820"工程、数字福建和生态福建建设等。体现了对大局大势的清醒认识,对发展经验的深刻总结,对执政规律的科学把握。近年来,《中华人民共和国老年人权益保障法》《国家中长期教育改革和发展规划纲要(2010—2020年)》《老年教育发展规划(2016—2020年)》《"十三五"国家老龄事业发展和养老体系建设规划》《中国教育现代化2035》《福建省老年教育发展规划(2017—2020年)》等诸多法规、文件相继颁布,明确规定了老年人有继续受教育的权利,保障老年人合法权益是政府和全社会的共同责任。据了解,由教育部牵头的《关于积极推进老年大学建设与发展的意见》征求意见稿中,对新时代老年大学的建设与发展等方面也都提出了具体指导意见。这些都从国家和省一级层面对老年教育工作提出了战略谋划。作为年轻干部,只有真正用习近平新时代中

国特色社会主义思想武装起来，增强"四个意识"、坚定"四个自信"、做到"两个维护"，才能学深悟透业务法规文件，了解其战略意义，并将其应用于具体实践中，掌握新时期老年学员需求变化，办出学员满意、社会满意的老年大学。

立足创新，拓宽老年教育发展的新路径

习近平总书记在福建期间，在工作方法上创新性提出"四下基层""四个万家""马上就办　真抓实干"等制度。在 2000 年，他着眼于抢占信息化战略制高点，增创福建发展新优势，创新做出了建设"数字福建"的重要决策，开启了福建推进信息化建设的进程。这次抗击疫情大数据、人工智能、云计算等数字技术深度应用成为抗疫取得阶段性胜利的重要因素。

近年来，为满足日益增长的老年人的学习需求，福建老年大学积极探索，创新性提出"平台共建、上下共融、全省共享"的"互联网＋老年教育"发展思路。2018 年"福建老年教育新媒体电视平台"应时而生，推出"五大课堂"，打造"学校＋手机、电视、电脑"即"1＋3"学习新模式，并逐步实现"移动""联通""电信"三大运营商全覆盖，成为"停课不停学"的主阵地。截至 2022 年 4 月，"平台"累计用户达 76 万人、总访问量突破 1133 万人次。一是保障了老年学员持续"上学"的需求。"同步课堂"对接线下优质课堂，进行全程录制，目前，省校和福州市校协同开课，每周定期更新；"直播课堂"周一至周五面向全社会开通在线直播；"精品课堂"鼓励各地老年大学把线下优质课程搬上荧屏，展示全省老年大学独具地方特色的优秀网络精品课程；二是便于老年学员在家温故知新。开设热门课程"辅导课堂"，浓缩线下课堂精华并搬上荧屏，为老年学员解疑释惑；三是保障好离退休干部政治待遇的落实。开设"思政课堂"，由中共福建省委老干部局邀请知名专家学者授课，开展老年思政教育，为全省离退休干部和老年学员及时送上精神食粮。

立足自身，应对老年教育发展的新挑战

老年人的身份及其学习动机的特殊性决定了老年教育与普通学校教育及其他类型的成人教育相比，有着截然不同的特点和规律，必须有针对性地加以组织和实施。过去参加老年教育工作以退休老领导、老同志为主，现在许多年轻同志也参与其中，无疑为"夕阳产业"注入了"朝阳力量"。年轻干部要发挥自身优势。一要树立战略思维责任。战略思维不仅是一种能力，更是一种责任。特别对于领导干部而言，要善于把解决具体问题与解决深层次问题结合起来，把局部利益放在全局利益中去把握，把眼前需要与长远谋划统一起来，把国内形势与国际环境结合起来。用战略思维解决新形势下老年教育面临的城乡区域间老年教育发展严重不平衡；缺乏全局性引领和具体指导；供给不足，老年人就近学习需求难以满足；基层老年学校办学条件差等问题。二要培养战略思维能力。战略思维在打赢疫情防控人民战争、总体战、阻击战中起到了关键性作用。比如最开始的战略型部署有效地抑制了疫情传播。后来的战略型定位，提出要以人民为中心，统筹推进新冠肺炎疫情防控和经济社会发展工作等。疫情期间，福建省各级老年大学认真贯彻中央省委文件精神，上下一盘棋，制定战略部署，明确停课不停学，抓好线上学习的同时，要加强自身建设。全省开展各类学习培训活动，加强校园改扩建工作，完善了内业制度，规范工作流程，美化校园环境，为开学复课积极筹备。三要增强战略定力。中国特色社会主义这条道路，我们看准了、认定了，必须坚定不移地走下去。我们的工作亦是如此，要一以贯之学习习近平新时代中国特色社会主义思想；一以贯之保持实干作风；一以贯之恪守为民情怀，将学习新思想成果转化为应对新时代老年教育发展新挑战的思路举措，转化为推动工作的强大动力，提升自我能力和素质，助力统筹推进疫情防控和经济社会发展。

（作者单位：中共福建省委老干部局）

每个人都应做公共卫生安全的守护者

潘贤权

新型冠状病毒肺炎疫情让世人见到了病毒的可怕与无情，也让大家对公共卫生安全有了更深的认识与思考。

公共卫生安全和每一个人都密不可分。这个世界早已不再是鸡犬相闻、永世相隔、互不往来的世外桃源，而是一个高速流动、高度互动、紧紧相连的地球小村，不仅物资快速流通，人员也频繁流动。人群与人群、人类与物品的接触每时每刻都在进行着。在这庞大而快速的流通中，不仅有人与物，还可能有病与毒，而且有的病与毒还有很大的传染性、致命性，就像新冠病毒，会严重影响生物安全、生命安全和身体健康。习近平总书记说："我国是一个有着14亿多人口的大国，防范化解重大疫情和重大突发公共卫生风险，始终是我们须臾不可放松的大事。"重大疫情和重大突发公共卫生风险严重威胁和影响着全国人民的生命安全和身体健康。一旦公共卫生安全遭到破坏，每一个个体的生命安全和身体健康就将面临危险甚至是实际伤害。公共卫生安全已经不是事不关己高高挂起，而是和每个人都息息相关。

维护公共卫生安全应成为每个人的自觉。这次疫情在短短的时间内感染了千千万万的人，夺去许许多多的生命，沉重的代价是铁一般的事实，冰冷而且残酷、无声并且无情。它警醒我们，如果不维护好公共卫生安全，个体也不会有铜墙铁壁、刀枪不入的安全。没有公共卫生安全，个人生命安全和身体健康也就不会有防火墙、防护网。在2020年2月14日中央全面深化改革委员会第十二次会议上，习近平总书记说："生物安全问题已经成为全世界、全人类面临的重大生存和发展威胁之一，必须从保护人民健康、保障国家安全、维护国家长治久安的高度，把生物安全纳入国家安全体系。"这是党和国家对人民健康、生物安全的高度重视，也要求我们不能将公共卫生安全置身事外。我们应当深刻领会并贯彻落实习近平总书记关于"公共卫生安全是人类面临的共同挑战""增强忧患意识，做到居安思危"的重要论述，把维护公共卫生安全置于关系到 14 亿人民身体健康的大事，关系到中国能否崛起的命运，关系到中华民族的存亡的高度来充分认识，自觉增强公共卫生安全意识，自觉维护公共卫生安全，在维护公共卫生安全中助力国家安全。

维护公共卫生安全需要我们的实际行动。习近平总书记在 2020 年 2 月 3 日中央政治局常委会会议研究应对新型冠状病毒肺炎疫情工作时的讲话中说："这次疫情暴露出我们在城市公共环境治理方面还存在短板死角，要进行彻底排查整治，补齐公共卫生短板。我们早就认识到，食用野生动物风险很大，但'野味产业'依然规模庞大，对公共卫生安全构成了重大隐患。再也不能无动于衷了！"习近平总书记的话振聋发聩、语重心长。我们每个人都应该积极响应并行动起来，党员干部更是要发挥带头表率作用，主动配合有关部门实施公共卫生安全相关法律法规，坚决取缔和严厉打击非法野生动物市场和贸易，坚决革除滥食野生动物的陋习，从源头上控制重大公共卫生风险。同时，积极参与爱国卫生运动、文明城市创建等工作，在日常生活中保持个人卫生、在社交中倡导和践行安全距离、集体餐饮中坚持使用公筷，养成讲卫生的良好习惯和文明风气，用点点滴滴但实实在在的实际行动维护公共卫生安全。作为教育工作者，我们还要积极推进公共卫生安全知识宣传教育，提高师生公共卫生安全意识和自我救护能力；疫情期间严格按照防疫规定，加强对校园和师生的公共卫生安全管理，全力保护师生生命安全和身体健康。

（作者单位：福建省教育厅）

疫情冲击下完善福建省新时期
农业科技服务体系的思考和建议

刘小婧

当前，我国农业农村发展显现新形势与多样化需求，农业科技服务发展已进入一个瓶颈期，突如其来的新型冠状病毒疫情虽对第一产业的影响相对较小，但人民的生活必需品中的农畜牧产业遭遇了较大的订单冲击。学用需结合，以知方促行，在研读《习近平谈治国理政》《习近平在福建》等系列采访实录过程中，在深刻领会习近平总书记在福建工作时的科学理念、宝贵经验和优良作风基础上，结合福建省星火计划、科技特派员后补助项目的实地调研，对完善福建省新时代农业科技服务体系提出几点思考和建议。

疫情的影响对我国农业科技服务发展也是一个新的挑战，习近平总书记对全国春季农业生产工作做出重要指示，把农业基础打得更牢，把"三农"领域短板补得更实，为打赢疫情防控阻击战、实现全年经济社会发展目标任务提供有力支撑。近日，多部门印发了《关于加强农业科技社会化服务体系建设的若干意见》的通知，进一步加快构建开放竞争、多元互补、协同高效的农业科技社会化服务体系，促进产学研深度融合，提高农业科技服务效能，引领和支撑农业高质量发展，推进农业农村现代化。新时期农业科技服务对我国农业农村经济的进一步发展起着关键战略支撑作用。

农业科技服务体系是农业社会化服务体系的一个子系统。在广义上是集农业科研、生产、教育、推广为一体的，为经营主体提供全程科技服务的组织机构和网络系统。目前福建省农业科技服务体系主要是由政府主导下的农业技术推广服务体系、高校科研院所与政府部门共建开展农业技术共建服务和龙头企业带动服务等模式。如东源青椒品种的推广、新罗区百香果产业、漳州蘑菇栽培等，都是通过"院企合作"科技示范辐射带动当地的农产品，引导农户品牌经营，形成"生产＋加工＋销售（电商）"三产融合示范辐射推广的特色农产品优势区。疫情期间，福建省海产品养殖业、旅游业相关农副产品等受到较大冲击，当地部分农业龙头企业充分利用直播网络平台等新兴形式，带动周边小农户，做到疫情防控与生产销售两不误。

福建省积极推广科技特派员制度。《习近平在福建》采访实录中提到，习近平同志任省委副书记期间，分管农业农村工作和脱贫工作，并积极探索和推行科技特派员制度。选派的村党支部书记和科技特派员，依托项目带技术下派到贫困地区，他们带着责任和感情全身心投入农村工作，发挥合力，很快打开了工作局面。现有的农业科技服务体系的发展很大程度上依托科技特派员制度的推动，科技特派员引导和直接参与农业专业协会、农业示范园的建设，有效提高农业产业链各环节效率和效益。经过多年实践，科技特派员制度通过满足基层不同层次的技术服务需求，提升农村产业升级发展，进一步拓展科技服务领域，有力推动现代农业全产业链发展，实现一产"接二连三"融合发展。

在调研的过程中，可以看出福建省农业科技服务存在一些问题。缺乏顶层设计，农业企业需求信息和高校科研院所信息不对称，技术与生产存在脱节，农业龙头企业偏少，带动能力不够强，受疫情影响农产品销路受限等现象。要真正打通科技和农业发展的通道，灵活应对突发情况，构建开放竞争、多元互补、协同高效的新时代农业科技服务体系显得尤为重要。

着力提高各类服务主体的服务能力。注重发挥农业科技服务主体的协调、服务职能。加强高校院所与新型农业经营主体的对接，通过购买服务等方式，促进各类服务主体之间资源融合，以及服务主体与服务对象的供需对接，进一步加强农业龙头企业、专业合作社的科技示范水平和辐射带动作用。

深入推进新时期科技特派员制度。着眼于当地农业发展短板及全产业链需求提供科技资源，推动实现订单式需求对接，菜单式服务供给，发挥省科技特派员服务云平台作用，充分发挥科技特派员在科技资源对接中的作用。

推动农业数字新技术对传统农业的深层次改造。探索构建农业科技大数据中心，将农产品生产体系，管理体系，销售体系数字化融合，为农业生产经营者提供高精度的决策参考。推动小农户参与数字农业培训，充分运用手机、互联网等信息手段，提升新型经营主体的连接与带动。

进一步完善科技服务人才激励政策。进一步支持以技术和成果为纽带，与服务对象结成利益共同体，激发农技推广人员以及科技特派员提供农业科技服务的积极性，吸引更多人才到基层到山区提供科技服务。

习近平总书记在科学家座谈会上的讲话中提到，我们很多产业链供应链都需要科技解决方案，能够提供这种解决方案的只能是奋战在一线的千千万万科技工作者和市场主体，政府要做的是为他们创造良好环境、提供基础条件，发挥好组织协调作用。加快科技管理职能转变，依靠改革激发科技人员创新活力，进一步完善新时代农业科技服务体系是新时期深化农业农村改革的一个重要举措，是落实好创新驱动发展战略，推进福建省高质量发展落实赶超的重要支撑。

（作者单位：福建省科学技术厅）

汇聚文化力量　阅读点亮心灯

王植宁

2020 年注定是不平凡的一年。年初暴发的新型冠状病毒肺炎疫情如平地惊雷，唤起了人们对于生命健康和公共卫生的密切关注与高度重视。疫情暴发后，全国上下面临着口罩紧缺、医疗用品短缺、国际交通受限等困难，但这些并没有阻碍中国人民众志成城战"疫"情的步伐。一方有难、八方支援，在以习近平同志为核心的党中央坚强领导下，4 万多医护行业的"逆行者"驰援武汉，10 天内火神山、雷神山两座医院拔地而起，460 多万个基层党组织冲锋陷阵……中国人民用实际行动谱写出一曲曲汹涌澎湃、激流勇进的生命之歌。

战"疫"呼唤文化创新

如果说医务工作者是在和死神的战"疫"中争分夺秒地挽救生命，那文化工作者就是不遗余力地为民众构筑起一道通向希望、向阳而生的心灵堡垒。疫情期间，一张男子戴着口罩在武汉方舱医院安静读书的照片走红网络，在不少人因为疫情心生焦虑的当下，这种内心世界的安宁与坚定显得难能可贵。毛姆说"阅读是一座随身携带的避难所"。战"疫"期间，民众对于文化的需求激增，特别是宅家不出的日子，对于数字文化的需求尤为强烈。而疫情迫使许多公共文化服务机构线下闭馆，急需创新文化服务方式，提升文化服务内容，以满足人民群众日益增长的精神文化需求。福建省图书馆作为文化系统中的一员，服从中央指挥，按照福建省委、省政府的工作部署和福建省文旅厅的工作安排，积极运用先进科技、拓展传

播渠道、优化阅读体验、深挖馆藏资源，开展了一场以读攻"毒"的阅读战"疫"，为读者构建了一座温暖的心灵避风港，向国家和社会交出了一份优异的文化答卷。而这些都与福建省图书馆积极进行文化创新分不开。

"三驾马车"为文化创新保驾护航

文化是一个国家、一个民族的灵魂。文化兴国运兴，文化强民族强。创新是一个民族进步的灵魂，是一个国家兴旺发达的不竭动力，也是中华民族最深沉的民族禀赋。习近平指出，必须把创新摆在国家发展全局的核心位置。要实现文化创新就要求我们在整合多元文化内容的基础上，积极发现与掌握文化传播规律，开发与运用先进技术，推进文化的创造性转化和创新性发展。而文化创新之所以可能，离不开"三驾马车"的保驾护航。

1. 党领导的指挥车。习近平指出，中国共产党领导是中国特色社会主义最本质的特征。没有党的领导，就没有社会主义在中国的实践，就没有中国特色社会主义的开创和发展。中国共产党代表着中国先进文化的前进方向，并能够为新时代中国特色社会主义文化创新提供切实保障。

2. 千年积淀的文化车。中华上下五千年，孕育了独特的人类文明与丰厚的传统文化。道法自然、居安思危、自强不息、和而不同……这些思想构成中华优秀传统文化的核心，是中国人宝贵的精神家底。它们为文化创新提供了丰富的内容与素材。习近平总书记高度重视中华优秀传统文化，在《习近平谈治国理政》中，就多次引用了历代先贤典籍策论、诗词歌赋。就像习近平总书记说的那样："善于继承才能善于创新。"

3. 飞速发展的科技车。中国科技发展经历了从摸着石头过河，到飞速发展，再到行业领先。高速磁浮列车下线运行、民营运载火箭成功入轨、移动支付技术的开发使用……无不让世界为之惊叹。先进的科学技术为文化创新提供了有力的技术支持。

文化战"疫"，方式、内容创新两手抓

习近平总书记常说，要"常怀忧患之思，常念人民之托"。翻看其在闽的系列采访实录，就会发现他一直在践行着这句话。战"疫"中的文化创新也应以人民为中心，急民之所需、解民之所盼。笔者认为应该特别注意方式创新与内容创新。

1. 方式创新：拓展传播渠道、优化表现形式。面对疫情期间公共服务线下停摆，网络谣言与虚假信息大量滋生，人民群众急需通过文化服务了解疫情发展、获得心灵慰藉等形势，公共文化服务机构应该积极拓展线上服务渠道，把住舆论阵地，通过通俗易懂、生动活泼的形式向人民普及疫情相关知识，舒缓疫情带来的紧张情绪，坚定战"疫"信心。疫情期间，福建省图书馆就加大线上阅读推广力度，通过官网、掌上闽图 APP、微信图书馆和阅读小程序，向读者推送丰富的数字文化资源。仅 2020 年 1 月 24 日至 2 月 28 日，福建省图书馆数字资源访问及线上阅读推介点击量就达到了 1124.6 万次。

2. 内容创新：深挖地方资源、讲好福建战"疫"故事。福建具有多姿多彩的地域特色文化资源，乡土文化是在地民众的心灵与情感依托。挖掘地方优秀传统文化，突出展现地方战"疫"故事，有助于坚定文化自信，树立战"疫"信心。疫情期间，福建省图书馆就推出"网上文旅""网上读书""心系'疫'线"等"阅读战'疫'"主题板块，通过微信、微博每日更新，为读者提供新鲜的疫情信息及具有地方特色的文化内容。特别推出的福建省优秀舞台艺术精品剧目线上资源，深受读者喜爱，观看点击量近 10 万。

《孙子兵法》有云：上下同欲者胜。疫情并不可怕，只要我们发挥文化创新的精神力量，坚定战"疫"信心与文化自信，心往一处聚，力往一处使，就一定能够取得这场战"疫"的最后胜利，实现中华民族的伟大复兴。

（作者单位：福建省文化和旅游厅）

坚持用高尚的文艺引领社会风尚

林 诚

《习近平谈治国理政》第三卷刊发了习近平总书记关于文艺工作的系列讲话精神，这些讲话从全局和战略高度深刻阐明了时代发展对文艺工作的新要求，为新形势下繁荣发展社会主义文艺指明了前进方向。这是对广大文艺工作者的鞭策，也是赋予政府监管部门一份沉甸甸的责任和使命。

用高尚的文艺引领社会风尚，既要褒扬德艺双馨艺术家，更要坚决抵制劣迹从业者。伟大的文艺展现伟大的灵魂，伟大的文艺来自伟大的灵魂。习近平总书记指出：广大文艺工作者"要珍惜自己的社会形象，在市场经济大潮面前耐得住寂寞、稳得住心神，不为一时之利而动摇、不为一时之誉而急躁，不当市场的奴隶，敢于向炫富竞奢的浮夸说'不'，向低俗媚俗的炒作说'不'，向见利忘义的陋行说'不'"。当前，文化市场"娱乐化"倾向还在一定范围内存在，庸俗、低俗、媚俗、恶俗的作品还时有出现，一些恶意炒作盛行，带上明星光环的劣迹艺人的"劣迹"对公众特别是青少年带来不良影响。广播影视是传播社会主义先进文化、弘扬社会主义核心价值观的重要载体，广播影视从业人员尤其要通过其高尚的文艺引领社会风尚。为此，一方面，我们要大力评选表彰德艺双馨的艺术家，宣传他们追求真才学、好德行、高品位的艺术人生，更多地展映展播展演他们的优秀作品，让社会了解艺术家群体更多的正面形象；另一方面，要大力运用行政和市场的力量，让劣迹艺人失去舞台，让其作品失去市场。日前，总局发布"一纸禁令"，不得让有吸毒、嫖娼等行为的明星参演影视作品。这样的行政措施固然能快速地抵制劣迹艺人进入影视行业，但也给予正在拍摄制作的相关影视企业带来损失。抵制劣迹艺人，不是我们国家的"特产"。在影视产业相对发达的美国，通过保险公司与艺人签订形象等投保合同，影视制作企业录用有投保合同的艺人。艺人出现劣迹，其保费会越来越高，直至没有保险公司愿意为其投保，该艺人就失去从业机会，而影视企业也可以通过保险公司获得因劣迹艺人问题的投资损失补偿。我们可以借鉴发达国家的有效经验，改进我们的行业管理方式。一是由行业协会制定行业规范，发动入会影视企业将艺人的道德品行问题纳入参演合同中，明确约定明星不得出现吸毒、嫖娼等行为，明星若违约将面临赔偿；坚决不与劣迹艺人签订参演合同。二是探索推进艺人投保机制，影视企业录用有投保的艺人，保险公司要为艺人的投保承担赔付责任。通过市场的手段系统地约束劣迹艺人进入市场，最大限度地净化文化市场。

用高尚的文艺引领社会风尚，既要坚持内容为王，更要坚持网上网下导向管理一个标准。进入21世纪，数码科技、网络科技迅猛推进，不仅仅改变了人类的物质生活，更使大众的行为方式和思考方式进行着一日千里的变革，一切"传统"都因它的出现而面临挑战、变异甚至瓦解。目前，网络视频用户已超8.5亿（占网民总数94%），网络剧呈现爆炸式增长，网络电影、短视频等更是高速发展。网络文学逐渐由角落走向中心，成为与传统文学分庭抗礼的一股力量。但是，在网络影视剧、网络文学等呈现繁荣的同时，也充斥着大量缺乏节制、极端娱乐化的作品，抄袭模仿、内容雷同，机械化生产、快餐式消费以及片面追求市场效益，市场主体良莠不齐，管理规则不健全，市场监管不完善等问题突出。我们坚持用高尚的文艺引领社会风尚，就要落实好网上网下导向管理"一个标准"。一是实施网络精品工程。设立"网络影视剧精品工程""网络文学精品工程"等，支持网络视听和文学企业积极承担政府重点工程项目，将网络影视剧、网络文学纳入政府评奖表彰和宣传推广重要内容。二是督促建立网络内容管理机制。督促网络视听和文学企业建立网络影视剧、网络文学的内容质量管理长效机制，健全作品抽查、阅评制度，完善符合网络影视剧、网络文学作品特点的审看审读流程及管理办法，健全网络编、审、发全过程质量评估体系和品控机制。三是健全网络编辑管理机制。完善网络影视剧、网

络文学编辑人员管理机制,建立健全持证上岗制度,加强职业道德教育和业务培训,引导企业建立有利于落实编辑责任制的考评办法和激励机制。四是加大政府执法力度。加大政府监管力度,对传播淫秽、无节操无底线内容的,对节目把关不严,传播违规内容、低俗内容的网络视听网站、网络文学网站,予以从严管理、依法打击,维护积极健康的市场发展秩序。

用高尚的文艺引领社会风尚,既要运用好评价评奖机制,更要积极发展文艺评论。习近平总书记指出,马克思说:"人民历来就是作家'够资格'和'不够资格'的唯一判断者。"以为人民不懂得文艺,以为大众是"下里巴人",以为面向群众创作不上档次,这些观念都是不正确的。为此,人民群众是文化产品的最终评判者,要坚持把群众喜欢不喜欢、满意不满意、接受不接受、认可不认可作为评价作品的最终标准,这是历史唯物主义的基本观点在文化工作中的根本体现。一方面,要建立健全科学的评价标准和评价机制。要处理好专家评价、群众评价之间的关系,正确运用发行量、收视率、点击率、票房收入等客观的、量化的指标,但不唯收视率、点击率。思想精深、艺术精湛、制作精良的优秀作品总是具有较好的社会效益和经济效益。文艺作品束之高阁、无人问津,就很难说它是好作品。评选过程中,要充分地、正确地反映民意,避免出现获奖作品束之高阁、无人问津的尴尬局面。另一方面,要大力加强文艺评论工作。习近平总书记指出,文艺批评是文艺创作的一面镜子、一剂良药。要加强和改进文艺理论和评论工作,褒优贬劣,激浊扬清,更加有效地引导创作、推出精品、提高审美、引领风尚。"闽派批评"的历史证明,由于批评家不懈地呐喊、辩驳、阐发和倡导,某些"显赫一时"的声音消失了,正本清源作用得到较好的发挥。为此,我们要积极鼓励推动文艺批评工作,在《福建日报》和福建人民广播电台、电视台主要频率频道开设"文艺评论"专栏等,发挥文艺评论的积极作用。呼吁更多的闽籍批评家开启新的征程,发扬优良传统,把好文艺批评的方向盘,对各种不良文艺作品、现象、思潮敢于表明态度,在大是大非问题上敢于表明立场,倡导说真话、讲道理,营造开展文艺批评的良好氛围。

用高尚的文艺引领社会风尚,既要加强政府扶持引导,更要加强政府监督管理。习近平总书记指出："要重视文艺阵地建设和管理，坚持守土有责，绝不给有害的文艺作品提供传播渠道。"为此，在政府扶持引导方面：一是大力扶持和积极鼓励作品创新创优。完善文艺创作生产引导扶持政策，重点加强实施"闽派"广播电视和网络视听工程、闽版出版物精品工程等，支持推出更多传播当代中国价值观念、体现中华文化精神和福建优秀传统文化的精品力作。二是突出打响福建文化品牌。深入挖掘、整理、研究福建特色文化资源，重点挖掘闽南文化、客家文化、妈祖文化、朱子文化、船政文化、红色文化等地方特色文化，坚持深入生活、扎根人民，到故事发生地采风采访，切实做好以福建地域典型的人物、生动的情节、艺术的手法，巧妙、生动、鲜活地融入福建元素、讲好福建故事、诠释福建精神，打造在全国有影响力的"文艺闽军"。三是坚持"促进、保障、管理"三位一体。建立部门协作机制，加强选题策划研究，推动与文化、旅游等业态的有机融合。通过创作研讨会、开机发布会、采访专访等形式，大力宣传当地重点文艺作品，进一步提高福建文化影响力。

（作者单位：福建省广播电视局）

保存城市历史与文脉　筑牢高质量发展根基

谭　敏

2021 年 3 月 24 日，习近平总书记在福州三坊七巷考察时强调："保护好传统街区，保护好古建筑，保护好文物，就是保存了城市的历史和文脉。对待古建筑、老宅子、老街区要有珍爱之心，尊崇之心。"早在 2002 年《福州古厝》的序言中，习近平就提出古建筑与文物保护对于保存福州历史文化名城传统的独特价值。此次来闽考察的再次重申反映出保存城市历史与文脉对于筑牢城市高质量发展根基的重要意义。

历史与文脉是一座城市的灵魂。"万物有所生，而独知守其根。"传统街区、古建筑、文物等承载的地方文化和情感记忆共同铸就了城市的过去，是城市魅力的集中体现，是城市发展继往开来的深厚基础。习近平主持保护下的三坊七巷已成为最能代表福州文化底蕴的城市名片之一。它所展示出来的价值光辉不仅包含中国近现代历史的传承，也凝聚了这座古老城市市民生活的多种文化样态。历史与文脉就如同空气一般无处不在，潜移默化地滋养着城市生生不息、发展壮大。当历史传承、民族文化与中国特色社会主义新时代的要求相吻合，城市的精神就能汇聚为强大的时代力量。守护城市历史与文脉，就是守护民族和国家的过去、今天和未来。

保存城市历史与文脉，要破除经济发展优先于文化保存的思维惯性。习近平在 2015 年中央城市工作会议上指出，"现在，很多建设行为表现出对历史文化的无知和轻蔑，做了不少割断历史文脉的蠢事"。随着城市建设的迅猛发展，经济发展与文化保存常常面临激烈冲突，许多古迹遗址屡屡因城市房产开发、基础建设等项目而遭遇损毁。时任福州市委书记的习近平就曾力阻三坊七巷重要古建筑的商业型拆除，着力推进古厝保护和文化遗产传承。传统街区、古建筑、文物都属于不可再生资源，先经济发展后文化保存的执政惯性可能会对城市文脉产生毁灭性打击。城市规划与发展建设过程中，必须细致统筹文物保护与经济社会发展的关系，坚持保护优先、合理利用、创新发展，树立起在保护中实现发展，在发展中注重保护的基本理念。

保存城市历史与文脉，要注重多方力量的关系调整。文物保护与文化保存涉及政府、民众、市场与非营利组织等多主体的参与和博弈。在资金和管理上，单纯仰赖政府投入难以为继；在具体实践上，自上而下的单线推进易引发新的社会矛盾；在活化创新上，社会资本的运作空间有待扩展。为此，要建立文化保存的参与式治理机制，重视市民、企业、非营利组织在文物古迹保存、维护和发展中的价值，引导和鼓励民间力量参与到城市文化资产的捐助宣传、监督审核、经营管理等活动中。要扩大文化遗产保护的舆论宣传，树立城市居民在地方文化发展中的主体地位，引导地方和民间自下而上地参与文化资产的保存与活化。要将社区文化意识与传统文化资源相互整合，将地方特色保存的文化价值与经济价值相互融合，引导人民群众自觉致力于传统文化遗迹的保存与维护中。要合理引入市场化力量介入文物保护和利用工作，降低政府资金缺口可能造成的"失保"风险，以强化监管等手段确保文物遗迹保护的控制性和规范化。

保存城市历史与文脉，要从冻结式保存走向活化性发展。长期以来，我国城市历史文化保护的传统思维主要局限于修补性保护，并止于观赏性利用的层面。这种冻结性文化保存在短期内能够起到围栏式保护的作用，但从长远来看既不利于文物古迹的长久存续，也有碍城市文脉鲜活地嵌入到人民群众的经济社会文化生活当中。在保护优先的前提下，城市历史文化保存需要走出活化利用的创新之路。为此，应将城市历史文化的传承与现代文化、科技、地方发展结合，纳入提升国民文化素质和加强地方文化普及的整体框架当中，营造兼具地方文化传统、环境风貌、旅游及附加产业价值、居民休闲生活为一体的城市精神家园。文化保存与文化产业的适度结合已经成为传统文化存续与现代经济利益双赢的重要发展方向。

保存城市历史与文脉，要避免同质化与过度商业化。随着文化产业和

旅游观光产业的日渐兴盛，各地对古迹建筑、民俗文化的挖掘利用逐渐进入兴盛期。这对于城市对外树立文化品牌，对内拉动经济发挥了重要效用。但一些地方文化项目的同质化与过度商业化并非以文化保护与宣传为前提。比如拆真古迹建假古董、历史街景建筑的过度改造、历史事实的篡改杜撰、传统节庆民俗的庸俗化营销等"掘金式"商业项目已经对城市文化造成了破坏与损害。因此，如何把握文化资产保存与活化之间的度，避免文化遗迹开发过程中的同质化和盲目性成为保存城市历史与文脉不可回避的问题。只有以传统文化的内核为根本，将文化永续保存作为第一要务，兼具社会效益与经济效益，将自然资源、人文资源、精神价值、民俗生活、居民体验与地方产业相结合，才能让城市文脉保持原汁原味的同时焕发出持久的活力。

（作者单位：福建社会科学院）

网络文艺要坚持与时代同步伐

刘桂茹

近年来，包括网络文学、网络音乐、网络剧、微电影、网络动漫、网络直播等不同形态的网络文艺取得了长足的发展，成为我国当代文艺建设的主力军和数字文化产业的重要支柱，并逐渐被纳入国家顶层设计和文化发展战略。然而，飞速发展的网络文艺在高度商品化、市场化、产业化的轨迹上仍存在低俗、庸俗、媚俗、批量生产、原创匮乏等问题，其整体的艺术追求和美学要素仍无法完全做到与时代精神同频共振。当前网络文艺的紧迫使命就是要深耕时代沃土，回答时代课题，创作出与时代主流价值观共鸣共振的作品，推动社会主义文艺繁荣发展。

坚持与时代同步伐，就是要描摹时代现实画卷。我国正处于飞速变革的新时代，网络文艺创作不可能脱离时代文化语境去表达和传达数字空间的虚幻想象，而必须立足日新月异的时代潮流，描摹时代画卷。近年来从顶层设计到产业赋能都对网络文艺下半场的发展提出现实性和经典化诉求，网络文艺的现实题材也逐渐增多，体现出网络文艺创作的观念调整和美学转向。根据阿耐同名网络小说《欢乐颂》改编的电视剧至今已播出两季，引起很大反响；齐橙的网络小说《大国重工》连载于起点中文网，聚焦我国重型装备领域自 20 世纪 80 年代以来的发展历程，是网络文学现实主义题材的重要代表作。可以看出，这类现实题材的网络文艺皆因关注时代现实生活及人物命运起伏而引起人们的情感共鸣，成为全民热烈讨论的文艺形式。

描摹时代现实画卷成为网络文艺书写新时代伟大变革伟大实践的紧迫任务，同时必须指出的是，现实题材数量的简单增加还不能真正改变现有

的文艺创作格局，网络文艺要真正有一番作为，需要在数量积累的基础上呈现质的提升。我们要警惕当前网络文艺现实题材的泡沫化、同质化，以及一些所谓的"冲奖文"对现实的机械排列。同时还应看到，一些被归入现实题材的网络文艺作品看似以现实生活为背景，却也是自带网络写作惯有的金手指、操作系统、随身空间等升级技能，不免重复着凡人修仙、穿越重生的游戏套路。这样的想象毋宁是一种白日梦般的欲望叙述，无法触及现实生活的坚硬和痛感，也就无从谈及把握时代生活脉搏，不能传达出作者对社会历史和现实人生的深刻思考。因此，网络文艺的创新创造活力和想象力，如何与广阔的现实时空和国家民族的宏大命题相对接，仍需要长期不懈的努力和探索。

坚持与时代同步伐，就是要绘写时代精神图谱。盛唐诗歌有磅礴浑厚之气，晚明戏曲小说追求思想解放之风，"五四"新文学吹响启蒙与救国的号角，当代文学与文艺讴歌改革开放伟大成就。那么，网络文艺又将如何绘写新时代精神图谱呢？我们知道，当前的网络文艺呼唤精品，优秀的网络文艺作品在深入描摹社会生活现实、传递时代价值观和精神力量上能起到十分重要的作用。以网络文艺 IP 为例，自 2015 年 IP 成为网络文艺产业热词，网络文学便成为打造大 IP 或是超级大 IP 的内容源头和关键配置，串联起电视、电影、动漫、游戏等泛娱乐产业链。成功的 IP 不仅引爆市场，为数字娱乐产业注入了强大的生机和活力，也以健康向上的精神品质和真善美的人文审美价值产生广泛的社会影响。比如，2018 年爆款 IP 大剧《延禧攻略》，全网播放量突破 133 亿，首居网剧榜首；网络作家天蚕土豆的《斗破苍穹》连载至今，其全网点击量达到近 100 亿，从网文 IP 到动画、影视、同名手游、有声书的全方位开发和全产业链运作引爆市场，成为阅文集团的超级 IP。

当然，大 IP 本身就有类型化、模式化的局限，成功的大 IP 就像是持续上演的产业范本，成为资本力量不遗余力追逐效仿的对象。一时间网络文艺泛娱乐产业中 IP 水涨船高，虚假繁荣，一些网络文艺作品的精神价值追求让位于娱乐经济效益追求，存在过度商业化、低俗化、平庸化等问题。而这种高度预设的快感传播机制背离了人们对多层次、高品质阅读的期待，显然无法满足新时代人民群众对美好精神生活的需求，网络文艺的供给与需求之间的矛盾日益突出。当前的网络文艺要练就爆款 IP，首先就是要满足人民群众向往和追求美好精神生活的需求。要在注重流量和粉丝经济的同时，脚踏实地去感受新时代波澜壮阔的伟大变革和气象万千的现实生活，为人民创作有温度、有筋骨、有情怀、有道德的文艺作品。唯有如此，网络文艺才能展现新时代人民生动丰富的精神风貌，谱写无愧于时代的精神气象。

坚持与时代同步伐，就是要引领时代文化风向。以坚定的文化自信讲述中国故事、展现中国气派、传播中国文化，成为当代文艺引领时代文化风向的使命与担当。网络文艺要与时代同步伐，就是要以文化自信为文艺培根铸魂，讲好中国故事，展现中国形象，构建出与当代中国的国家实力相匹配并具有持续发展活力和引领力的文艺生态。近年来，中国网络游戏、网剧、网络小说及其改编的影视剧等，纷纷走出国门，成为传播中国文化的重要力量。以网络小说为例，阅文集团为代表的网络文学平台不断加大出海布局，通过翻译平台、数字出版和实体书出版等形式将中国网络文学传播至海外市场，并逐渐掀起中国网文对外传播的热潮。目前不仅有"武侠世界""引力传说""弗拉雷翻译网"等国外翻译网站，也有像阅文集团旗下的"起点国际"这样的海外输出平台，将中国网文传播至世界各地。

但客观而言，与席卷全球的好莱坞电影、韩剧、日本动漫等文化产品成功的文化输出相比，中国网络文学扬帆出海的历程和经验还处于不断探索阶段，对外传播的文化影响力也还不够。尤为需要谨慎评判的是，目前各类翻译平台遴选和推送的诸如玄幻、穿越、仙侠、宫斗等类型小说，能否足够支撑起海外读者对中国文学的好奇与想象呢？而这些类型小说与我们期待输出的文化软实力是否还存在差距呢？像网剧《白夜追凶》被美国视频网站"网飞"买入后在全球 190 多个国家和地区上线发行，就说明精良的网络文艺 IP 在海外市场拥有广阔空间。因此，未来网络文学若要持续引领文化风向，要在世界文学舞台呈现连接网络空间共同体的目标，除了不断加强原创品质的提升，还应更加敏锐、更加深刻、更加全面地反映时

代精神，使中国网络文学真正成为讲述中国故事、传播中国文化的有力载体。换言之，以网络文学为代表的网络文艺只有坚持与时代同步伐，才能以坚定的文化自信引领时代文化风向，才能以多姿多彩的中国故事和中国旋律在世界文化版图彰显中华文化影响力。

（作者单位：福建社会科学院）

浅谈对供销社治理体系和治理能力
现代化的理解

沈金梅

一、对治理体系和治理能力现代化的理解

党的十九届四中全会审议通过的《中共中央关于坚持和完善中国特色社会主义制度、推进国家治理体系和治理能力现代化若干重大问题的决定》是党的十八届三中全会提出的"全面深化改革、推进国家治理体系和治理能力现代化"的具体化和升级版。"国家治理体系现代化"就是通过系列的制度安排和宏观顶层设计，使国家的治理体系日趋系统完备、不断科学规范、愈加运行有效的过程。习近平新时代中国特色社会主义思想是治理体系的重要内容，十九届四中全会提炼的十三个制度优势就充分体现了治理体系现代化。"治理能力现代化"就是将制度优势转化为治理效能的现代性能力不断获取并逐渐强化的过程。大到国家机关的各项治理举措、小到每个公民的衣食住行等都是国家治理能力的具体表现。国家治理体系和治理能力现代化事关党的执政地位、国家的长治久安和人民的幸福安康，是中华民族伟大复兴的强大保障。

二、治理体系和治理能力现代化在供销社的体现

（一）具体表现。笔者认为，治理体系和治理能力现代化在供销社的表现就是努力构建联合社主导的行业指导体系和社有企业支撑的经营服务

体系双线运行机制。福建省供销社系统推进治理体系现代化关键看各级联合社机关尤其是省供销社和设区市供销社做好辖区供销社发展的系列制度安排和宏观设计的能力，县（级）联合社根据上级社部署，因地制宜制定县域发展方案并统筹协调实施的能力。福建省供销社系统推进治理能力现代化则关键看各级社有企业尤其是俗称供销社的脚——各乡镇基层供销社将各级联合社制定的各项制度转化为经济效益和社会效益的现代性能力。

（二）存在的问题。一是县级社制度设计、统筹协调实施能力不平衡。全省系统县域供销社发展不平衡，治理水平参差不齐。治理能力较强的单位，各项发展较全面，在全国百强县级社评选、农业社会化服务、专项改革试点等各种典型经验积累上都有不俗的表现。治理水平较弱的单位原因大同小异，如工作创新性和创造性不足，对各项政策学习理解能力不够，仅是充当相关制度的搬运工，不能很好地转化运用，形成良好的治理能力。还有部分县级社主动向县委、县政府汇报以及与有关涉农部门协调的能力不足，不能很好地帮助基层解决问题。二是基层社实力普遍较弱，贯彻落实能力有限。治理体系的顶层设计、制度设计得好不好，最终要通过执行能力来体现，方能落地生根、开花结果。可是目前，全省系统基层社实力较为薄弱、人员老化，收租子、守摊子的现象仍然存在，贯彻执行能力还有待进一步提高。

（三）有关意见建议。一是加强培训学习，提升县级社治理体系设计水平和治理能力。习近平总书记说过"干部工作也好，人才工作也好，本质上都是用人问题"。尤其在县级社，表现更为突出，县级供销社发展是否顺利与是否有个"勇担当善作为"的班子密切相关。建议省社或市社可通过集体教学、现场教学、视频教学等方式对辖区内县社领导班子进行轮训，切实增强县级供销社领导班子业务能力。二是加快解决基层供销合作社用人问题，强化治理能力。可激活基层社现有存量人才，通过优化基层社负责人的待遇薪酬问题，设置合理的绩效考核办法，如每年从拓展的业务增量收益中，拿出一部分作为绩效奖励金，鼓励开展新业务；可指导基层供销社建立健全"三会"制度，配齐配足理事会和监事会工作人员，形成人才合力；可拓宽选人用人渠道，选聘村两委、农民合作社、家庭农场、行业协会等农村能人加入基层社，推动基层社体制机制创新。

三、作为一名青年干部，能为系统治理体系和治理能力现代化做些什么呢

作为一名从事基层组织建设的供销社青年干部，要永葆一颗热爱供销基层事业的心，在推进供销社系统治理体系现代化方面做到：一提供更多科学性、建设性的基层组织建设"十四五"规划材料和依据，为省社做好基层组织建设"十四五"规划顶层设计提供更多支持。二要研究理解好全国总社为加快基层组织建设出台的各项指导性文件和指导思想，再结合省社重点工作，制定出适合福建省基层供销社的贯彻文件，当好处室领导的小助手。三要针对基层社主任出差学习培训机会较少的特点，注重收集和总结提炼兄弟省供销社基层组织建设好的经验做法，与全省合作指导系统同事分享，开拓他们的视野。四要经常与设区市合作指导科电话沟通，了解他们现阶段在基层工作方面的动态，进行归纳总结分析，找出规律性的东西，以问题为导向，加强系统的指导和服务。五要加强与福建省农业农村厅相关处室经办人员的联系，增强在农民合作社、家庭农场等工作的沟通协调能力，提高对基层社工作支持能力。六要利用法律专业优势，创新思维，加强法治学习能力，不断提高为基层社在日常经营、资产权益维护方面答疑解惑的能力和本领，维护供销社合法权益。

笔者要严格要求自己，始终对党忠诚，秉持"功成不必在我，功成必定有我"的信念，加强思想淬炼、政治历练、实践锻炼、专业训练，练就绝对的忠诚、培养足够的本领，积极履职担当作为，努力成长为干事能力强、工作态度优、综合水平高的优秀干部，为供销事业的发展贡献力量。

（作者单位：福建省供销合作社联合社）

厚植家国情怀"沃土"
打造有温度的公共人才服务

谢颖婷

　　盛夏榕城，赤日炎炎。伴随逐日攀升的气温，《习近平在福州》采访实录在广大党员同志中掀起了一股"大学习"热潮，本书从历史和生活的层面，生动、真切地分享了习近平总书记一段极其重要的人生经历。习近平同志亲自领导福州改革开放和现代化建设，他在福州工作期间的科学理念、宝贵经验和优良作风为深入学习习近平新时代中国特色社会主义思想理论实践提供了鲜活教材，让每一名党员同志都深受感动、深受教育、深受启迪。我们也深刻地体会到：习近平总书记在福州工作的6年，为广大党员树立了可亲可近可敬的光辉榜样，是广大党员心中应该珍藏的宝贵精神财富！

不忘初心、追寻使命的信仰理念

　　《习近平在福州》采访实录中一个个原汁原味的动人故事、一篇篇发自肺腑的真情口述，都让我们深切感受到贯穿其中的一条鲜明主线，那就是习近平同志"为人民多做贡献，为共产主义理想而奋斗"的一贯初心。习近平总书记带领全党全国上下解决了许多长期想解决而没有解决的难题，办成了许多过去想办而没有办成的大事，推动党和国家事业发生历史性变革、取得历史性成就。

心系群众、爱国为民的赤诚情怀

"善为国者，遇民如父母之爱子，兄之爱弟。"习近平总书记在福州的工作，就是对这句话最好的诠释。习近平总书记在福州任职期间，处处以人民为中心，开展的各项工作都是以关注民生为基础的。根据1993年福州市委督查科的资料，习近平任职福州市委书记后，批阅的群众来信函件达千余件，他对群众来信几乎每封必看，每看必批。

开放发展、胸怀全局的战略思维

习近平总书记在福州工作期间，福州实现了历史上最快的经济增长速度。习近平主张进一步提高福州经济的外向度，以福州开放城市和马尾开发区为中心，形成闽江口两岸大福州"金三角"开放地带，并逐步向闽东北辐射。"八五"期间（1991—1995年），福州GDP接连跨过100亿元、200亿元、400亿元大关，1995年突破500亿元，位居全国大中城市前列。

脚踏实地、严谨务实的工作作风

习近平刚到福州工作时，十分重视调查研究，花了很多时间、精力下基层，这种求真务实的工作作风非常值得学习。他在福州担任市委书记期间，大力倡导"马上就办"精神，在福州实行了投资项目审批的"一栋楼办公"，全部手续，不用出楼即可办成，投资项目审批真正做到了"马上就办"。他对群众提出的困难，自己带头雷厉风行、迅速办理，也要求机关干部闻风而动、提高效率，为当地干部群众解决了很多问题。

作为中国海峡人才市场的青年党员，我们要持续深入学习《习近平在福州》采访实录，不断从习近平总书记身上汲取智慧和力量，进一步把学习成果转化为推动人才工作的思路举措，转化为做好新冠肺炎疫情防控和统筹推进人才公共服务的实际行动！

高举思想旗帜，把好政治引领"方向标"

青年党员要充分发挥战斗堡垒和先锋模范作用，把责任扛起来，把标杆立起来，自觉从采访实录中深刻汲取信仰力量、精神力量、实干力量，用心用情感悟习近平同志一以贯之的信念坚守，不断增强"四个意识"、坚定"四个自信"、做到"两个维护"，始终沿着习近平总书记指引的方向坚定前行，为党和人民的事业不懈奋斗。

中国海峡人才市场各级党组织于近期广泛开展"红色七月"系列活动，各党支部围绕助力脱贫攻坚主题，开展一线服务行动。通过共同开展"就业红娘"活动、共办退役军人就业创业服务月等形式，切实增强党员干部的使命感责任感，推进人才扶贫工作持续深入开展。

发扬创新精神，打出人才公共服务"组合拳"

"立志而圣则圣矣，立志而贤则贤矣。"中国海峡人才市场紧紧围绕"稳就业"的部署要求，充分发挥职能作用，克服新冠肺炎疫情影响，聚焦高校毕业生、退役军人、农民工、城镇困难人员等重点群体就业工作，进一步搭建平台载体、加大帮扶力度、全力以赴保就业稳就业，积极探索"互联网＋政务服务""一窗式"服务改革，推进"最多跑一次、一趟不用跑"，不断升级"人才公共服务网上办事大厅"功能。

锚定职责使命，画好公共人才发展"新蓝图"

2020年5月，习近平总书记在中共中央召开党外人士座谈会上发表重要讲话："我们要继续抓紧做好各项工作，时刻绷紧疫情防控这根弦，扎实推进复工复产复学。"

新冠肺炎疫情以来，中国海峡人才市场进一步了解收集各类企业岗位用人信息，充分利用中国海峡人才网线上对接招聘会平台、用工对接平台、灵活用工平台，继续办好高校毕业生、退役军人招聘会，做好高校毕业生特别是贫困学生、退役军人、农民工等重点群体的就业工作；认真实施人才重点项目，如省委海纳百川人才项目，做好全省重点行业、重点项目，特别是新兴产业的人才服务保障，进一步加大山区县市引才留才工作服务的力度，把更多的人才配置到全省各市县；认真拓展人力资源服务市场，积极拓展人才派遣、人事外包、委托招聘、猎头、人才培训、人才测评、社会化考试、咨询服务等市场化人力资源服务。

国以才立，政以才治，业以才兴。作为中国海峡人才市场的青年党员定会珍惜新时代的馈赠，不负韶华，砥砺奋斗，扎实走好人生的每一步；作为中国海峡人才市场的"后浪"，定会坚定理想信念，自觉发扬艰苦奋斗的优良作风，不管在何种岗位，都必须从做好每一件小事、完成每一项任务、履行每一项职责中，为把中国海峡人才市场建设成为全国一流、国际先进的人力资源服务机构；为夺取常态化疫情防控和统筹推进人才公共服务中取得"双胜利"；为推动高质量发展超越提供坚强的人才和智力保障做出应有贡献！

（作者单位：中国海峡人才市场）

坚定文化自信 讲好中国故事

郑珊珊

2020 年是极不平凡的一年，我国经受了一次次重大风险的考验。从抗击新冠肺炎疫情到长江、淮河、太湖流域的防汛救灾，在以习近平同志为核心的党中央总揽全局、协调各方的领导下，干部群众守望相助、共克时艰，与病魔、洪魔较量，取得了重大战略成果。2020 年也是伟大的一年，是以习近平同志为核心的党中央团结带领全党全国各族人民全面建成小康社会、实现第一个百年奋斗目标的历史性时刻。身处这样伟大的时代，作为社科学术期刊工作者，在研读《习近平新时代中国特色社会主义思想学习纲要》《习近平谈治国理政》和《习近平在厦门》《习近平在宁德》《习近平在福州》等系列采访实录之后，我更加深刻地感受到中国特色社会主义国家制度和国家治理体系的巨大优势，以及中国特色社会主义制度的强大生命力和显著优越性；也更加深刻地认识到自己的历史使命——必须在习近平新时代中国特色社会主义思想的指引下，坚定文化自信，讲好中国故事，努力为构建中国特色哲学社会科学贡献智慧和力量。

坚定理想信念，坚定文化自信，是《习近平谈治国理政》第一卷至第三卷一以贯之的重要思想和反复强调的重大课题。要实现中华民族的伟大复兴，就必须坚守马克思主义信仰，坚定共产主义远大理想，坚持中国特色社会主义共同理想，始终坚定"四个自信"，熔铸勇往直前、奋发进取的精神之魂。习近平总书记在参加全国政协十三届二次会议文化艺术界、社会科学界委员联组会时强调："新时代的文化文艺工作者、哲学社会科学工作者明大德、立大德，就要有信仰、有情怀、有担当，树立高远的理想追求和深沉的家国情怀，把个人的艺术追求、学术理想同国家前途、民族命运紧紧结合在一起，同人民福祉紧紧结合在一起，努力做对国家、对民族、对人民有贡献的艺术家和学问家。"社科学术期刊工作者也是哲学社会科学工作者队伍中的一员，在办刊工作中，必然要坚持以马克思主义为首要办刊原则，以习近平新时代中国特色社会主义思想为指导，提高政治站位，坚定做好意识形态工作的信心，保证期刊建设在正确方向指引下健康发展。社科学术期刊是学术研究的重要平台，也是意识形态阵地。在办刊工作中积极推进马克思主义中国化、时代化、大众化，深化拓展习近平新时代中国特色社会主义思想的研究、宣传和阐释，是社科学术期刊义不容辞的使命。立足于本职，弘扬习近平同志在厦门、宁德、福州、福建工作期间创造的宝贵精神财富，则是社科学术期刊义不容辞的重要政治责任。

文化自信是以马克思主义为指导的先进的社会主义文化的自信，对中国特色哲学社会科学的发展形成了有力支撑，引领中国特色哲学社会科学朝着正确道路发展。中国特色社会主义进入了新时代，社科学术期刊要主动介入和引导对社会重大现实问题和理论问题的研究和探讨，用中国学术讲好中国故事，增强中国的学术自信。学术自信是文化自信的重要组成部分，是构建中国特色哲学社会科学的基础。社科学术期刊要坚持以我为主、为我所用的原则，坚决避免一味迎合西方学术标准的倾向和片面强调与国际接轨，打破西方的学术话语垄断和对西方学术话语的盲目崇拜，从而在国际学术交流中发出中国学术的最强音。要持续深化习近平新时代中国特色社会主义思想宣传阐释，创新方式手段，突出思想内涵，在打造原创精品力作上下更大功夫。随着 5G 时代的来临和新媒体的快速发展，社科学术期刊作为学术传播媒体，要主动参与构建移动互联网时代学术传播新秩序，坚决抵制不良思想文化和错误思潮，自觉引领良好的社会风尚，维护马克思主义学术话语权。

在新时代，为加快构建中国特色哲学社会科学贡献智慧和力量，是社科学术期刊的重要学术使命。社科学术期刊只有深入理解、把握中国特色社会主义时代发展和习近平新时代中国特色社会主义思想的丰富内涵，才能在重大选题培育和学术议题设置上做好学术生产与传播工作，真正彰显

中国特色学术话语的当代价值。社科学术期刊要积极引导专家学者致力于时代精神和世界问题的中国表达，解读中国实践、构建中国理论；还要拓宽视野，不断学习世界上的先进经验和成果，在借鉴与吸收西方学术话语优势的基础上，进一步拓展学术视野和研究领域，培育新的理论生长点，推动哲学社会科学话语体系学理化、大众化、国际化，着力提出体现中国立场、中国智慧、中国价值的正确思路和方案，提升国际学术影响力和话语权。

当今世界正经历百年未有之大变局，我国正处于实现中华民族伟大复兴的关键时刻。越是在关键时刻，越是需要科学理论引领，越需要高举伟大思想旗帜。我们要紧密结合工作实际，将学习成果转化为推动工作的思路举措，不断提高自己运用习近平新时代中国特色社会主义思想分析和解决问题的能力，真正在经风雨、见世面中长才干、壮筋骨，练就担当作为的硬脊梁、铁肩膀、真本事，更好地履行党的意识形态阵地的职责使命。

（作者单位：福建省社会科学界联合会）

红色电信与党同心 100 年

杨 华

1930 年 12 月，在首次反"围剿"中红军缴获半部电台，当时缴获的电台只能收、不能发。从"半部电台"起家的红色电信在保卫政权、抗日战争、解放战争中屡屡得胜、战功累累，毛主席亲切地称之为"科学的千里眼和顺风耳"。2021 年是中国共产党成立 100 周年，在这 100 周年里，电信领域也发生了翻天覆地的变化。红色电信从半部电台起家，随着中国共产党的诞生而诞生，与党和国家的事业紧紧相依，从"近处靠吼、远处靠走"到"一机在手、天下皆有"，从亲笔执信到微信视频，随着科技的进步，人们的通讯方式同时也发生了地覆天翻的变化，深刻影响并改变着人们的生活品质和生活方式，为中国共产党的事业和市场经济的发展做出了卓越的贡献。

第一代：建设发展探路人

我的爷爷是中华人民共和国成立前加入共产党的，那时刚满 17 岁，他时常给我讲起自己入党和参军的故事，当年人人都争先恐后当兵、入党、立功。在解放战争中，随着渡江战役，爷爷跟着南下大部队承担邮电电报工作，冒着枪林弹雨报送重要邮件。小时候总听爷爷说："打仗就是打通信，载波设备、长途电话、交换机等都得会操作，那时候没有学习专业技术的条件啊！都靠自己摸索学习啊。"作为一名通信行业的"老兵"，从未想过国家的通信行业发展得如此飞速，尤其是改革开放至今的 40 多年间。手摇电话、寻呼机、"大哥大"等早已退出历史舞台，就连程控电话也被

取而代之成移动互联网电话，凭着一部智能手机可以智游全国、走遍天下。

第二代：通信改革奉献者

我的父亲继承了爷爷的衣钵，被分配到邮电局工作，在党组织的鼓励下，在爷爷的言传身教下，父亲满怀信心投入到党的事业中，记得当时手摇式电话，俗称"摇把子"，非常昂贵，只有少数有钱人才能买得起用得上，固话对于普通家庭来说就是奢侈品。从 20 世纪 80 年代中期开始，固话的供需矛盾又开始凸显，"难装机、难通话、难维修"是当年的老大难问题，那时候由于电路设备问题导致线路条件差，双方有时听不清对方讲话，各邮电局的长途台窗口前都排着长队，甚至有的时候话务员还要当起"传声筒"的角色。那时父亲先后担任代维部组长、南区工作站机务员、党务工作者等职务，在任何平凡的岗位上都始终如一、扎实工作，默默地为党和人民献出微薄之力。随着科学技术的发展，固话逐渐进入了寻常百姓家，给人们的通信带来了极大的便利。父亲常说："是党和人民培养了我，只有坚信在中国共产党的领导下，中华民族的未来才有更好的明天。"

第三代：拥抱"5G"新时代

进入 21 世纪，我跟随着爷爷和父亲的脚步也加入了中国电信。如今，手机由奢侈品变成了百姓日常生活的必需品，固定电话也即将沦为历史。随着智能化和移动互联网的发展，现在，一部手机在手轻松搞定扫码付款、吃喝玩乐甚至移动办公。

三代电信人经历了从书信到"摇把子"电话，从程控电话到"大哥大"，从"3G""4G""5G"走向"万物互联"。通信行业的发展就是一部波澜壮阔的史诗，背后既有令人惊叹的闪光智慧，也有风云莫测的江湖纷争。从百废待兴步履艰难到蓄势待发弯道超车，中国通信技术能够产生如此令全世界侧目的飞跃，离不开国家的不断改革及对行业发展的大力扶持，更离不开一代又一代通信人的艰苦付出。而我也是随着电信事业发展成长起来的第三代电信人，我的工作岗位变换了多次，不变的是积极向党组织靠拢的初心。经过组织的培养考察，2020年前夕，我终于在党组织的考验中成为一名预备党员，历经时代变迁，希望自己可以把红色电信精神一代代接续传承、历久弥新，始终坚守"人民邮电为人民"的初心使命，传承正宗正脉正统红色电信基因。

回望历史，从书信、电报到电话、手机，通信方式的一次又一次发展让我们加快了生活的节奏、缩小了时间空间、拉近了沟通距离，并且，每一种通信工具都深深地留下了时代特有的印记，牢牢地镌刻于每一代人的心间。中国共产党的百年历程在一代又一代青年人的接力奋斗中变为现实，我们的成长之路也折射着国家的变迁之路，我真挚地对党说一句："生日快乐！"

（作者单位：中国电信股份有限公司福州分公司）

人民至上篇

从"孙猴子"到"人大代表活动室"

吴小滨

2021 年 3 月底，我结束驻村任务，从南平市顺昌县福峰村返回省人大常委会机关。7 月 1 日，机关组织收看"庆祝中国共产党成立 100 周年大会"，我认真聆听习近平总书记在天安门广场发表的重要讲话，回想驻村参与脱贫攻坚的时光，颇有感触。

想到了孙猴子

听到习近平总书记对世界宣告"我们实现了第一个百年奋斗目标，在中华大地上全面建成了小康社会，历史性地解决了绝对贫困问题"，我感觉酸甜苦辣一时都涌上心头，有完成任务的荣耀，有负重前行的艰辛，有离开乡村的不舍……大概最像取经归来，天庭宴会上，孙猴子听到那首《庆功天仙曲》时的心情。

脑中闪过乡村的一幕幕：村两委达成一致意见的拉锯、24 小时驻守的防疫服务帐篷、推倒重来的产业规划、争取资金支持的来来回回、大棚招租的反反复复、雨季疏散高陡边坡的拉拉扯扯……又记起第一次被叫"吴书记"的欣喜、协商近一年终于落地的"党员包户"、人大机关"爱心助农"的成行……三年来，送别了黄文秀，送行了同去顺昌驻村的中铝瑞闽公司的叶群生，似乎能更深地体会到战友的情谊，体会到"为有牺牲多壮志"的情怀。如今，身在省城，乡村远了，却似乎又不远，看到阿美书记没了很压抑，知道《乡村振兴促进法》颁布忙点赞，听到火龙果又滞销会着急。大抵有些情感不容易获得，获得了便也不容易失去！

孙猴子历经九九八十一难，一难的艰辛，才有一难的历练，一难的积淀。理解了孙猴子，也便能理解"知青上山下乡"和下派"驻村第一书记"的良苦用心。踏平坎坷成大道，斗罢艰险再出发！

从螺丝刀到螺丝钉

从田园风光回到车水马龙，工作性质再一次180度转变。

当村里的第一书记时，我是一把螺丝刀，管人管事管产业，面对数不完的螺丝钉，拧完这个拧那个，来来回回，忙忙碌碌。回到机关，领导调侃我："吴书记，回到机关能适应吗？杂七杂八的事，乡下动动嘴就行，现在得自己动手喽！"虽是调侃，却很真实。从乡下的大嗓门、粗线条、风风火火，到机关的团结、紧张、严肃、活泼，我得重新适应起"螺丝钉"的生活。

在人事代表工作室，大家并未介意我借调的身份，始终把我当成一家人，领导也放手让我去学、去试、去办。我仿佛又回到了小学生的时代，第一次写简报，第一次写讲话稿，第一次出公众号，第一次组织参加代表调研……

遇到困难时，遇到新情况时，接到新任务时，我常常想起在乡村开局时的困难时光，鼓励自己办法总比困难多，坚持总会有收获。鼓励自己即便是一颗螺丝钉，也得把钝的那头添些分量，经得起敲敲打打；也得把尖的那头磨得锋利些，当一个有冲劲的螺丝钉。

习近平总书记说："以史为鉴，可以知兴替。我们要用历史映照现实、远观未来，从中国共产党的百年奋斗中看清楚过去我们为什么能够成功、弄明白未来我们怎样才能继续成功，从而在新的征程上更加坚定、更加自觉地牢记初心使命、开创美好未来。"

感谢三年驻村时光，让我有了属于自己的、有些宽度的历史，让我更有勇气和底气，在自己的一亩三分地上，以史为鉴，开创未来。

我有一个愿景

我有一个愿景，是关于"人大代表活动室"的。

张三心里存着一件事，小区有人养狗，常常放养不绑狗绳，万一咬了自家孩子怎么办？去了物业、民政、派出所，都没法解决问题，因为"咬"这个事情还没发生。

他想起社区有个"人大代表联系群众活动室"，就打开导航，上门咨询。因为有很多人咨询过这个问题了，活动室工作人员记下了这个事。人大代表们一起商议后，便启动调研、提建议并督办。最终，物业制定了管理规定，禁止养狗人放养犬只并圈定了活动区域。经过几次接触，张三家的孩子和那条狗熟悉了，张三也不那么排斥养狗了。而在活动室，讨论还在继续，人大机关和立法专家通过可视化平台，与活动室的代表们远程沟通交流，探讨如何立法把社区养狗问题规范起来。

我想起了村里的信访评理室。简陋的评理室里，乡亲们提了种种诉求，门口的路灯坏了，盖房子过了滴水线，狗在公共厅堂大小便……事无巨细，曾经让我头疼不已，能办的着手办，不好办的只能劝。而活动室不一样，活动室背靠人大机关，是一个能有后续的地方，假以时日，功能完备，定会是一个可以说法、说理、办成事的地方。

习近平总书记说："江山就是人民，人民就是江山。"从联系群众的角度看，活动室于人大，于代表，于立法，不只是"最后一公里"，更是"最前一公里"。践行"全过程人民民主"，活动室正是那个可以用得上的平台。

（作者单位：福建省人民代表大会常务委员会）

初心，永不褪色

郑江滨

百年初心历久弥坚。1921 年建党开天辟地，1949 年中华人民共和国成立改天换地，1978 年改革开放翻天覆地，到如今 2021 年建党百年惊天动地。一百年来，我们党矢志不渝坚守为人民谋幸福、为中华民族谋复兴的初心使命。这颗初心，为我们赢得了万众民心，为我们凝聚了无坚不摧的力量，帮助我们夺取了中国革命、建设、改革以及新时代中国特色社会主义事业的伟大胜利，创造了让世界惊叹的"中国奇迹"。

回首百年奋斗路，奋楫扬帆启新程。习近平总书记在庆祝中国共产党成立 100 周年大会上强调，"初心易得，始终难守。以史为鉴，可以知兴替"。回想过去，我最初接受的党史教育，应当是读红色经典故事连环画，至今记忆尤深的有《小兵张嘎》《小英雄王二小》《鸡毛信》《小英雄雨来》《刘胡兰》《黄继光》《邱少云》等。那时候家里穷，没钱买书，所有的连环画都是找邻居孩子借的，怕对方催得紧，每每借到一本，便如饥似渴地阅读。小时候的红色经典故事阅读，可以说是我的党史启蒙教育，在满足了一个农村少年对历史知识和英雄人物的渴望的同时，也在心灵中悄悄播下了红色的种子。那时候，对共产党的英雄人物深深崇拜，但是内心无法理解为什么他们在敌人的威逼利诱、百般酷刑面前，能做到如此不怕牺牲、不屈不挠。

再长大些，进了学校，开始学习中国近代史和党史。当我读到了夏明翰的"砍头不要紧，只要主义真"，读到了刘胡兰的"怕死就不是共产党员"，读到了方志敏的"敌人只能砍下我们的头颅，决不能动摇我们的信仰"等革命英雄大义凛然的誓言时，我终于找到了共产党员不怕牺牲的答案，那就是坚如磐石的信念。为了中国人民的幸福，共产党始终毫不动摇的坚定理想信念，团结带领中国人民披荆斩棘，攻坚克难，创造了彪炳史册的人间奇迹。党的光辉历史凝结着共产党人的理想信念、精神品质、光荣传统和优良作风，孕育出了红船精神、井冈山精神、长征精神、延安精神、西柏坡精神、两弹一星精神、航天精神、抗洪救灾精神等一座座精神丰碑，这些红色基因承载着共产党人永不褪色的初心使命。共产党人对初心使命的执着坚守，让我无比崇敬与向往。2006年11月22日，我面对党旗庄严地举起右拳，立下了初心，许下了誓言，加入了党组织，成为一名共产党员。

毕业后，我作为一名选调生扎根基层工作，到了服务群众最后一米的地方。在这里，我融入广大群众，与群众拉家常、心连心、共甘苦，直接参与脱贫攻坚、乡村建设、生态保护、民生建设等一系列工作，以平凡的工作、如一的初心践行为人民服务的宗旨。2016年，作为中华人民共和国成立以来登陆闽南的最强台风，"莫兰蒂"搅乱了闽南群众的中秋佳节，强降雨导致泉州多地陷入泽国，地处山区的南安、永春、安溪等地受灾尤为严重，作为永春乡镇一名党员干部，我见证了广大基层党员们冒着风雨，冲锋在前，排除险情、抢修道路、转移群众、加固危房，与台风抢时间，与洪水拼速度，全力以赴救灾抢险，勠力同心守卫人民群众的生命财产安全。那一刻，我明白了共产党员的初心永不褪色。

2020年伊始，突如其来的新冠肺炎疫情来势汹汹，迅速席卷全国。作为县委办的干部，我见证了广大党员干部挺身而出、舍生忘死，冲锋在第一线、战斗在最前沿；见证了无数基层党员干部舍小家、顾大家，放弃休息、坚守岗位，24小时忙碌于入户宣传、人员排查、关卡检测等工作。广大共产党员身上展现的抗疫精神，让我明白了共产党员的初心永不褪色。

2021年3月，我有幸来到福建省政协工作，积极参加福建省政协机关组织的各类党史学习教育活动，系统学习了党的历史，让我更加深刻地感悟到中国共产党始终初心。"一切为民者，则民向往之。"百年党史，是一部共产党人践行初心使命、为人民谋幸福的历史，是一部始终如一为人民服务的历史，展现了共产党一切为了人民、一切依靠人民的红色基因和为

民情怀。系统学习党史，让我深刻感悟到我们党"矢志不渝为人民"的真挚情怀和崇高追求。

习近平总书记强调，江山就是人民，人民就是江山。作为一名共产党人，必须传承和弘扬红色基因，始终保持对人民群众的忧虑与关切，在为民造福中实现自己的价值，在无私奉献中成就人生的境界。我们的政协委员很多都来自人民群众，在日后的工作中，我将尊重委员、依靠委员、服务委员，发挥政协委员与群众联系密切的优势，倾听来自人民群众的呼声，时刻保持与人民群众的血肉联系，始终保持为民做事、为民造福的初心和情怀，以实际行动践行初心使命，永葆党员本色。

（作者单位：中国人民政治协商会议福建省委员会办公厅）

秉持为民　精耕细作　锤炼本领

苏伟灿

经组织选派，我于 2021 年 4 月到国务院办公厅交流挂职。5 月 9 日至 17 日，我有幸成为赴陕西省开展问题线索实地核查小组成员，参加了国办机关"三个一百"活动（国办机关"百名国办机关干部，核查百条问题线索，办理百件民生实事"活动）。短短 9 天里，我始终不忘初心、践行使命，揣着政策、带着任务、怀着感情，跟着核查组推动解决群众反映集中的操心事、烦心事、揪心事，努力用实际行动展现新时代机关干部的责任和担当。作为一名来自地方的干部，我经历的不单单是完成活动任务，更是一次心灵的震撼和洗礼，更多的是满满的感慨和收获。

这是一次践行初心使命、牢固根本宗旨的"党性之旅"

人民立场是中国共产党的根本政治立场，为民办实事是学史力行的题中应有之义。在核查出发前，我的脑海里就不断思考着两个问题：国办机关干部为什么要到基层一线办实事？我们到底要呈现给线索反映群众和基层干部怎样的形象？带着问题，也带着真情，我和核查组其他成员走进西安石油大学，为的是用于补助基本生活支出的研究生国家助学金能够按月发放；我翻越 2 米多高的围墙，到四周高层住宅楼包围下的"断头路"暗访察看，希望即将入住的 3 万户居民，不必绕大远路回到自己的新家；我走在雨后泥泞的河道滩涂上，只想亲自核实群众反映的 4.8 亩农田究竟为何会被建筑垃圾填埋；我也来到承载"人生大事"的婚姻登记大厅，到发放"救命钱"的医保经办中心，因为我深知百姓心中无小事。

我们为什么要下到基层办实事？"心无百姓莫为官"，为人民服务既是党的使命任务，也是我们共产党人的本色。"上下同欲者胜"，国办干部虽身在政府机关，但我们的感情不能脱离基层；身为政策的制定者，心中不能没有百姓。我们要把人民群众的利益放在首位，做到百姓关心什么、期盼什么，我们就要抓住什么、推进什么，制定政策时更加符合人民群众的立场，让他们从一件件惠民利民的实事中多些获得感。我们到底要呈现给线索反映群众和基层干部怎样的形象？带队领导在出行前就找我们谈心谈话，在纪律方面提出严格要求。在核查期间，我们始终遵循"住路边店、吃路边饭"的要求，多次婉拒省政府督查室及有关部门的随行陪同和提供工作餐，谢绝了在地同学的会面宴请，将所有时间和精力都用在了工作上；在落实整改时，我们始终摆正位置、实事求是，不代替地方政府拿主意、做决策，而是与有关部门充分沟通，研究切实可行的整改方案；问题整改后，及时向线索反映人反馈，倾听其对整改落实情况的意见，确保整改质量。

这是一次深化"督帮一体""督帮并举"理念的"为民之行"

"知是行之始，行是知之成。"办实事，就是要坚持以"实"字为要。我来自基层单位，也经历过上级部门督察检查，督察中发现的问题相当部分是基层单位一时难以提出有效解决办法的老问题，可以说是疑难问题，基层单位在接受督察的同时，也真心期盼着能跟核查组同志商讨请教解决办法。所以，这次开展线索核查工作中，我多次站在基层单位的立场上考虑问题，想方设法为基层单位提供便利的工作条件，助力基层单位推进问题解决，真正做到为基层干部减压力、指问题、破难题、教方法。

如，在核查陕西省消防协会 2019 年 2 个批次消防设施操作员考试合格考生至今未发放证书问题时，我与地方有关部门共同剖析问题根源，了解其他省份处理同样历史遗留问题的好做法供他们参考借鉴，并及时对接应急管理部消防救援局。应急管理部消防救援局次日就指导陕西省消防救援总队立即启动有关工作，按要求核实上报未发证考生原始信息材料。在工作过程中，我坚持实事求是分析问题，既真正触及和揭示问题实际，督促相关部门抓好整改，同时也发现和总结好的经验做法，如对西安市主动推进婚姻登记"跨区通办"、慢性病报销定点直接结算等创新试点工作予以肯定，并就推广实施提出了政策措施建议。

这是一次提升干事创业能力、锤炼业务本领的"学习之路"

国务院副秘书长、国务院机关党组副书记丁学东同志在"三个一百"活动动员部署会上强调，机关党员干部要通过深入基层为群众办实事解难题，进一步强化政治机关意识，强化公仆意识、为民情怀，更好履行"三个服务"职责。办实事，目的在于开新局，参与此次办实事活动，是一次难得的学习历程，是自己与自己的一次对话，让自己回归初心，也回归本职。

基层是年轻干部最好的课堂。读懂基层这部厚厚的"无字之书"，是每名年轻干部应做好的必答题。"虽有嘉肴，弗食不知其旨也；虽有至道，弗学不知其善也。"只有拜人民为师，交基层朋友，不断追求"我将无我，不负人民"的精神境界，才能把理想信念和学习成果转化为解决人民群众实际问题的成效。"宰相必起于州部，猛将必发于卒伍"，身为政府工作人员，只有熟悉基层，才能制定符合基层实际的政策，只有经过基层历练，才能具有处理实际问题的能力。"疾风知劲草，板荡识诚臣"，越是条件艰苦的地方，越能看出一个公务员的品质，也就越懂得珍惜生活，才能与百姓感同身受，才能真正和百姓拧成一股绳。

同事是年轻干部学习的源泉。这次的核查，从抵达西安起，带队领导就吹响战斗号角，大家讲政治、顾大局、守纪律，以深厚的爱民情怀、强烈的使命担当进入战斗状态，每天的工作都是节奏明快、紧张有序。带队领导利用交通出行、餐后散步时间进行答疑解惑，传授工作经验。其他组员总是能从多个维度提出独到见解，不断更新着自己对问题的认识程度，大家在工作中交流各自心得，不断在思想碰撞中增长见识、提升解决问题本领。因为工作有挑战、付出有收获，"一天当成几天干"，大家提升了能

力，淬炼了作风，开阔了视野，升华了情怀。

一次活动的结束，却是自己新的开始。我将把这次活动学习体会到的理念、方法和思考融入今后的工作中去，始终牢固树立全心全意为人民服务的思想，秉持高度的责任感和使命感，以梦为马，不负韶华，不忘初心，砥砺前行。

（作者单位：福建省人民政府办公厅）

坚持以人民为中心　走好网上群众路线

李　朋

2020 年以来，面对突如其来的新冠肺炎疫情，习近平总书记把人民群众的生命安全和身体健康放在第一位，亲自部署、亲自指挥，主持召开一系列重要会议，做出一系列重要讲话重要指示，为统筹推进疫情防控和经济社会发展指明了前进方向、提供了根本遵循，体现了习近平总书记人民至上、以人民为中心的殷殷初心和赤诚情怀。深研细读《习近平在厦门》《习近平在宁德》《习近平在福州》《习近平在福建》系列采访实录，我们深切体会到，习近平总书记的这种初心和情怀是一以贯之的。

习近平总书记深入基层体民情、察民意，集中体现了他躬身践行马克思主义群众观点。群众观点是马克思主义唯物史观的一个基本观点，认为人民群众是历史的创造者，是物质财富和精神财富的创造者，而且是社会变革的决定性力量。习近平总书记在福建工作期间，"人民"二字是他提起次数最多、使用频率最高的词，群众在他内心具有最重的分量，基层是他去得最多的地方。他掷地有声地提出"我们要始终牢记政府前面的'人民'二字，对群众的悲欢冷暖感同身受"，倡导实践"四下基层""四个万家"的工作方法，大力提倡"马上就办、真抓实干"的工作精神，党的十八大以来又多次强调"当县委书记一定要跑遍所有的村，当地（市）委书记一定要跑遍所有的乡镇，当省委书记一定要跑遍所有的县市区"。这些都体现了习近平总书记尊重人民主体地位、充分发挥人民群众的主体作用的马克思主义群众史观，体现了他"从群众中来，到群众中去"，密切联系群众的优良传统和工作作风，体现了他是马克思主义群众观点的真正传承者、捍卫者和践行者。

习近平总书记真心实意解民忧、纾民怨，体现了他始终坚持我们党全心全意为人民服务的宗旨。全心全意为人民服务是马克思主义群众观点在党的建设中的集中体现和创造性发挥，是我们党区别于其他一切政党尤其是资产阶级政党的根本标志，是我们党的最高价值取向。在福建工作期间，习近平总书记始终心系人民、心系群众，他倾力推动连家船民上岸，使"上无片瓦，下无寸土"的连家船民真正"搬上来、住下来、富起来"；大力实施"安居工程""广厦工程""造福工程"，使"纸褙的福州城"旧貌换新颜；做出建设"数字福建"的重要决策，在全国率先谋划生态省建设，推动福建驶入高质量发展的快车道。这些都体现了习近平总书记始终把全心全意为人民服务作为一切行动的根本出发点和落脚点，体现了他心系人民、践行党的宗旨的殷殷初心。

习近平总书记带领党和人民开展伟大斗争的生动实践，集中体现了他一以贯之践行初心使命的赤诚情怀。2012 年 11 月 15 日，党的十八大上刚刚当选的习近平总书记面对中外记者庄严承诺，"人民对美好生活的向往，就是我们的奋斗目标"。党的十八大以来，以习近平同志为核心的党中央准确把握复杂局势，正确决策，真抓实干，引领我国经济社会发展取得历史性成就、发生历史性变革，脱贫攻坚取得决定性成就，反腐败斗争取得压倒性胜利，抗疫斗争取得重大战略性成果。为科学编制"十四五"规划，习近平总书记坚持问计于民，先后奔赴山西、宁夏、吉林、安徽、湖南等多个省区考察调研，密集召开党外人士座谈会、科学家座谈会、基层代表座谈会。这些都集中体现了习近平总书记以人民为中心的发展思想，体现了他一以贯之践行"为中国人民谋幸福，为中华民族谋复兴"初心使命的赤诚情怀。

当今世界正在经历百年未有之大变局，信息革命既是这场大变局的重要标志，又是驱动大变局的重要动力。习近平总书记鲜明指出，"网信事业要发展，必须贯彻以人民为中心的发展思想"。我们要秉承和弘扬习近平总书记以人民为中心的初心和情怀，把增进人民福祉作为网信工作的出发点和落脚点，为加快新发展阶段新福建建设贡献网信力量。要密切联系网民。深入贯彻落实习近平总书记关于走好网上群众路线的重要指示精神，发挥网络传播"互动、体验、分享"的优势，通过互联网了解群众、贴近群众、为群众排忧解难，充分发扬人民民主、接受人民监督，把互联网这个"最大变量"转化为"最大正能量"。要广泛动员网民。互联网已经成为舆论斗争的主战场、主阵地、最前沿。要切实发挥网民在传播正能量中的主体作用，广泛动员网民参与共建共治网上精神家园，真正使广大网民成为正能量的生产者、传播者、引领者，为全方位推动高质量发展超越营造良好网络舆论氛围。要积极服务网民。深入贯彻落实习近平总书记关于"国家网络安全工作要坚持网络安全为人民、网络安全靠人民"的重要指示精神，坚持开放与治理相结合，着力防范化解网上重大风险隐患，坚决依法打击危害网络安全的违法犯罪行为，为奋力谱写全面建设社会主义现代化国家福建篇章营造清朗的网络空间。

（作者单位：中共福建省委宣传部）

"为人民服务"是共产党人的精神底色

黄铭威

"江山就是人民，人民就是江山"，习近平总书记这句饱含深情的话给我留下了深刻印象。随着党史学习的不断深入，我愈发感受到中国共产党正是本着为人民服务的初心，处处为人民着想，不断地团结人民群众，才能在饱经风雨之后不断茁壮成长，在波澜壮阔的时代洪流中不断发展壮大，铸就今天辉煌的成就。

中国共产党的发展历史，是为民服务的历史

纵观中国共产党发展的历史，为人民服务是中国共产党人的精神底色。1921年，中国共产党在一艘红船上诞生，立党为公，忠诚为民铸就了红船精神，将红色基因注入中国共产党人的血液中；土地革命时期，中国共产党人发扬井冈山精神，坚持走群众路线，全心全意为人民服务，为中国共产党的发展壮大打下了扎实的基础；抗战时期，中国共产党积极与人民群众同甘共苦，军民协作，孕育了全心全意为人民服务、自力更生艰苦奋斗的延安精神，成为中国革命和建设的伟大精神动力。在著名的孟良崮战役中，涌现出了人民群众用小推车送粮、沂蒙六姐妹等无数的感人事迹。可以说，战役的胜利离不开人民群众的支持，也正是中国共产党本着全心全意为人民服务的理想信念，急群众之所急，想群众之所想，以真心换真心，让当地的百姓真真切切地认识到共产党是实实在在为人民服务的党，才铸就了深厚的军民鱼水情！

习近平新时代中国特色社会主义思想，在党和人民实践经验和集体智

慧的基础上，高屋建瓴，明确指出，新时代我国社会主要矛盾是人民日益增长的美好生活需要和不平衡不充分的发展之间的矛盾，必须坚持以人民为中心的发展思想，不断促进人的全面发展、全体人民共同富裕。习近平新时代中国特色社会主义思想正是中国共产党人时刻将人民的利益放在心上的写照！这样的党，让人民群众倍感温暖，幸福感和获得感不断提升！

时刻将人民放在心中是中国共产党人的行为准则

中国共产党成立以来，许许多多优秀共产党员本着"功成不必在我、功成必定有我"的忘我精神，时刻将人民放在心中，造福人民，感动了一代又一代人。

习近平总书记在福建任职期间，以身作则，时刻将群众的冷暖安危放在心头，大力倡导"马上就办"，推行"四个万家"，提高办事效率，切实解决群众困难。习近平总书记在《摆脱贫困》一书中饱含深情地写道："我推崇滴水穿石的景观，实在是推崇一种前仆后继、甘于为总体成功牺牲的完美人格，推崇一种胸有宏图、扎扎实实、持之以恒、至死不渝的精神。"这正是中国共产党党员"我将无我、不负人民"的崇高情怀写照！

河南兰考书记焦裕禄，面对兰考内涝、风沙、盐碱的恶劣环境，即便身患癌症，依然将人民的利益放在第一位，勇于同恶劣的自然环境做搏斗。焦裕禄精神激励了一代又一代的共产党人为人民奉献自己；"感动中国 2020 年度人物""七一勋章"获得者张桂梅老师，爱生如子，坚持带病工作，甚至把自己的药停了，拿出钱资助困难学生，将自己的青春无私地奉献给当地的教育事业，诠释了一名共产党员的大公无私；南平政和县原县委书记廖俊波同志，时刻将人民装在心里、将群众脱贫工作放在心上，为解决农民企业家的困境，主动作为，排忧解难。为了做好群众工作，跋山涉水，不辞劳苦。为了摘去政和县贫困县的帽子，殚精竭虑，夙夜在公，在他生命的最后 45 天，有 36 个晚上都在加班加点地工作。

还有很多很多的共产党员，默默地奋斗在第一线，他们迎难而上，一心一意造福人民，全心全意守护人民的利益，用他们的行动，很好地诠释

了共产党员为了共产主义事业"千磨万击还坚劲，任尔东西南北风"的韧劲。

通过不断深入学习中国共产党党史，学习优秀共产党员为民服务的先进事迹，我暗下决心，"苔花如米小，也学牡丹开"，见贤思齐，要像这些优秀的共产党员一样，时刻把为人民服务放在心头。作为党刊编辑，要尽自己所能，挖掘更多优秀的共产党员事迹，用心做好每一篇文章，办好每一期杂志，用自己手中的笔，让更多的人了解他们的先进事迹，让更多的人向他们学习，让共产党人为民服务的正能量不断地传播出去，为赓续红色血脉，传承红色基因添砖加瓦。

（作者单位：中共福建省委宣传部）

以"青春之心"守住"人民的心"

陈超越

"百年风雨故国摇，一大红船定巨涛"，百年前从嘉兴南湖扬帆起航的革命红船，承载着"人民至上"的信念，一路乘风破浪、披荆斩棘，引领中华民族走向伟大复兴。"人民就是江山，江山就是人民"，作为扎根在基层一线、直接面对广大人民群众的新时代青年党员，守住人民的心就是坚持人民至上，始终以"人民的心"为己心，与人民群众同向同行、心心相印，以火热昂扬的奋斗之姿在基层工作中展现青春之美。

以青春之真心，守住人民的坚定之心。习近平总书记在中央党校（国家行政学院）中青年干部培训班开班式上指出，既要"身入"基层，更要"心到"基层。青年党员是基层工作的中坚力量，要自觉践行全心全意为人民服务的根本宗旨，切实走好党的群众路线。青年干部的基层工作经验可以不足，但态度要端正，心中要始终装着人民，怀揣为民服务的真心，虚心向群众求教，俯身听群众意见，真正融入基层群众、走到百姓中间，做到接地气、懂民心、知民意。面对群众个性化、多样化的诉求和问题，要站在群众的角度，设身处地地为群众着想，不摆"花架子"，不搞"虚功夫"，不能"想当然"，才能真正了解群众需要什么、掌握群众缺什么，第一时间将党的温暖送到群众身边，努力赢得人民群众的真心拥护，使人民群众坚定地听党话、跟党走。

以青春之恒心，守住人民的信任之心。"学问之道无穷，而总以有恒为本。"青年党员如果没有过硬的政治素养和能力素质，无法解决群众的揪心事、烦心事、操心事，服务群众就成了一句空谈。理论学习是思想之基，作为青年干部要更加自觉用党的理论武装头脑，学习马克思主义理论

特别是新时代党的创新理论，学习党史、新中国史、改革开放史、社会主义发展史，在持续深入的政治理论学习中进一步坚定理想信念，并做到常修常炼。要不断加强与业务相关的新知识新技能的学习和储备，以理论指导实践，在为人民服务的实践中不断摸索思路和方法，切实提升工作本领和综合素质，在为民服务的不断实践中赢得广大群众的信任。

以青春之决心，守住人民的期盼之心。"一个行动胜过一打纲领"，一切工作都要落实到行动上，服务于民绝不是嘴上说说，更要身处基层一线的青年党员身体力行去做。基层是青年党员绝佳的"练兵场"，面对群众的需求，我们要克服年轻人急躁心理和经验不足的畏难情绪，以顽强的拼搏战胜困难，讲党性、讲原则、敢斗争，担起一切为了人民的重担。在解决群众的实际问题和纠纷中，进一步磨炼敢于迎难而上的勇气和攻坚克难的决心，时刻保持"不破楼兰终不还"的拼劲和"敢教日月换新天"的魄力，以钉钉子精神干好本职工作，做到"知责于心、担责于身、履责于行"，以实际行动守护人民群众对新时代青年党员的殷切期盼。

习近平总书记在福建考察时强调，实现第二个百年奋斗目标，实现中华民族伟大复兴，青年一代责任在肩。作为新时代青年党员，我们更应该肩负强国使命，传承红色精神，以服务人民为己任，以热烈赤诚的"青春之心"守住"人民的心"，在实现中华民族伟大复兴的进程中闪耀出青春的无限光芒。

（作者单位：福建省交通运输厅）

牢记为民宗旨　坚持底线思维
助力制度建设　保障政策落实

王棋纹

2020 年初以来，新冠肺炎疫情席卷全球。我们党团结带领全国各族人民，进行了一场惊心动魄的抗疫大战，付出巨大努力，1 个多月初步遏制疫情蔓延势头，2 个月左右将本土每日新增病例控制在个位数以内，3 个月左右取得武汉保卫战、湖北保卫战的决定性成果，进而又接连打了几场局部地区聚集性疫情歼灭战，夺取了全国抗疫斗争重大战略成果。

在党的领导下，全国人民齐心合力，创造了伟大的抗疫奇迹。回顾整个抗疫过程，人民至上、生命至上的理念贯穿始终，坚守底线思维制定出的科学、严谨的标准落实到了每一个细节。"白衣为甲"的医护岗位，身穿红马甲的社区志愿者队伍，深入一线帮助复工复产的机关干部……各行各业的党员，坚决站在了疫情防控和恢复生产生活秩序的一线，与人民同呼吸、共命运、心连心，站在群众的立场上想问题、做决策、办事情，真抓实干解民忧、纾民怨、暖民心。

如今我们的日常生活已渐渐恢复常态，经济逐步恢复增长，而境外疫情正在快速蔓延，一发不可收拾，各大国际经济组织纷纷预测，今年中国将是唯一正增长的主要经济体。但不可否认国际、国内形势依然严峻复杂，科技基础比较薄弱，经济发展的内生动力不足等种种难题依然等待我们去努力化解。作为一名共产党员，一名奋战在审计一线的审计工作者，我要着力做到以下几点。

一要把准政治方向，坚决维护核心。我们审计机关不仅是国家机关，首先是政治机关，政治是第一属性，讲政治是第一要求，政治和审计业务

是紧密联系的，审计业务处处连着政治。平时审计工作接触大量数字，数字反映的方针，体现的政策，承载的责任，意味着审计不仅对报告揭示的事项负责，更要对党和人民负责，不仅要讲法治，更要讲政治。围绕中心、服务大局，是审计工作的职责所系、使命所在。

作为一名党员、审计战线的一分子，我要遵守党章，锤炼党性，牢记自己的第一身份是共产党员，第一职责是为党工作，始终向党中央看齐，从政治上把大局、看问题，把旗帜鲜明地讲政治贯穿于审计工作的全过程和各环节，有对使命担当的紧迫感，有对推进改革发展的责任感。把坚定理想信念、对党忠诚体现在做好本职工作上，始终保持昂扬奋进的精神状态，营造风清气正的政治生态，永葆共产党人政治本色，自觉用党章规范自己的一言一行，在任何情况下都要做到政治信仰不变、政治立场不移、政治方向不偏，始终保持头脑清、方向明、政治敏锐性强。

二要牢记为民宗旨，真诚服务人民。习近平总书记在"不忘初心、牢记使命"主题教育工作会议上的讲话指出："人民是我们党执政的最大底气，是我们共和国的坚实根基，是我们强党兴国的根本所在。"在抗击新冠肺炎疫情的实践中，我们的党和政府正是始终坚持了为人民服务的宗旨，才能正确把握抗疫斗争的关键点，获得人民群众的广泛认可，得以把各项科学、有效的政策落到实处。

作为一名审计人，我们要坚持以人民群众对美好生活的向往为目标，始终把群众的利益放在首位，把审计工作做扎实、做细致、做到位，切实增强人民群众的获得感、幸福感、安全感。用审计手段监督、保障党的路线方针政策和上级重大决策部署得到全面贯彻落实。以自身的模范行为，树立审计机关的良好形象，为助力福建省全方位推动高质量发展超越做出自己应有的贡献。

三要坚持底线思维，强化工作能力。注重把学习习近平新时代中国特色社会主义思想与贯彻习近平总书记对福建工作的重要讲话和重要指示精神、在福建工作期间的重要理念和生动实践紧密联系起来，努力发现在服务福建省全方位推动高质量发展超越目标上自身存在的不足。

在加强知识学习的同时，坚持把火热的实践作为最好的课堂，向身边不辞辛苦，风餐露宿，走村入户，以扎扎实实的审计工作实绩践行共产党人的初心和使命的老审计人学习，坚守自我革命的勇气，经风雨、见世面、壮筋骨、长才干，努力培养专业能力和专业精神，强化用新技术提升审计覆盖面和工作效率的能力、强化依托数据和事实发现揭示问题的能力，强化以合理化建议促进政策制定和落实的能力，当好国家财产看门人、经济安全的守护者、政策落实的督促者，为审计事业转型升级做出贡献，更好地发挥审计在党和国家监督体系中的重要作用。

（作者单位：福建省审计厅）

做心中有"人"的文艺工作者

陆 婧

2021年，我们顶着防控新冠肺炎疫情的压力稳步实现经济复苏，在世界各国面临危机之时如期举行了盛大的建党百年庆典，我为自己身在中国而庆幸，为自己身为中国人而骄傲。

在聆听党史课、参观党史书画展、观看党史影片、阅读党史资料时，我常忍不住落泪，那段历史离我那么远，却如此牵动人心。我深深敬仰和怀念那些了不起的革命先驱、革命烈士，他们为新中国抛头颅洒热血。今日的安宁太平、繁荣昌盛正是无数仁人志士历经血雨腥风而望眼欲穿的！我们要感党恩，要倍加珍惜这来之不易的幸福。

作为一名文联系统的工作人员，在学习令人心潮澎湃的习近平总书记的"七一"重要讲话，以及党和国家对文艺工作的重要论述时，我发现"人民"是关键字，人民本位思想始终突出鲜明。联系到今年频发的文娱界偷税漏税、炫富拜金等各类丑闻，它们丧失了"艺术为人民"的思想。艺术倘若只为一己私利而为，便会导致自身膨胀飘浮，沦为物欲之奴。整治文娱界、规范文艺界已刻不容缓，从年初《文艺工作者广告代言自律公约》《关于加强相声界行风建设，自觉践行崇德尚艺的倡议书》，到近期《修身守正　立心铸魂——致广大文艺工作者倡议书》，文艺界不断完善顶层设计，极力为文艺良性发展廓清前途。笔者认为，一个人，立身处世，一旦"心中无人"，也就"目中无人"，最终步入歧途。一个优秀的文艺工作者应当要做到心中有"人"。

心中有"人"，坚守自身人格

让自己成为一个大写的人。知道自己是谁，想成为谁，关乎自身定位和人生目标，这是每个人都需要思考的问题，在这个问题上含糊不清就容易导致在人生的道路中随波逐流，迷失自我。北宋大家张载将"为天地立心，为生民立命，为往圣继绝学，为万世开太平"作为自己治学的归宿，至今为人称颂。

文艺工作者，是人类灵魂的工程师，担负着"高擎民族精神火炬"之重任，选择这个行业，便应给予自己高于常人的压力。来自普罗大众，而高于普罗大众，高在你的思想境界，高在你的艺术造诣。"做艺先做人"是文艺领域普遍的共识。人是承载艺术的载体，文艺家通过艺术展示艺术美感的同时也是在彰显自身的人格魅力。个人品格、道德操守，就好比房屋的地基，地基不牢固，就很容易倒塌；又好比一棵树的根脉，唯有扎得深，树木才能枝繁叶茂。没有一定思想境界、道德水准的文艺家，是不可能完成恢宏大气的文艺作品的。著名诗人陶渊明以"不为五斗米折腰"的崇高气节影响着一代又一代的文人志士；京剧名旦梅兰芳以其爱国奉献、谦逊低调、勤奋刻苦的高尚人品驰誉文艺界。

艺品的高低取决于人格的优劣。文艺工作者应该像鸟儿爱惜羽毛一样爱惜自己的道德操守，将德艺双馨视为自己的毕生追求。

心中有"人"，胸怀广大人民

人民是历史的创造者，是时代的雕塑者。文艺为了什么人的问题，是一切文艺创作的大前提和"总开关"，只有明确了这个出发点，才能保证文艺作品的深度和厚度。

著名作家路遥深入生活、扎根人民 6 年，下煤矿、走乡村、绝浮华、处陋室，完成百万字长篇巨著《平凡的世界》，镌刻了一个时代的记忆。豫剧表演艺术家常香玉和她领导的剧团一直坚持 3 个月在农村、3 个月在

工矿、3个月在部队的"三三三制"演出模式，只要是为人民而演，哪怕是病得很重，她都要拖着病躯赶来。

文艺工作者应当将"一切为了人民"的思想融入自己的艺术生命，坚持以人民为中心的创作导向，切实观照人民的生活、命运、情感，表达人民的心愿、心情、心声，讴歌奋斗人生，刻画最美人物。"笼天地于形内，挫万物于笔端。"用文艺的力量温暖人、鼓舞人、启迪人，努力创作出一大批有筋骨、有道德、有温度的文艺作品，为人民提供丰富的精神食粮，向世界展示中华文化的独特魅力。

心中有"人"，礼敬前人先辈

每一个文学艺术门类从诞生起步到形成门派，再到稳定发展，经过无数匠人的心口相授，由稚嫩走向成熟，发展到今天实属不易。从事这项工作，要怀有对前人的尊重和敬仰之情，潜心研究前人的思想理论和艺术成果，总结经验教训，在继承的基础上进行创新创造，逐渐发扬光大。倘若失去这个环节，便是对艺术的亵渎。福建南音是世界级非物质文化遗产，盛行于闽南一带，每个学南音的人，在正式拜师及重大南音活动之前都要对南音始祖郎君爷进行祭拜，这个优良传统延续了几千年，折射出南音人慎终追远的精神。这或许也是为什么在曲艺普遍濒危的境况下，南音这门艺术依然欣欣向荣。一分诚敬得一分利益，十分诚敬得十分利益。

做到心中有人，才会目中有人，笔下有人，创作出的文艺作品才会充满"人气"。

"江山留胜迹，我辈复登临。"没有中华文化繁荣兴盛，就没有中华民族伟大复兴。新时代的文艺工作者使命光荣、责任重大。未来属于青年，希望寄予青年。作为一名青年党员，同时也是党的文艺事业上的一名年轻干部，我要拿出"为有牺牲多壮志，敢教日月换新天"的气魄奋战在工作前沿，与时间赛跑，为艺术献身，为谱写全面建设社会主义现代化国家的福建篇章贡献青春力量。

（作者单位：福建省文学艺术界联合会）

小包裹　大民生

陈舒枫

《习近平在福建》采访实录，系统回顾习近平总书记在福建工作期间关于改革开放、经济发展、生态建设、保护文脉等一系列生动实践和深刻思考，令人深切地感受到习近平总书记敢为人先的胆识魄力、一心为民的赤诚情怀、实干担当的优良作风。

在福建这块充满激情的热土上，习近平总书记怀抱一颗赤子之心，探索奋斗了17年多。这块土地上承载着习近平总书记大量的创新理念和生动实践，他在深入实地调研的基础上对福建的发展做出顶层设计，使福建焕发蓬勃生机活力，充分展现了习近平同志在福建工作期间着眼长远的战略思维，脚踏实地的工作作风，心系苍生的博大情怀。

在研读过程中，让我印象深刻的是习近平总书记做一切工作都是以人民为中心。习近平总书记在福建任职期间，切实关心群众生活，不断改善民生，为提高福建人民的生活水平和生活品质做出了重要贡献。无论是平潭大桥的建设，还是福清灌溉问题的解决，或是长汀水土流失的治理，都是在习近平总书记任上启动、推进的，但是全面收到效果则是在他离开福建以后，得到实惠的是广大的人民群众。习近平总书记这么做是对"功成不必在我"精神境界的最好诠释。同时，这些治理难题的一一化解也真正践行了"民有所呼，我有所应"，为人民群众创造了更好的生活条件。

以人为本，密切联系群众

习近平总书记经常到一线、到农村调研，为地区治理和人民的幸福生

活殚精竭虑。他到老百姓家里时，会掀开锅盖，看看老百姓吃得怎么样；会摸摸被褥，看看是否柔软舒适。从细微之处了解老百姓的生活状况，关心人民群众生活中的具体问题，比如，养几只鸡，养几头猪，孩子入学怎么样，收入如何。随着复工复产有序推进，邮政快递业一手抓疫情防控不放松，一手抓复工复产不动摇，充分发挥行业在"打通大动脉、畅通微循环"方面的先行作用，为更好服务经济社会发展大局做出了重要贡献。作为申诉工作者，更应始终牢记习近平总书记"四下基层"工作作风和实践要求，牢固树立"人民邮政为人民"的理念，强化责任意识，增强群众观念，提升服务能力。把为民、亲民作为申诉工作的出发点和落脚点，倾注于真情回访。重视每一位消费者的利益冲突，理性分析，化解矛盾纠纷，疏导消费者情绪，尽心尽力地帮助消费者排忧解难，不断解决好消费者的所需、所急、所盼，进一步增强人民在邮政快递领域的获得感、幸福感、安全感。

真抓实干，努力奋斗创新绩

习近平总书记在福建时大力提倡"马上就办"的工作精神，讲求工作时效，提高办事效率，使"少讲空话、狠抓落实"在全省进一步形成风气、形成习惯、形成规矩，大力推动了全省办事效率的提高。申诉是连接消费者与政府的窗口，是桥梁和纽带，也是消费者对政府绝对信任的体现，其工作的重要性不言而喻。因此，我们要对每一位消费者负责，站在公平公正的高度，以专业的视角解决问题。首先，深入学习掌握履行职责所需的法律知识。树立法治观念，强化尊法、守法、用法的自觉性，提高运用法治思维和法治方式的能力，不断提升申诉工作水平。其次，正确行使调解职能。在申诉调解中，严格办事流程和时限，认真弄清事实真相，处理要有理有据。最后，建立切实可行的监督考核机制。督促企业提高服务质量、降低申诉率，坚决杜绝不负责任的态度，杜绝敷衍了事，促进企业间的良性竞争，提升邮政快递行业整体服务水平。以公平公正之心，维护消费者的合法权益。做到"件件有反馈，事事有落实"，申诉问题不积压、不推诿、不应付，努力让人民群众在每一个申诉件中都能感受到公平正义。

廉洁自律，做好党风廉政建设

在党风廉政建设方面，习近平总书记对大家的要求很严格，强调领导干部一定要守规矩。他对自己的要求更严格，近乎苛刻。比如，他下乡调研，乡亲们送给他一些农产品，即使是青菜、粗粮类的东西，他也坚决不要；省里有同志想通过习近平同志找他的父亲办事时，他每次都说："我肯定不同意，我父亲肯定也坚决不同意，再容易的事也不能办。"心有所信，方能行远。我们身为党员干部，更需要坚定理想信念、矢志拼搏奋斗，发挥党员先锋模范作用，既要有担当的宽肩膀，还得有成事的真本领。无论在任何岗位上都要讲规矩守纪律，办事公正廉洁，在学思践悟中坚定理想信念，在奋发有为中践行初心使命。

小包裹，大民生。在邮政快递业迅猛发展的今天，要应对不断变化的市场，做好申诉工作的方式方法也应随之改变，但无论如何变化，都应继续秉承"依法治邮"的理念，认真宣传贯彻和严格落实行业相关规定，不断提升申诉服务的水平和质量，真正做到心为民所想、情为民所系、权为民所用、利为民所谋，努力在疫情防控常态化条件下推动邮政快递业高质量发展，为全面建成社会主义现代化强国贡献行业力量。

（作者单位：福建省邮政管理局）

浅说百年的双向奔赴

林铭巧

百年长河，沧桑变化，翻开历史的长卷，看到了双向奔赴的"爱"：中国没有辜负社会主义，中国共产党始终站在人民立场，全心全意为人民服务，肩负中华民族伟大复兴的重任，殚精竭虑筹谋规划；人民用热忱的爱、永续不变的支持、伟大的行动力量，投身于革命、建设、改革的伟大实践，党和人民的力量缔造了伟大成就。历史、人民的选择和中国共产党为何能双向奔赴？

鸿蒙一瞬识初心

从 1840 年鸦片战争开始，中国主权被帝国主义列强分桌而食，丧权辱国的条约摆满案牍，封建主义和买办阶级践踏人民的血肉，无数有识之士抛头颅洒热血，为天下立心，为生民立命，只为探索一条救亡图存的道路。笼罩着亡国乌云的中国遍地混沌迷茫，受尽屈辱的中国人民盼来了马克思主义，看到了一道觉醒之光，中国共产党一经成立，就是把为中国人民谋幸福、为中华民族谋复兴作为初心和使命，正是党把人民放在心上，人民就把党高高举起。初诞生的中国共产党为中国革命指明了正确方向，人民与党的伟大感情也逐渐揭开了序幕。

历尽波折终相知

唯有坚定的理想信念，才能经受住恐惧和考验。和侵略者在战场上搏杀，同反动派明争暗斗，正是共产党人一心为广大人民战斗，党才能得到人民的支持和爱护。半条被子、睡在马路上的红军、不拿群众一针一线……从群众中来到群众中去，党与人民血脉相融的爱，在革命战斗时期发挥了巨大作用。父老乡亲前线送粮供养革命，悉心抚养照顾抗战将士子女的母亲，用小车推、用小船划赶走反动政府……小米加步枪怎么赢过坚船铁炮？是人民群众用血肉筑成长城，是党指导人民坚持斗争最后胜利的结果！革命斗争的血泪让党和人民关系更加紧密，人民信任党，党依靠人民，人民甩掉了三座大山的压迫，中华人民共和国成立了。

辛劳建设仍相伴

中华人民共和国成立后党的进京"赶考"答卷近乎奇迹：财政经济状况根本好转，打破美军不可战胜的神话，消灭几千年的封建土地制度，农民翻身做主……我们在极其艰难的基础上除旧布新，确立了社会主义制度。各族人民投身热火朝天的社会主义建设，涌现无数的人民英雄：王进喜"少活 20 年也要拿下大油田"的豪言；林县人民削平山头改天换地建成了 1500 公里的红旗渠；"两弹一星"惊天动地的成功背后是无数"隐姓埋名人"的青春和生命……艰辛探索和曲折发展的社会主义建设在前进过程中虽然出现了岔路，但伟大的人民与共产党靠自己纠正了这一错误，并在危难中重新奋起。

改革发展誓相守

在徘徊中前进的时候，党再次给了人民希望，十一届三中全会的伟大转折，拉开改革开放和社会主义现代化建设新时期的大幕。党开始擘画宏伟蓝图，对外开放和创办经济特区，稳妥规划"三步走"战略。"东方风来满眼春"，政治、经济、社会、文化等全面开花，共产党人高举中国特色社会主义的旗帜，实施跨世纪发展战略，中国特色社会主义迈入 21 世纪。人民与党同频共振，人民所望便是改革所向，党接续两代人的奋斗目

标从基本温饱到实现小康再到全面建设小康社会，人民生活方式发生了深刻变化。为了让经济发展成果惠及更多的人，党时刻不忘统筹区域协调发展。

携手共建新时代

进入新时代，人民强烈向往美好生活，愈加渴求社会公平正义，党秉持"以百姓心为心"的态度，把保障和改善民生作为工作重心，老百姓的饭碗、收入分配、社会保障、基本医疗、教育健康，党都放在研究规划的重要位置，人民的幸福感、获得感达到了空前的高度。2020 年脱贫攻坚进入紧张的决胜时刻，11 月 23 日国家最后 9 个贫困县脱贫，如期全面建成小康社会，第一个百年奋斗目标达成，是伟大人民和伟大的党携手共创的伟大胜利！人民和党携手共建的新时代是新的伟大奇迹！

（作者单位：中国华能集团有限公司福建分公司）

青年担当篇

用信件丈量和践行初心

林传铎

为中国人民谋幸福、为中华民族谋复兴，是中国共产党人的初心和使命。在"不忘初心、牢记使命"主题教育工作会议上，习近平总书记强调，为民服务解难题，重点是教育引导广大党员干部坚守人民立场，树立以人民为中心的发展理念，增进同人民群众的感情，自觉同人民想在一起、干在一起，着力解决群众的操心事、烦心事，以为民谋利、为民尽责的实际成效取信于民。在其位，谋其政。信访举报工作是密切党同人民群众血肉联系的"连心桥"，是纪检监察机关践行党的初心和使命的重要途径。作为一名纪检监察信访举报干部，如何立足本职、践行初心，是事业之问、人生之问。

体会"冷与暖"，在接待群众中涵养初心。在一些人的眼中，信访工作就是抄抄转转，不仅枯燥，还要接触很多负面信息，但我不这么认为。习近平同志在《摆脱贫困》一书中深刻指出：信访工作的首义，在于时刻把自己看成人民中的一员，把心贴近人民。通过接访，我努力去观察世间百态、人生冷暖，去感知百姓艰辛、生活不易，我看到同一片蓝天下，仍有不少群众有委屈，需要我们的帮助。父母常对我说：走到哪里，都不能忘本。群众就是我们的本，本固才能邦宁。

省领导多次强调，信访工作就是群众工作，做群众工作不能简单化，要学会换位思考。接访就是做群众工作的集中体现。福建省纪委监委开展的"四访"活动（开门接访、全员接访、带信下访、入户走访），就是做群众工作的集中体现。作为信访干部，一定要想清楚"对谁用情、为谁用心"，学会弯下身子、放下架子、甩开面子，打掉我们和群众之间的"隔

离墙"，用心用情用力为群众排忧解难，架好和群众之间的"连心桥"。有的群众脾气很冲，你要心平气和，当好"冷却剂"，用真心消解怒气。有的群众心怀怨气，你要尽心安慰，当好"泄气筒"，用暖心开启心灵。有的群众滔滔不绝地倾诉，你要理解，他跋涉上百公里，转了几趟车，就是为了与你见面说上话，你要推己及人，当好"倾听者"，用耐心赢得信任。信访工作很平凡，它就是这样日复一日地与群众的家长里短打交道，但每办好一件群众举报，就连起了一颗民心，千千万万颗民心连在一起，就连起了党密切联系群众的纽带，就是不平凡。

常思"廉与腐"，在信件办理中守护初心。信件之中有天地。每一封来信，都是一面镜子，可以用它照见内心，反躬自省，有则改之、无则加勉。每一页信纸，都讲述一个鲜活案例。每一次办信，都是一堂警示教育课，提醒我们，党性修养不会随着职务提升而自然升高，必须防微杜渐、始终严格自律。

习近平总书记强调，为政之道，修身为本。监察体制改革后，纪检监察机关的监督范围拓展了，纪检监察干部手中的权力更大了。信访举报是监督执纪的第一道关口，作为信访干部，每天都会接触很多"第一手"举报材料。打铁必须自身硬，我们手握戒尺，更要心怀敬畏，时刻保持如履薄冰、如临深渊的谦虚和谨慎，以党章党规为尺，以法律法规为戒，想清楚什么朋友不可交、什么事情不能办，在小事小节上加强修养，从一点一滴中完善自己，对照福建省纪检监察干部"六带头、六严禁"要求，慎独、慎始、慎初、慎微，做到"心不动于微利之诱，目不眩于五色之惑"，守护好初心，始终纤尘不染。

品尝"苦与乐"，在苦干实干中践行初心。习近平同志的从政历程是新时代党员干部砥砺奋斗的实践范本，也启示我们，选择吃苦也就选择了收获，选择奉献也就选择了高尚。

纪检监察工作是细活，信访举报工作承担着为监督执纪提供问题线索的重要职责，必须细之又细。看似简单的信件办理，从拆分、阅办、扫描、录入到签批、转办、督查督办，环环相扣，任何一个细节的疏忽，都可能造成失泄密，不仅影响群众利益，还会影响监督执纪工作顺利开展，来不得半点马虎。其中，光拆分一个环节，就有消毒、剪口、装订、分类、登记、派发 6 道工序，碰到里三层外三层包裹严实的信件，还得铡刀、剪刀、胶水齐上阵，装订好一件有时就要花上几分钟。2018 年，因为监察体制改革、村级组织换届等多个因素叠加，福建省群众举报创历史新高，尤其是上级重点交办件，要求当天接收、当天流转到位。有时下班前收件，就必须晚上加班，挑灯夜战到深夜也成为我们的工作常态。那段时间母亲病后身体虚弱需要照料，我也无法抽出时间陪伴。对此，父母给予最大的理解和支持，并嘱咐我安心工作。他们含辛茹苦拉扯我长大，也用言传身教教会我心怀感恩、努力工作。欣慰的是，在全室同志努力下，上级交办件全部办理到位，件件有着落，推动一批群众反映强烈的问题得到认真处理，及时回应了群众关切。星光不负赶路人，我们用"苦"，换来群众的"乐"，我想这就是信访干部苦干实干的最好注脚。

马克思在《青年在选择职业时的考虑》中说，如果我们选择了最能为人类福利而劳动的职业，那么，重担就不能把我们压倒。信访举报工作就是这样一份职业，它体悟民心、锤炼品性、涵养情怀。民心如镜、初心如磐，未来的日子，我将继续用信件丈量和践行初心，努力在平凡的岗位上书写好自己的事业答卷、人生答卷。

（作者单位：中共福建省纪律检查委员会　福建省监察委员会）

弘扬抗疫精神　不负青春韶华

黄　静

　　青年一代有理想、有本领、有担当，国家就有前途，民族就有希望。在全民抗疫的战场上，到处活跃着年轻人的身影。他们在抗疫过程中贡献智慧、施展才华，用自己的实际行动为祖国打赢疫情防控阻击战贡献青春力量。习近平总书记在全国抗击新冠肺炎疫情表彰大会上的重要讲话，科学概括了伟大抗疫精神，深刻阐明了伟大抗疫精神的精神实质和丰富内涵，强调要在全社会大力弘扬伟大抗疫精神，使之转化为全面建设社会主义现代化国家、实现中华民族伟大复兴的强大力量。年轻干部要大力弘扬伟大抗疫精神，把抗疫奇迹转化为前行力量。

　　用信仰领航青春，校准成长进步的"定盘星"。习近平总书记指出，"中国共产党所具有的无比坚强的领导力，是风雨来袭时中国人民最可靠的主心骨"。党的领导，是抗疫胜利之根本，是抗疫精神之内核。在以习近平同志为核心的党中央坚强领导下，全国9000多万名共产党员、460多万个基层党组织冲锋陷阵；346支国家医疗队、4万多名医务人员和965名疾控和公共卫生人员紧急驰援；10多天时间先后建成火神山医院和雷神山医院、大规模改建16座方舱医院、迅速开辟600多个集中隔离点；19个省区市对口帮扶除武汉以外的16个市州……这背后是党强大的政治领导力、思想引领力、群众组织力、社会号召力。信仰之光照亮前行之路。年轻干部弘扬伟大抗疫精神，要时刻拧紧理想信念"总开关"，不断增强"四个意识"、坚定"四个自信"、做到"两个维护"，自觉听党话、跟党走。

　　用担当诠释青春，激发干事创业的"原动力"。习近平总书记强调，"各级党组织和广大党员、干部要不忘初心、牢记使命，扛起责任、经受考验，以更严作风、更实举措把党中央决策部署落实落地，让党旗在防控疫情斗争第一线高高飘扬。要教导广大党员、干部在这场大考中增强必胜之心、责任之心、仁爱之心、谨慎之心，磨砺责任担当之勇、科学防控之智、统筹兼顾之谋、组织实施之能，做到守土有责、守土有方"。越是危难时，越需要青年勇挑重担。战"疫"的号令吹响后，广大青年志愿者纷纷主动靠前。参加抗疫的医护人员中有近一半是 90 后、00 后。在这场战"疫"中，无论是奔赴武汉一线的最美逆行者，还是坚守在疫情防控卡点的守护者；无论是走村入户的排查员，还是深入社区的志愿者，都有青年奋战的身影。他们用青春写下"疫情不退我不退"的责任担当，用生命见证"我是党员我先上"的初心使命。年轻干部弘扬伟大抗疫精神，要把担当作为永恒不变的态度，在担当中历练，在尽责中成长，永葆与时俱进的朝气，秉持超越前人的勇气，勇于攻坚克难，争做时代先锋。

用奋斗书写青春，擦亮为民服务的"风景线"。"民族复兴的使命要靠奋斗来实现，人生理想的风帆要靠奋斗来扬起。"习近平总书记寄语青年言犹在耳，掷地有声。90 后肖思孟主动请战，逆风而行；广西小伙梁意锦千里单骑驰援武汉；武汉 90 后民警赵闯下沉社区，转运发热病人……在这场战"疫"中，他们义无反顾，奋勇向前，用自己的热血和生命捍卫着人民的生命与健康。年轻干部弘扬伟大抗疫精神，要坚持人民至上、生命至上的价值追求，永远把人民对美好生活的向往作为奋斗目标，始终与人民想在一起、干在一起，敢于为人民啃"硬骨头"，涉险滩、闯难关，以永不懈怠的精神状态和一往无前的奋斗姿态，全力维护人民群众切身利益，不断增强人民群众的获得感、幸福感、安全感，让青春在为人民的奋斗中焕发出绚丽光彩。

（作者单位：中共福建省委政法委员会）

品 味 初 心

侯培凤

　　九年弹指一挥间，我从一名不谙世事的警校党员转变为驰骋疆场的基层民警，最后再跻身省级公安机关。入党时常常要求自己"不忘初心，牢记使命"，其中的"初心"二字在我的党员生涯里也变得越来越鲜活丰满。细细品来，人生百味苦辣酸甜尽在其中：作为新时代的党员干部要受得住"苦"的磨砺，担得起"辣"的拷问，经得住"酸"的考验，才能品味到初心滋味里无尽的甘"甜"。

　　以信仰之心吃透修行的"苦"。孔子曾夸赞自己的徒弟颜回"一箪食、一瓢饮，在陋巷，人不堪其忧，回也不改其乐"，颜回在面对生活中各种艰难时，依然不改变自己追求信仰的乐趣。这告诉我们，"心中有信仰，脚下才会有力量"。如果你没有坚定的信仰，就会总是怨天尤人，人生道路就不会长远。不满 16 岁的习近平扎根梁家河七年，与广大知青和百姓同吃共住，积极修建公路、研究修建沼气，深深地融入百姓生活当中，同时树立了坚毅的人格和坚定的崇高信仰。"我对自己的首要要求就是'自找苦吃'。"习近平总书记用亲身经历教导我们，年轻一代必须拥有崇高的信仰，甘于奉献，树立为人民服务的意识和觉悟，积极投身于艰苦奋斗的实践中锤炼自身的意志和品格，同时还要做到能吃苦、能战斗、能奉献，只有具备强大的本领和吃苦耐劳的品格才能够鼎立于时代潮头，为实现现代化强国目标发光发热。

　　以无私之心品尝勇于担责的"辣"。回首六年派出所警察经历，我依稀记得第一次出警为民解难题，第一次千里奔袭抓捕，第一次办理疑难案件，太多的第一次让当时的我感到责任重大，"辣"味十足。在摸索中，我才发现"对人民群众常怀无私之心"是我在工作中敢于品尝"辣"味的良方妙药。头顶警徽，肩扛道义，将人民利益作为一切工作的出发点和落脚点，才能真正地读懂和搞清楚习近平同志七一讲话中"江山就是人民，人民就是江山"的真正内涵，才能把勇于担责的"辣"味融成群众心里的暖意。同时我深深认识到，仅仅做到心底无私的"敢担当"是远远不够的，还要做到胸怀大局的"能担当"和运筹帷幄的"善担当"。习近平总书记指出，"干部干部，干是当头的，既要想干愿干积极干，又要能干会干善于干"，作为新时代党员干部，我们要接好历史的接力棒，牢固树立"以人民为中心"的发展思想，把民之所望作为政之所向，把民之所需作为政之所为，以当仁不让、舍我其谁的气概，以"功成不必在我"的精神境界和"功成必定有我"的历史担当多做利长远、利大局、利人民的大事好事。

以豁达之心化解委屈的"酸"。记得刚从警校毕业入警，由于缺少实践经验，工作方式简单，虽马不停蹄、全身心投入，但并没有换来预想中的成绩，群众会不信任地说"新兵蛋子，办事不牢"，老民警会语重心长地说"你学的专业在基层没有用武之地"。群众的不信任、同事的不认同，让我心理上产生了巨大落差，失落、心酸百般滋味涌上心头。面对工作中的委屈和心酸，年轻干部群体要心怀豁达，以平常心面对坎坷与曲折，正视不足，放下架子、扑下身子，以人民为师，修炼内功，提升能力，不断丰富自己的经验积累，同时也要以豁达之心对待个别群众所表露出来的不理性行为，多干实事少争论，嘴里吃得了委屈的"酸"，心里才能够真正装进群众。

以感恩之心迎接硕果的"甜"。哲人曾讲，"一滴水只有融入大海才能永不干涸"，回首自己一路走来，自己一点点成绩的进步，群众一面面锦旗的认可，领导一句句满意的夸赞，我曾盲目以为都是自己的功劳，后来才发现自身的努力固然重要，但更主要的是自己生逢一个伟大的新时代，一个大有可为的新时代。对个人而言，我从一个基层派出所民警，通过遴选进入省级公安机关，无论身在哪个岗位，我都始终坚守"人民警察为人民"这一庄重承诺。同时国家也给予我很多机会，我才能一步步脚踏实地

创造出今天如此多彩的人生，才能迎接今日硕果的甘"甜"。拥有广阔发展空间的新时代是奋斗者的时代，在国家新时代的长征路上，我们不能满足于眼前的累累硕果，更要"一张蓝图绘到底，一任接着一任干"，个人助力国家进步，国家定会给你更大的舞台施展才华。

"宝剑锋从磨砺出，梅花香自苦寒来"。一个人吃不透修行的"苦"、担不了责任的"辣"、受不了委屈的"酸"，就尝不到功德圆满的"甜"；一个共产党员没有信仰之心、无私之心、豁达之心、感恩之心，就不会有永葆本色的初心。这是无比美好的时代，也是让我们用奋斗的汗水浇灌幸福果实的时代，也是利用坚定的理想信念和强大的本领去创新创造的时代。青春易逝难追，只有选择在青年时代吃苦，才能在未来有美好的追忆。仰望美好星空，更需脚踏实地，我们要争当为民服务的孺子牛、创新发展的拓荒牛、艰苦奋斗的老黄牛，利用实干精神、奋斗步伐踏过平庸和荆棘，去创造属于我们的美好时代，为实现现代化强国和民族复兴伟大梦想绽放青春光彩。

（作者单位：福建省公安厅）

深学细悟　笃行实干谱新篇

苏小兰

　　跨过一个世纪，走过万水千山，从南湖红船到时代巨轮，中国共产党在忧患中诞生、成长、壮大，中国共产党人坚守初心使命，用生命信仰和不懈奋斗讲述了不同时代下的中国故事，构筑起伟大的中国共产党人的精神谱系。"欲知大道，必先为史。"百年党史长卷是一部最好的教科书，我们从中汲取复兴的不竭动力和智慧，赓续红色精神的新时代意蕴。

　　学好党史，修忠诚之心。对马克思主义的信仰，对共产主义的信念，对实现中华民族伟大复兴的信心，让一代又一代的中国共产党人为之实践、为之奋斗、为之牺牲，从而彻底改变了中国人民和中华民族的历史命运。前有"为有牺牲多壮志，敢教日月换新天"的革命先烈们，后有负重前行的最美逆行者，他们冲锋在前，担当在前，奉献在前，他们忠于信仰，忠于真理，忠于人民，以自己的行动矢志践行对党的庄严承诺。

　　读懂党史，修忠良之心。在庆祝中国共产党成立 100 周年大会上，习近平总书记深刻指出："中国共产党一经诞生，就把为中国人民谋幸福、为中华民族谋复兴确立为自己的初心使命。一百年来，中国共产党团结带领中国人民进行的一切奋斗、一切牺牲、一切创造，归结起来就是一个主题：实现中华民族伟大复兴。"一脉相传的英雄气概在不同年代演绎不同的英雄故事。2020 年凛冽的寒冬，终将被春暖花开所终结，党旗始终高高飘扬在抗疫前线，最美丽的逆行者义无反顾，为人民织起牢固的"防疫网""安全线"。这些人平凡而伟大，他们隐忍牺牲、顾全大局，守护生命的烛火，捍卫真理的荣光。

　　悟透党史，修忠勇之心。"哪有什么岁月静好，只是有人为你负重前

行""虽千万人吾往矣"浩然之气奔腾激荡在中国共产党人的血脉中，感动我们，激励我们，振奋我们。这些最勇敢的人，给了我十足的勇气，让我坚定信仰、坚定信心，让我有明确的方向和道路，让我燃烧起激昂的斗志，敢于迎面接受挑战，在困难中不犹豫、不徘徊、不退缩，在实践中挑重担、练本领、长智慧，在机遇中找规律、看实质、长经验。不畏风雨，不畏冬雪，秉持初心使命，锤炼坚强意志，书写属于我们的新时代精神。

何其荣幸，我们生活在这个最辉煌的时代；何其骄傲，我们一起见证了中国共产党成立100周年。体育强国，奋斗有我，是时代赋予我们体育人的青春使命。我们秉承"励志崇德，笃学拼搏"的校训，以"冠军的摇篮"为办学目标，为"培养什么人、怎样培养人、为谁培养人"这一问题交上了体育人的答卷。体育强国，要"文明其精神，野蛮其体魄"。竞技体育人才的培养，不再满足于赛场上的"金牌"，更要拿人生的"金牌"。这些年来，我们以体教融合的方式，逐步深化推进校地共建共享，以体育特色为福建高质量发展超越注入生机与活力。同时，引入文化教育力量，建立健全运动员赛前文化测试机制，用竞赛杠杆撬动运动员文化教育车轮，书写属于福建竞技体育的新历史。东京奥运会、陕西全运会共同见证了体育强国梦中国实践的成果。体育，不再满足于简单的竞速，而是把体育的理论与技术、文明的传承与创新、文化的传播与交流融合在一起，形成以"为国争光、无私奉献、科学求实、遵纪守法、团结协作、顽强拼搏"为主要内容的中华体育精神。

今后的体育改革如何进一步突破，出路在于创新。我们将从党史中不断汲取创新的智慧和力量，以敢闯敢拼、敢为人先的精神，把青春融入建设社会主义现代化强国伟大征程中，融入体育强国建设中，以初心贯穿始终。请党放心，强国有我，务必以青春之我续写青春华章。

（作者单位：福建省体育局）

着眼三个问题　落实责任担当

李国荣

一场突如其来的疫情，一次异常严峻的考验。习近平总书记以对人民生命安全和身体健康高度负责的态度，亲自指挥，果断决策，全国动员，全民参与，万众一心，同舟共济，凝聚起坚不可摧的强大力量，构筑起最严密的防控体系。

一段时间来，前线医护人员争分夺秒救治病人；医疗生产企业加班加点赶制物资；相关部门尽最大努力为百姓保驾护航……如今，雨过天晴，花开疫散，一切都在慢慢变好。习近平同志以"乱云飞渡仍从容"的战略定力，团结带领全国各族人民，因时因势统筹疫情防控和经济社会发展，决战决胜脱贫攻坚。

习近平总书记多次礼赞劳动创造，讴歌劳动精神，在疫情防控和稳定经济社会运行上的每一次重要讲话都鼓舞民心、催人奋进。在习近平总书记的真情感召下，千千万万普通劳动者用自己的辛勤劳动为疫情防控和经济社会发展贡献力量，在各自平凡的岗位上续写不平凡的故事。

作为一名财务处和党支部负责人，也是千千万万普通劳动者中的一员，承担着筹集资金服务保障的重任，肩负着教育党员带好队伍的重担。疫情当前我不能退缩，关键时刻我不甘示弱，必须进一步加强政治理论学习，培养强有力的政治意识，着眼"三个问题"，努力提高履职魄力，以更加饱满的热情投身到工作中去。

一要回答好"我是谁、为了谁、依靠谁"的问题。开展主题教育以来，全党同志焕发出干事创业的精气神。不忘初心，就是不要忘记党性，不要忘记入党誓词，做到政治信仰不变、政治立场不移、政治方向不偏。

新时代，新使命，"人民对美好生活的向往，就是我们的奋斗目标"，为人民服务是一切工作的出发点和落脚点。不忘初心，就是不要忘记人民，不要忘记党员义务，汲取群众智慧营养。我作为一名党支部负责人，要始终坚守共产党人的精神追求，坚定理想信念，抓好党员的学习教育，把统一思想放在首位，深入学习习近平总书记重要讲话精神，学好党章、党纪、国法，勤于思考，指导实践，开阔工作视野，完善工作思路。要以求知求实的精神经常深入实际调查研究，敢于实事求是地反映真实情况，提出意见建议，做到思想上尊重群众、行动上贴近基层。

二要执行好"守纪律、讲规矩、勇担当"的问题。人不以规矩则废，党不以规矩则乱。纪律是共产党员的高压线，党章是全党必须遵循的总规矩。我作为一名财务处负责人，要始终持续头脑清醒，自觉同党中央保持高度一致，做政治上的明白人。要树立大局意识，遇事主动请示汇报，认真执行办党组的决策部署，严格"按规则、按程序、按制度"办事。要服从工作分工安排，属于财务处负责的工作，做到有计划、有落实，善于安排，敢于管理。不属于财务处负责的工作，也要主动关心，献计献策，补位不越位。要率先垂范，带头查摆问题，要求下级做的自己首先做到，禁止下级做的自己首先不做。坚持经常性谈心谈话制度，让接受监督成为自觉行动。既要在大是大非面前站稳立场，还要在生活小节上严格自律，警惕潜移默化的腐蚀作用。

三要落实好"干什么、怎么干、谁来干"的问题。新时代是奋斗者的时代，要求广大干部找准定位、扮好角色，时刻聆听时代的召唤。新中国波澜壮阔的发展历程、感天动地的辉煌成就、弥足珍贵的经验启示，无一不是激励着我们为实现中华民族伟大复兴的"中国梦"、实现人民美好生活的向往而不懈奋进。财务处肩负着筹集资金保运转、编制和执行全省人防专项经费预算的重担，因此要紧紧围绕人防工作中心任务，加强统筹，确定目标，提高保障能力，提升服务质量，重点解决"干什么"的问题。年度总预算确定后，合理编报用款计划、细化项目支出是财务工作的重点、难点和焦点，因此要紧紧围绕内部控制和绩效管理要求，建立健全机关财务管理、人防专项经费和项目管理等方面制度，做到有章可循、有据可查，分步实施，有序推进，重点解决"怎么干"的问题。财务处人少事多，涉及方方面面，既要做好办机关财务管理工作、指导监督直属单位会计核算，又要负责全省人防专项经费的内部审计，因此要在分工负责的前提下，提高站位，团结一致，敢抓敢管，相互补台，加强沟通联系，随时掌握情况，便于协调，出于公心，坚持原则，耐心细致，形成合力，重点解决"谁来干"的问题。

新时代呼唤新作为，我们要在习近平新时代中国特色社会主义思想的指引下，不忘初心，牢记使命，担当作为，真抓实干，在统筹推进疫情防控和经济社会发展中贡献自己的一份力量。

（作者单位：福建省人民防空办公室）

锚定青春航向　展现青春担当　编织青春华章

吴正华

重温中国共产党的百年历史，征程波澜壮阔、成就举世瞩目、初心历久弥坚，我为强大的祖国自豪、更为伟大的中国共产党点赞；聆听习近平总书记的"七一"重要讲话，让人心潮澎湃、热血沸腾、热泪盈眶，我倍感振奋和鼓舞，也深感使命和责任。作为一名新时代青年，我将时刻谨遵习近平总书记关于"新时代的中国青年要以实现中华民族伟大复兴为己任"的号召，努力践行"请党放心、强国有我"的铮铮誓言，以坚定信念锚定青春航向、以奋斗姿态展现青春担当、以绣花功夫编织青春华章，不负青春、不负韶华、不负时代！

一、"理想信念是精神之钙"，青年人要以坚定信念锚定青春航向

理想信念就是共产党人精神上的"钙"。习近平总书记说过："没有理想信念，理想信念不坚定，精神上就会'缺钙'，就会得'软骨病'。"

对马克思主义的信仰、对中国特色社会主义的信念，是共产党人的灵魂。一百年来，无数中国共产党人高举真理火炬、高扬理想信念旗帜，披荆斩棘、奋力前行，闯过了一个又一个的难关，摆脱了一次又一次的险境，不断从胜利走向胜利。

作为青年人，要自觉做共产主义理想的"坚定信仰者"。不仅要感党恩、颂党情，不忘先辈们的丰功伟绩，不忘组织对自己的关怀与培养，对组织常怀感恩之心；更要听党话、跟党走，坚定不移地向党中央看齐。着眼当前，就是要全身心地投入到党史学习教育和省委"再学习、再调研、

再落实"等活动中去，深刻学习领会中国共产党人的精神谱系，牢牢把握伟大建党精神的丰富内涵；学深弄通悟透习近平总书记"七一"重要讲话、来闽考察重要讲话等精神内容，从中汲取精神力量，锚定青春航向。

初心易得，始终难守。我们要始终高举中国特色社会主义伟大旗帜，坚定立场如磐石、坚守初心无旁骛，用"不畏浮云遮望眼"的清醒和"乱云飞渡仍从容"的定力逐梦前行。

二、"青春是用来奋斗的"，青年人要以奋斗姿态展现青春担当

习近平总书记说过："现在，青春是用来奋斗的；将来，青春是用来回忆的。"

实现伟大梦想就要顽强拼搏、不懈奋斗。中国取得的一切成就，都是奋斗得来的。一百年来，在中国共产党的旗帜下，一代代中国青年把责任和使命扛在肩上，把青春、奋斗融入党和人民的事业，以高度的使命感接过革命接力棒，走前头、作表率，成为各个时期的先锋力量。中共一大的13名代表平均28岁，红军时期师团干部平均25岁，抗美援朝的志愿军官兵平均28岁，嫦娥工程团队平均33岁，还有无数的80后、90后、00后正奋战在抗疫斗争的第一线……

作为青年人，要自觉做社会主义事业的"接续奋斗者"。以奋斗作青春底色，立足岗位埋头实干。既要有"马上就办、真抓实干"的雷厉风行，也要有"今天再晚也是早、明天再早也是晚"的担当自律。既要扎实干好本职业务工作，熟记房管数据、熟知房管法规、熟悉房管规程，在处室中发挥好参谋人员作用，为省直机关"办好事、办实事"；也要认真学习党务知识及团建工作方法，做青年友、了青年事、解青年忧，积极协助团书记开展工作，充分发挥好共青团的桥梁纽带作用，让新时代机关事务工作的舞台青春洋溢、百花齐放。

如果脑中无货、手上无招、心中无数，干什么都不可能实现。要甘愿做默默无闻的"新愚公"，是非曲直不佛系，落实责任不推诿，急难险重不躺平。围绕习近平总书记对福建发展提出的目标要求，结合机关事务工

作"十四五"发展规划，明确自身职责，积极参与任务攻坚、岗位练兵和自学成才，不断提高履行岗位职责的能力和水平。

三、"天下大事必作于细"，青年人要以绣花功夫编织青春华章

"九层之台起于垒土，千里之行始于足下。"回顾百年历程，是 2 年多北伐战争、10 年土地革命战争、14 年抗日战争等无数战役战斗汇成的大胜利，是从积贫积弱的旧中国到世界第二大经济体的大发展，是 50 多名党员到 9500 多万名党员、成为世界第一大执政党的大飞跃。

作为青年人，要自觉做新时代伟业的"模范践行者"。在基础岗位、在基层一线，一文一稿、一事一会，也许细微、也许琐碎，却如传动带上的链条、螺丝钉上的螺帽，错位或缺失就会影响大局，不容小觑。要像"绣花"一样认真对待每一件小事，精心、精准、精到，因深入而深刻、既深入又浅出，以小细节彰显大境界、以小事务集成大服务。

自己虽然只是一名普通的工作人员，却也当"身在兵位、胸为帅谋"，以小守大、以小见大，在小岗位上展现出大情怀。要能够以一抵多、担任"多面手"，既可胜任产籍保管员、面积测算员、楼栋调解员，也可胜任政策宣讲员、危房排查员、房产调配员等角色。要始终一丝不苟、当好"精工匠"，一步一印走到位、一尺一平核查清、一间一层调配好，以一点一滴的努力、一砖一瓦的累积为机关事务的大保障大服务添彩助力！

（作者单位：福建省机关事务管理局）

仰望星空追逐梦想　脚踏实地接续奋斗

陈海韬

我认真学习了党史学习教育系列书籍，特别是结合 2021 年 3 月习近平总书记来闽考察重要讲话精神和习近平总书记在庆祝中国共产党成立 100 周年大会上重要讲话精神。我以其中感触最深的三句话为例，汇报一下学习心得体会。

敢于有梦——我们是共产主义的接班人

2019 年 4 月 30 日，习近平总书记在纪念五四运动 100 周年大会上说，共青团是党的助手和后备军，是党的青年工作的重要力量。党旗所指就是团旗所向。这体现了我们党对共青团和青年人的高度信任和殷切期望。团的所有工作，归结到一点，就是要当好这个助手和后备军。党史是一座蕴含管党治党、治国理政智慧的"富矿"。我们是幸运的一代人，不需要抛头颅洒热血，饱受战火纷飞、颠沛流离之苦，因为我们已经经历了长期和平稳定发展，成为世界第二大经济体；不需要担心吃了上顿没下顿，因为我们已经彻底消灭了绝对贫困，全面建成小康社会。我们需要做的就是充分保护、挖掘和利用好丰富而独特的党史资源"富矿"，不断地从党的历史中汲取养分和智慧；仰望星空，以革命先烈们闪烁的星光为指路明灯；脚踏实地，以习近平总书记的殷切希望为动力源泉。传承红色基因，激扬青春风采，在奋斗中放飞人生梦想，在拼搏中成就一番事业。这是我们青年一辈成长成才的必由之路，也是作为接班人必须担负起的时代责任。

勇于追梦——共产党就是最讲"认真"

2013年7月11日至12日，习近平总书记在河北调研指导党的群众路线教育实践活动时强调，世界上怕就怕"认真"二字，共产党就最讲"认真"，只要我们动真格抓，就没有解决不了的问题。我们青年干部正处于人生的"拔节孕穗期"，在师长们给予的引导和栽培之外，同样需要用心打磨好自己。和平年代，没有枪林弹雨的危机，但更需要坚守、更需要选择，更考验我们砥砺前行的决心，耐得住寂寞、经得住诱惑、守得住清贫，才能稳得住心神。当前，局机关和直属单位绝大多数青年干部职工都能够立足本职岗位，一丝不苟、全心全意地投身于全省粮食安全和物资储备保障事业。但也有极少数同志存在不讲认真、不愿较真和怕苦怕累的问题，他们"学习"不是为了"充电"、提高个人能力素质，而是为了完成"任务"，学习时蜻蜓点水、浅尝辄止，流于形式、走过场；干工作不求有功、但求无过，遇到矛盾绕道走，碰到问题赶紧躲。作为局团委书记，如何充分发挥党建带团建作用，把更多更优秀的青年人紧紧凝聚到党的周围，立志做党的光荣传统和优良作风的忠实传人是我一年来一直在思考的问题。我认为要解决这个问题，就要从讲认真入手，让青年人学党史、强信念、跟党走，大力弘扬我们党最讲认真的优良传统，扎扎实实干事，踏踏实实做人。为此，局团委组织策划了"今天我当保管员"主题团日活动，以"百年党史正青春 粮储青年勇担当"为主题的学党史青年知识竞赛、监测所"实验室开放日"等活动，希望通过学党史、唱红歌、走一线，达到强业务、练内功、壮队伍的效果。让青年人在不断地经风雨、见世面中长才干、壮筋骨；练就"逢山开路、遇水搭桥"的本领，更好地完成领导交办的各项工作任务。

勤于圆梦——幸福是奋斗出来的

2021年7月1日，习近平总书记在庆祝中国共产党成立100周年大会上，对青年人提出一个殷切期望，他说："未来属于青年，希望寄予青年。""新时代的中国青年要以实现中华民族伟大复兴为己任，增强做中国人的志气、骨气、底气，不负时代，不负韶华，不负党和人民的殷切期望！"青年人要把个人理想追求融入党和国家事业之中，依靠自己勤劳的双手努力奋斗来实现远大的抱负。今年是我参加工作的第 10 个年头，10 年以来，我在乡镇驻村种过烟叶、处理过村民集体上访的信访事件、负责 3 个村拆迁安置房建设、审计完成 8 个工程项目，累计节约政府财政资金 2258 万元、参加国家危仓老库维修改造和"中国好粮油"专项补助资金竞争性评选，共获得 4.5 亿元中央补助资金、负责省局绩效考评工作，多年获得优秀等次并先后两次到省政府办公厅挂职学习。10 年里，我有无数次加班的夜晚和周末，但是丰富了阅历，增长了才干，这些是无价的。10 年的工作经验，让我更加懂得"山再高，往上攀，总能登顶；路再长，走下去，定能到达"。美好生活不是免费午餐，不是天上掉馅饼，更不是一夜暴富、不劳而获，只有埋头苦干、真抓实干才能梦想成真。

"自信人生二百年，会当水击三千里。"作为新时代的青年，我们要感恩这伟大的时代，充分抓住时代造就的机遇，立足并把握好当下，在成长中不断磨砺本领，在奉献中不断升华品格，努力为粮食和物资储备事业发展贡献青春力量，奋力跑出坚定铿锵的青春足迹。

（作者单位：福建省粮食和物资储备局）

坚持思想引领　凝聚青年之力

郑柔柔

"年轻干部要提高政治能力。"2020 年 10 月，习近平总书记在中央党校（国家行政学院）中青年干部培训班开班式上发表重要讲话，并指出在干部干好工作所需的各种能力中，政治能力是第一位的。政治能力，就是辨别政治是非、保持政治定力、驾驭政治局面、防范政治风险的能力，是把握方向、把握大势、把握全局的能力。

广大团干部要充分认识到在新时代加强学习政治理论知识的重要性和紧迫性，切实增强学习的主动性和积极性，用学习来克服"本领恐慌"；要舍得花精力，把学习贯彻习近平新时代中国特色社会主义思想作为重要任务；全面系统学，及时跟进学，深入思考学，联系实际学；紧密结合新时代新实践，紧密结合思想和工作实际，有针对性地重点学：强读强记，常学常新，往深里走，往实里走，往心里走。

共青团的所有工作归结到一点，就是要当好党的助手和后备军，最根本是引导青年树立共产主义远大理想和中国特色社会主义共同理想，用真理光芒感召青年，用伟大成就教育青年，用真诚服务感染青年。理论、制度、政策、利益，这是一整串紧密相关的逻辑链条，只有把这根链条上的每个问题都想明白、捋清楚，才能真正引导青年把身边发生的巨大变化同党的思想主张建立起必然联系，从而发自内心地认同党的理论和党的领导，最终形成坚定的理想信念。

习近平总书记指出，"理想指引人生方向，信念决定事业成败。没有理想信念，就会导致精神上'缺钙'"。坚持对青年的思想引领是共青团组织存在的基础。思想引领不仅是共青团工作的一个领域、一项任务，还作为共青团工作的生命线贯穿于共青团建设的各方面。我们要加强对青年的政治引领，提升团务工作能力，做好青年的宣传教育工作，教育引导团员践行社会主义核心价值观。不能只做虔诚的"念经人"，还要做高明的"解经人"，热心的"布道者"；引导广大青年运用马克思主义立场、观点、方法，发现、分析和解决问题，从而坚定正确政治方向，坚定听党话、跟党走的人生追求。

"学党史、强信念、跟党走"就要立足党的百年历史新起点，统筹中华民族伟大复兴战略全局和世界百年未有之大变局，紧紧围绕"学史明理，学史增信，学史崇德，学史力行"，把党史学习教育作为发挥党的助手和后备军作用的重中之重，让红色基因、革命薪火代代传承。

要紧密结合测绘青年实际，加强青年政治理论学习。经常性开展青年自学，积极参与"青年大学习"系列网上主题团课，观看优秀党史主题影视作品、纪录片；组织专题学习，结合实际开展主题突出、形式多样的学习活动，如围绕社会主义革命和建设、改革开放、中国特色社会主义新时代等专题，发挥好组织化学习优势；开展专题宣讲，在条件允许的范围内邀请党校团校的老师给青年授课，开展互动式宣讲党史，面向团员青年讲好党的故事；加强团务工作创新，善于利用整合资源，善于巧借新媒体，如参与网上互动学习、学习打卡、答题对战等活动，以具有参与感、互动性的学习形式深化对党史的了解。

要紧密结合测绘工作实际，坚持理论学习和实践教育相结合。开展系列实践教育活动，结合庆祝中国共产党成立 100 周年，广泛开展讲述党的故事、缅怀革命先烈、寻访红色地标等系列实践活动；开展现场实践教学，参观红色基地，感受革命力量，如参观闽海百年历史纪念馆、党史馆、团史馆等；开展形式多样的岗位建功活动，组织引导青年立足岗位创新创优创效，发挥青年突击队、青年文明号、青年岗位能手的力量；创新团建活动，探索测绘业务项目与党建团建精神文明建设相结合，与绿色发展理念、生态文明建设相结合，适时开展调研活动，提高青年参加活动的积极性，做到在工作中学，学在工作中。

"老牛亦解韶光贵，不待扬鞭自奋蹄"，新时代青年更要坚持思想引

领，感悟党的初心使命、领会党的创新理论、体认党的精神谱系、传承党的红色基因，坚定不移跟党走中国特色社会主义道路，为实现中华民族伟大复兴的"中国梦"贡献青春力量。

（作者单位：福建省测绘院）

百年征程　不忘初心

钱远鸿

百年征程波澜壮阔，百年初心历久弥坚。借着百年建党和西藏解放 70 周年的重大历史时刻，给大家分享一下我在援藏时的所见所闻所感。

进藏为什么

说起西藏，很多人想到的是屹立在世界屋脊上的布达拉宫，也有人想着洁白的雪山，美丽的高原，但是我想到的是西藏的人民，我佩服他们吃苦耐劳、顽强拼搏、热爱祖国的精神，我更想到的是把党的精神，党的关爱，党的帮助带给人民群众。

1950 年 1 月 8 日，中国人民解放军 18 军军部接到了刘邓大军首长的电令，那就是：进军西藏，解放西藏，经营西藏。2013 年 3 月，在参加第十二届全国人大一次会议西藏代表团审议时，国家领导人明确提出治边稳藏重要论述，强调西藏工作在边疆治理和国家治理中的特殊地位。国家领导人曾说"治国必治边，治边先稳藏"。西藏是我国的边疆少数民族地区，高寒地区，地处边陲，地形复杂，时时刻刻都有外人的窥探。又因为交通不便利，环境恶劣，西藏人民的生活还是很艰苦的。故此，我们中国共产党更应该担起西藏的大梁，没有路，我们可以建；医疗落后，我们可以学习；教育有差距，我们可以力争上游。尽管困难重重，也不怕困难。我们要发挥出"为民服务孺子牛、创新发展拓荒牛、艰苦奋斗老黄牛的三牛精神"，坚定不移的支持西藏。

在藏做什么

2021年2月25日上午，在北京人民大会堂隆重举行的全国脱贫攻坚表彰大会上，3次援藏的刘斯老师被党中央国务院授予全国脱贫攻坚先进个人，这是历批援藏工作队接续努力、不懈奋斗的结果，也是对援藏工作的肯定。

昌都市在西藏东部，山高谷深，气候寒冷，地形复杂，交通基础设施薄弱，解决市民和群众的出行难、出行贵的问题刻不容缓。昌都市请求福建省帮助昌都建立公共交通服务体系，福建援藏队积极联系省内客车行业的主力军——厦门金旅，经过多方调研，多方论证，不仅提供了性能良好，动力强的纯电动厦门金龙客车，更是涵盖了场站规划、服务网络建设、后台车辆监管等一系列解决方案。如今的昌都市民，能够像福州市民一样在市公交app上查询公交车实时位置、到站时间等，营造了高效、便捷的公交出行环境。

在援藏工作中我不仅感受到了西藏人民生活风俗的淳朴，也感受到了西藏人民的吃苦耐劳，更感受到了党对人民的帮助。哪里需要帮助哪里有党员，哪里有困难哪里有党员，中国共产党不断带领人民走向幸福，共同创建富强繁荣的社会主义国家，进一步实现社会主义现代化进程。

离藏留什么

2020年8月28日至29日，中央第七次西藏工作座谈会在北京召开，习近平主席出席会议并发表重要讲话。在总结和讲话中明确了当前和今后一个时期西藏工作的目标任务、方针政策和战略举措，提出了"十个必须"做好西藏工作。

很快，再过一年，福建第九批援藏工作队138名队员就要压茬交接，完成援藏任务回到八闽大地。我们牢记习近平总书记的要求，把维护祖国统一、加强民族团结作为西藏工作的着眼点和着力点。回望两年以来，我们给对口支援的昌都市留下了什么？

西藏昌都市第一个国家小微型企业创业的创新示范基地——闽昌众创空间；西藏昌都市第一家现代化妇幼保健院——昌都市妇幼保健院；昌都市第一个智慧公路管理系统；昌都市矿山修复远程 GNSS 管理系统；昌都市三维城市地理信息系统；全区唯一的自然资源一张图决策辅助系统；昌都市第一个农产品食品安全检验检疫实验室——为昌都市食品安全保驾护航；昌都市第一个城建档案馆；昌都市第一个现代化葡萄酒庄——西藏成功红葡萄酒天麓酒庄……

哪里有什么岁月静好，只不过是有人在替你负重前行。数不清的成果背后是 600 多个日日夜夜的努力，是第九批 138 名援藏干部的付出努力没有白费。在这期间，有的人还在出差家里却传来了父亲去世的噩耗；有的人老婆怀孕 7 个月依然踏上了援藏之旅；有的人身上高原反应严重不得不每天服用降压药、速效救心丸等药物；有的人因为心梗、脑梗住进了 ICU，稍微康复后依然再上高原。不忘初心，牢记使命，在援藏的路上，我们没有一个人退缩。

都说一次援藏行，一生援藏情。虽然我已经回到福建，希望通过这次交流，希望能有更多的人能踏上高原，感受高原的风土人情，也希望有更多的人可以支援西藏。56 个民族 56 朵花，共同凝聚成一朵石榴花，更是共同汇聚成一个"中国梦"，为了实现伟大复兴梦，一起努力，一起奋斗，一起拼搏。

（作者单位：福建省测绘地理信息发展中心）

学会"自找苦吃"

李茂华

在《习近平在厦门》书中，习近平总书记提倡年轻人要利用一切机会锻炼自己，要艰苦朴素，要"自找苦吃"。

福建援鄂的医务人员席雅君在参加"大学习"活动时说："读了采访实录，习近平总书记的这段话让我感触很深。人人都说我们是英雄，是最美逆行者，但我却想说，是这个时代给了我们机会，让我们在'自找苦吃'中收获磨砺。愿意吃苦，就一定会收获'苦'中的那份甜！"

"物有甘苦，尝之者识；道有夷险，履之者知。"在全国抗击新冠肺炎疫情表彰大会上，习近平总书记殷切地指出："青年一代不怕苦、不畏难、不惧牺牲，用臂膀扛起如山的责任，展现出青春激昂的风采，展现出中华民族的希望！"

是的，时代青年，当是如斯，并将未来可期，家国可兴。那么，青年之我，当如何学会"自找苦吃"，方可在盛世太平之下练就"若有战，召必回，战必胜"的过硬本领。

当学。我要把学习当作一种生活习惯、一种精神追求，下最苦的功夫，花最多的时间，先学一步，学深一层。最是书香能致远，我要摩挲书页，捧卷而读，翱翔浩瀚书海，啜饮知识甘露。我要把习近平总书记系列采访实录作为案头卷、必读书，深入学、持久学、刻苦学，真切感受习近平总书记与八闽乡亲在一起的每段情缘、每个故事，深刻领悟习近平总书记为福建发展和人民福祉打下的坚实基础，并由此增进对中国共产党为什么"能"、马克思主义为什么"行"、中国特色社会主义为什么"好"的认识和理解，从而汲取政治力量、思想力量、行动力量，激励自己不懈奋斗。

当劳。悠悠天地间，唯劳动最重，劳动者最美。劳，是劳作，是艰辛；动，是行动，是实践。这次战"疫"中，从白衣天使到人民警察、从科研人员到快递小哥、从交通职工到基层志愿者，各行各业的劳动者不畏艰险，不怕吃"苦"，日夜奋战在抗疫一线，给病毒肆虐的漫漫黑夜带来了光明，生死救援情景感天动地！正如习近平总书记所指出的，千千万万劳动群众在各自岗位上埋头苦干、默默奉献，汇聚起了战胜疫情的强大力量。因此，我要把劳动奉为圭臬，作为自己一生最美的"修行"，尊重劳动、崇尚劳动，在辛勤劳动、诚实劳动、创造性劳动中不断谱写属于自己的劳动者之歌。

当谦。谦逊低调，是一种性格，也是一种境界，一份胸襟。越丰满的稻穗，头垂得越低。只要以谦逊的态度、谦和的口吻待人接物，自信不自负，真诚不虚伪，付出不求报，胸怀"功成不必在我，功成必定有我"的信念，则尊人者人恒尊之，无须声张，自带磁场，自有人缘。正如武汉隔离病房里一位大叔写的歌词："防护服裹满全身，汗水湿透衣背。我不知道你是谁，我却知道你为了谁，为了谁？为了我们的武汉，为了家国齐安危。"正是这些谦逊、默默付出的医护人员，才会在凯旋的路上迎来十里长街的泪眼相拥相送。

当匠。"戴着三层手套面对这样一个血管难找的患者，穿刺难度可想而知。我只能凭着多年的护理经验扎针，还好一次就顺利扎上了。""对于肺炎重症病人来说，缺氧耐受力差，一般插管在 3 到 5 分钟内完成，但是在这里，插管时间要用秒计。"福建援鄂医疗队员梅丽丽、陈金篆分别在日记中这么写道。生死时刻，正是他们那精湛的医技、匠心的医术挽救了一条条鲜活的生命。因此，我要向"大医精诚"的援鄂医疗队员学习，时刻追求一份匠心，以愚公移山、精卫填海的韧劲，以女娲补天、大禹治水的斗志，处处用心，时时走心，把每项工作做细致，把每个任务做精致，把每件事情做极致。口日行不怕千万里，常常做不怕千万事，匠心所致，芳华自来。

当择。人生渡口，要不断问津。走在十字路口，左与右，进与退，需

要一次次做出抉择，问路于心，才能无愧于心。全国抗疫最美家庭夏品苍、李晓庆说："大年初二，我和我的爱人李晓庆将两个孩子留在老家交给老人照看后，立即回到福州投入到战'疫'中。都说父母的言传身教是最好的教育，我们希望通过自己的身体力行、以身作则给孩子树立一个好榜样。"福建首批对口支援宜昌医疗队员林韦说："到达宜昌，我回到了家乡。我和我的爱人是双独子女，公公身体不好，两老还被隔离在宜昌家里，可在整个抗疫期间，我没有回过一趟家，因为在那一刻，我就是一名医务工作者，我就是一名战士。"家是最小的国，国是千万的家，面对疫情，他们不计报酬、不论生死，他们的选择让人感动，让人敬佩。因此，面对人生无数的"选择"，我要如他们这般，传承与弘扬"仁心仁术、大爱无疆"的为民情怀，"干在苦处、立在危上"的奉献品格，"舍我其谁、舍生忘死"的担当精神，"明知征途有艰险，越是艰险越向前"。

习近平总书记说："无数人生成功的事实表明，青年时代，选择吃苦也就选择了收获，选择奉献也就选择了高尚。"一切的现在，都在孕育着未来，未来的一切都生长于它的昨天。在当前常态化疫情防控之下，不论现在与未来，我都要思想上艰苦，工作上刻苦，生活上清苦，才能用自己的"辛苦指数"为他人带去"幸福指数"。

（作者单位：福建省总工会）

紧跟党走　铸就红色青春

郑幸凯

　　听党话、感党恩、跟党走。回望中国共产党百年的伟大历程、伟大成就，一代代紧跟党走的红色青春，绽放在实现中华民族伟大复兴的伟大征途上。2020 年，肆虐的新冠肺炎疫情改变了世界。"共产党员上"，一声号令之下，这场抗击疫情的人民战争让我对共产党员的先锋模范作用有了更深刻的理解。我有幸"逆行出征"，作为一名普通干部前往江苏口岸开展涉外疫情防控，让自己的"入党申请"在疫情一线接受考验，为青春抹上一片红。

　　我深知，党员意味着不讲条件。当接到派驻江苏省开展涉外疫情防控任务的通知后，我毫不犹豫，毅然接受组织派遣，发扬舍小家为大家的精神，同时克服时间紧、物资缺、任务重等困难，迅速收拾行装，与分队成员并肩奔赴抗疫一线。小分队成员到达南京禄口机场后立刻投入工作，随后协助分队领导展开省际、部门、小组多层次对接，初步掌握江苏省疫情防控情况，同时对接江苏省涉外指挥部口岸组南京空港工作组指挥部，了解江苏省属地政策，掌握江苏省疫情防控涉外小组相关工作做法和措施，并根据属地政策结合自身工作任务研究工作部署，连夜制定工作计划和预案，有条不紊地开展工作。

　　我深知，党员意味着多挑重担。赴宁抗疫期间，我和小分队成员主动实地摸排，建立入境人员信息工作台账，及时推送反馈相关人员信息；工作积极靠前，主动申请前往一线，身着防护服前往南京禄口机场专门接驳点，现场摸排入境航班信息及相关闽籍人员情况。由于入境航班不分昼夜，信息推送不分时段，小分队成员压缩休息时间，深夜坚守岗位，随时紧盯省内推送信息，接到信息后立即联系江苏方面摸排人员动向、查询最新防控政策，做到信息精准推送、政策无缝对接。为更好地记录、统计和

总结分队每日工作情况，我与队友共同建立和维护好入境航班及人员信息、编写工作简报、积极收集困难及问题、总结工作亮点，定时向省交通防疫组汇报工作情况，防控工作通过简报宣传获得了不少赞誉。

我深知，党员意味着多做贡献。派驻期间，小分队自发成立临时党支部，积极发挥支部的核心领导作用和党员的先锋模范作用，盯紧目标任务，每日综合分析研判，调整问题和不足，确保工作运转及时高效；盯紧各级部署，主动靠前，毫不松懈，积极统筹协调闽苏信息互联共享、三级联防畅通机制，落细落实涉外疫情防控工作要求，大家坚持党建引领、坚守岗位、勇于担当，入境江苏的闽籍人员疫情防控工作取得了阶段性的胜利，圆满地完成了工作任务。

心中有方向，行动有力量。以党的旗帜为旗帜、以党的方向为方向、以党的意志为意志，自觉拥护党的领导、把党的工作落到实处，始终沿着党指引的方向奋勇前进，这是新时代年轻党员对"听党话、感党恩、跟党走"的新注解，以高出"零点五度"的热情，走好青年一代新长征路。

我们当"好为"。面临着百年未有之大变局，民族复兴的光明前景从未如此清晰。青年一辈，应当牢记使命、勇挑重担，将个人的发展融入社会发展大局，不做局外人，不当旁观者，以"舍我其谁"的气魄、"等不得"的使命意识、"等不起"的紧迫感，紧跟党走，让人生出彩。

我们当"敢为"。中国要继续实现高质量发展，这对我所从事的检验检测事业提出了更新更高的要求，我们当在新格局、新技术、新征程上，敢想、敢干，憋足一口气、攥紧一股劲，在更加广阔的舞台，更加精彩的赛道，用心用力干好每一项工作，点亮人生的希望之光。

我们当"善为"。没有一项工作是简简单单就能完成的。青年不但要有干事的热情，更要有成事的本领；不但要全面练就真本领，更要让真本领用到实处。"若要行远，必先修其近；若要登高，必先修其低。"我们要立足工作岗位，用好这个人生道路拼搏进取的平台，努力在工作中练本领、长才干、显身手、比贡献，不负时代，不负韶华。

（作者单位：福建省电子产品监督检验所）

后　记

　　2022年是中国共产主义青年团成立100周年。为庆祝共青团成立100周年，以昂扬的斗志和精神状态迎接党的二十大胜利召开，推进省直机关青年深入学习习近平新时代中国特色社会主义思想，加强省直机关青年理论学习典型宣传和推介，中共福建省委省直机关工作委员会对近年来省直机关青年理论学习最新优秀成果进行汇编，结集出版《踔厉奋发　心向未来——福建省直机关青年理论学习优秀作品精选》。

　　本书从第二届、第三届省直机关青年理论学习主题征文优秀作品、首批省直机关青年学习标兵个人在CN刊物上发表的理论学习作品等300多篇文章中，按照每个作者最多一篇文章、每个单位至少一篇文章的选录原则，遴选汇集成册。本书分为"学思践悟篇""党史党建篇""追寻足迹篇""同心抗疫篇""经济发展篇""探索推动篇""人民至上篇""青年担当篇"。文章的作者在重点研读《习近平新时代中国特色社会主义思想学习纲要》《习近平谈治国理政》第一、二、三卷和《习近平在厦门》《习近平在宁德》《习近平在福州》《习近平在福建》等系列采访实录，学习《中国共产党简史》《论中国共产党历史》等党史资料的基础上，紧扣习近平总书记重要讲话精神，联系个人思想、学习和工作实际，就抓好疫情防控助力企业复工复产、推进经济社会发展、决战脱贫攻坚、勇担时代使命、加强党的建设等方面撰写学习感悟、对策建议等。这些文章坚持正确的政治方向，主题鲜明，逻辑严谨，内容翔实；文风朴实清新，说理透彻，阐述深刻。

　　本书编撰过程中，始终得到中共福建省委省直机关工作委员会有关领

导的重视。

　　同时由于时间仓促、篇幅有限，还有许多福建省直机关青年理论学习优秀作品未及收录，是为憾。

编　者

2022 年 9 月